本专著受吉林财经大学经济学院资助

A Study on Cuba-U.S. Relations in the Castro's Era (1959-2008)

1959-2008

卡斯特罗政府时期
古美关系研究

周璐瑶 著

社会科学文献出版社
SOCIAL SCIENCES ACADEMIC PRESS (CHINA)

目　　录

绪 论

一 选题意义

古巴和美国是地理相毗邻、历史形成相似的两个移民国家，但早期相近的经历并没有让两个国家日后有着相似的发展命运，两者在经历独立战争和国内革命战争后，一个成为世界史上遭受封锁最长至今仍饱受贫穷的小国，一个成为当代世界体系中霸主的超级大国，且前者的命运主要是同后者发生对抗导致。古美两国的对抗是一种极不对称的小国与大国的对抗，在不对称对抗仍是国际舞台上突出现象的今天，解读这场古美对抗具有重要意义。

首先，有助于揭开"古巴之谜"。古巴作为加勒比海的一个小岛国，虽然在卡斯特罗政府以来的大部分时间遗世孤立，但一直吸引着整个世界的目光：冷战时期，由于地理位置因素古巴成为美苏相互制衡的重要力量，对美国、苏联甚至拉丁美洲产生了几乎与其自身重要性不相称的巨大影响；冷战后，古巴在"双重封锁"的压力下大大改善了外交环境，并在残酷的封锁下发展出傲视世界的医疗和教育。总之，古巴在与美国半个世纪的对抗中像谜一样的安然无恙地存在下来，研究卡斯特罗时期的古美关系有助于我们揭开古巴生存之谜。

其次，有助于理解冷战时期苏联在拉美地区的政策。虽然冷战时期拉美作为美国战略"后院"不是苏联的战略重点，但是由于古巴和苏联的特殊关系，使得苏联对这一地区的政策存在战略安全上的考虑，既要对古巴与美国的对抗进行支持，也要避免与美国发生严重的对抗，同时还要尽量避免自己在这一地区长期担负沉重负担。因此，考察冷战时期的古美关系有助于我们理解冷战时期苏联对古巴乃至对整个拉美地区的政策。

最后，有助于学术界进一步思考在国际体系中"欠发达国家"对国外霸权的依附是否可以避免的问题。古巴是一个小国，不论在卡斯特罗执政时期还是之前的历史时期，在经济上都是一个"依附型"国家。尽管卡斯特罗及其一代革命者为了摆脱这种"依附"的命运，不惜与一直以来在古巴具有霸权地位的美国决裂，但最终古巴还是没有逃脱依附于另一个"霸权"的命运。而拥有这样历史命运的不仅仅是古巴，很多第三世界的国家尤其是拉美地区的国家也都如此。这促使我们进一步去思考和探索"依附型"国家或"欠发达国家"对国外霸权的依附关系能不能改变以及如何才能改变的问题。

二 国内外研究现状

1. 国内研究状况

国内学术界关于卡斯特罗时期古美关系的研究相对薄弱，迄今尚无专著问世。相关研究主要体现在两类著作中：一类是关于卡斯特罗人物传记以及对卡斯特罗时期古巴社会的研究，如徐世澄的《卡斯特罗评传》（人民出版社 2008 年版）和《列国志——古巴》（社会科学文献出版社 2003 年版）、肖枫、王志先的《古巴社会主义》（人民出版社 2004 年版）、毛相麟的《古巴社会主义研究》（社会科学文献出版社 2005 年版）等。虽然这类著作也包含了对古美关系探讨的内容，但目前国内尚无一本对古巴外交政策进行系统专门研究的著作。另一类研究成果集中在对美古关系的研究，其中对卡斯特罗政府时期的美古进行较全面、系统梳理和研究的是两篇博士论文：2003 年 5 月中国社会科学院王松霞的《美国霸权与古巴革命——苏联解体以来的美古关系》和 2004 年 10 月东北师范大学王伟的《美国对古巴遏制政策的起源》。其中《美国霸权与古巴革命——苏联解体以来的美古关系》是从苏联解体以来的美古关系入手，从美国维持霸权和古巴捍卫国家主权而斗争的角度，对美古冲突进行了剖析，重点分析的是冷战后美国全球战略的变化、美国对古巴的政策和措施，以及古巴在苏联解体后在"双重封锁"下进行的一系列捍卫国家独立、主权的措施。作者提出，不论是冷战时期还是后冷战时期，美国霸权是古美冲突的实质。[①]《美国对古巴遏制政策的起源》是按历史时间段对古巴革命胜利后美国对古巴革命的反应、古巴导弹危机中美国对古巴的政策，以及 1964 年美古关系的基本趋向等一系列问题进行了深入研究，最后分析了影响美国对古巴政策的因素和特点。作者提出，影响美国对古巴政策的因素主要有四个方面：美国的霸权主义和强权政治、美国的冷战思维、美国的国内政治以及美洲国家组织和北约盟国政策变化。[②]

论文方面，从古巴角度对古美关系进行研究的相关文章可分为三类：第一类是对卡斯特罗政府时期古美矛盾形成的分析，第二类是对古巴政府对外（主要是对美国）政策的考察，第三类是对卡斯特罗时期古美关系发展的阶段性考察。其中有代表性的是：陈世润、杨少华《论苏东剧变后古巴的对外政策》〔载《南昌大学学报（人社版）》2003 年第 6 期〕，杨建民《古巴革命以来的对外政策

---

① 王松霞：《美国霸权与古巴革命》，中国社会科学院博士学位论文，2003。
② 王伟：《美国对古巴遏制政策的起源》，东北师范大学博士学位论文，2004。

研究》（载《拉丁美洲研究》2009 年第 1 期），张凡《古巴—美国关系 50 年四题》（载《拉丁美洲研究》2009 年第 1 期），张登文《苏东剧变后古巴对外政策的调整与思考》（载《中国特色社会主义研究》2010 年第 4 期）。从美国角度对美古关系进行研究的文章也主要分为三类：一是关于美国历届政府古巴政策的述评，二是关于美国对古巴某一方面敌视政策的分析，三是对某些具体历史事件中的美古关系的分析。具有代表性的文章有：李晓岗《冷战后美国对古巴的敌视政策》（载《拉丁美洲研究》2001 年第 2 期），王伟《肯尼迪政府初期的美国对古巴政策探微》〔载《西南大学学报（社会科学版）》2007 年第 4 期〕，吴崇申《美国与猪湾事件——二十世纪五十年代末、六十年代初美古关系的变化》（首都师范大学硕士学位论文，2004）等。总之，国内现有的古美关系以及美古关系的论文大部分是从古巴或美国两国政府的政策层面来进行分析的，研究的视角和方法不够多元化。

2. 国外研究状况

在国外，古巴和美国是最重视研究古美和美古关系的两个国家，尤其是美国。由于地缘政治的关系和美国的天定命论，美国吞并古巴的野心和历史同美国本身的历史一样早，这使得美国成为世界上最早重视研究古巴的国家。对于古巴来说，由于与美国特殊的地理关系，以及美国作为 20 世纪世界第一大强国和世界秩序的领导者，其对古巴的态度和政策是 20 世纪以来古巴发展的最重要外部因素，因此古美关系问题也一直是古巴学界和政界关注的重点。总之，研究古美和美古关系的内容和视角在很大程度上取决于观察者的个人的地位（立场）。目前国外关于卡斯特罗政府时期的古美和美古关系的研究成果可分为这样几个方面。

第一，关于美古关系的研究。

在研究方法上有两种：一种是理论研究即用经济理论、军事理论、国际关系理论等对美古关系进行分析，为政府决策提供理论依据。另一种是对美古关系历史的研究，主要包括研究美国对古巴的政策和研究美古关系的专题。

（1）美国对古巴的政策。这类研究又可分为四种：一是研究美国对古巴的遏制政策（行动），如《对古巴的心理战》①《美国对古巴的禁运》②《肯尼迪的秘密战争》③《CIA 在古巴》④ 等著作，这些研究成果基本是对美国对古巴所进行的反古宣传、经济封锁、秘密军事行动等主要遏制手段的介绍和分析，这类成果的特点是需要通过对大量文献资料、数据资料尤其是解密档案资料的分析和解读来完成。二是研究某位总统时期（或总统在任职的某一段时期内）对古巴的政策。如《一千天：约翰·菲·肯尼迪在白宫》《肯尼迪兄弟与古巴》⑤《是不是艾森豪威尔把卡斯特罗推向了苏联的怀抱》⑥ 等，这类成果往往也需要大量的解密文件，特点是突出总统个人的意识形态、政治理念及其对古巴的态度。三是通过研究苏联对古巴的政策与行动来间接对美国对古政策提出建议。代表作有《苏联对拉丁美洲的渗透》《苏联和古巴》⑦《美国对 1962 年和 1978 年苏联飞机在古巴的反应》⑧，这类研究往往是通过分析苏联

---

① Jon Elliston, *Psywar on Cuba: The Declassified History of U. S. Anti-Castro Propaganda*, Melbourne & New York: Ocean Press, 1999.

② Rich, Donna, *The U. S. Embargo Against Cuba: Its Evolution and Enforcement*, Washington D. C. : Johns Hopkins University, Cuba Studies Project, 1988.

③ John Prados, *Presidents' Secret Wars: CIA and Pentagon Covert Operations Since World War Ⅱ*, New York: William Morrow and Company, Inc, 1989.

④〔古〕乔斯·卢斯·莫尔拉等：《CIA 在古巴》，时事出版社，1990。

⑤ Mark J. White, *The Kennedys and Cuba*, *Chicago*: Ivan R. Dee. Publisher, 1999.

⑥ Alan H. Luxenberg, "Did Eisenhower Push Castro into the Arms of the Soviet", *Journal of Inter-American Studies and World Affairs*, Spring 1988 (30): 1.

⑦ Peter Shearman, *The Soviet Union and Cuba*, London, New York: Routledge & Kegan Paul Led. , 1987.

⑧ Raymond L. Garthoff, "American Reaction to Soviet Aircraft in Cuba, 1962 and 1978", *Political Science Quarterly*, Fall 1980 (95): 3.

对古巴的经济渗透和军事渗透，对美国的对古行动（政策）提出建议。四是对某些特殊历史事件的研究，如《对猪湾入侵的重新审视》①《导弹在古巴：肯尼迪、赫鲁晓夫、卡斯特罗和1962年危机》②《处在边缘的古巴：卡斯特罗、导弹危机、苏联解体》等，③通过考察美国在猪湾入侵、古巴导弹危机、苏联解体等特殊历史事件中对古巴的政策，分析了其对美古关系和古巴发展的影响。

（2）美古关系专题研究。在美古关系研究的成果中，以研究冷战时期的美古关系即美国与古巴革命的居多，代表作有美国学者朱尔斯·本杰明《美国与古巴革命起源》④、理查德·韦尔奇《革命的反应：美国和古巴革命1959～1960》⑤、莫里斯·莫利《帝国国家和革命：美国和古巴》⑥ 等。在《美国与古巴革命起源》这本书中，作者提出，在1953年民主革命爆发之前的古巴，为保证经济"繁荣"一直都依赖美国市场，但这种繁荣没有给古巴人民带来好处，他们依然处于贫困状态，因此古巴国内的民族主义情绪日益强烈，最终演变成推翻美国资本对古巴的控制。《帝国国家和革命：美国和古巴》这本书考察了从艾森豪威尔到里根总统时期美国对古巴实行的经济制裁、封锁和外交孤立。作者指出，美国的对古政策清楚地说明了它是一个能够将资本主义积累全球化的帝国，

---

① James Blight, *Politics of Illusion*：*The Bay of Pigs Invasion Reexamied*, Boulder, CO：Lynne Rienner, 1997.

② Mark J. White, *Missiles in Cuba*：*Kennedy, Khrushchev, Castro and the 1962 Cisis*, Chicago：Ivan R. Dee, 1997.

③ James G. Blight, Bruce J. Allyn, David A. Welch, *Cuba on the Brink*：*Castro, the Missile Crisis, and the Soviet Collapse*, New York：Russell & Volkening, Inc. , 1993.

④ Jules. R. Benjamin, *The United States and Origins of the Cuban Revolution*, New Jersey：Princeton University Press, 1990.

⑤ Richard. E. Welch, *Respose to Revolution*：*The United States and the Cuban Revolution*, 1959 - 1961, Chapel Hill：The University of North Carolina Press, 1985.

⑥ Morris H. Morley, *Imperial States and Revolution*：*The States and Cuba, 1952 - 1986*, Cambridge：Cambridge University Press, 1987.

并以美国在古巴的行动为例提出，美国在第三世界的行动常常会导致第三世界国家的分化，导致一些国家的民族主义政权走上一条抗衡美国帝国的道路，即走上抗衡美国对本国的军事干涉、政治干涉和经济干涉的悲惨发展道路。冷战后，由于美国密切注视着古巴形势的变化，也出现了一些专门研究古巴社会发展的成果，目前比较有影响的是匹兹堡大学教授卡梅洛·梅萨－拉戈主编的《冷战后的古巴》，这本书着重介绍了苏东剧变对古巴的影响，以及古巴内外发展战略的转变，基本上体现了美国研究古巴课题的最新水平。但总体而言，目前出版的独立专门论述美国对古巴政策的著作很少。

第二，关于古美关系的研究。

相对于美古关系研究的成果而言，古美关系的研究成果视角较为单一，成果数量也较少。主要集中在两部分：一是关于古巴对外政策的研究，二是关于古巴革命与美国的研究。

（1）关于古巴对外政策的研究。在这方面比较有影响力的学者是美国印第安纳州立大学研究古巴国际关系的政治学教授迈克尔·埃利斯曼，其主要著作有《古巴的国际关系：剖析古巴的民族主义外交政策》[1]《古巴国际医疗主义：起源、演变和目标》[2]《面临新的国际秩序的古巴外交政策》[3]《古巴外交政策的重新定位》[4]《苏联解

---

[1] Erisman H. Michael, *Cuba's International Relations：The Anatomy of a Nationalistic Foreign Policy*, Boulder：Westview Press, 1985.

[2] Erisman H. Michael, John M. Kirk, *Cuban Medical Internationalism：Origins, Evolution, and Goals*, New York：Palgrave Macmillan, 2009.

[3] Erisman H. Michael, John M. Kirk, *Cuban Foreign Policy Confronts a New International Order*, Boulder：Lynne Rienner Publishers, 1991.

[4] Erisman H. Michael, John M. Kirk, *Redefining Cuban Foreign Policy：The Impact of the Special Period*, University Press of Florida, 2006.

体后古巴的外交关系》等著作①。其中《古巴外交政策的重新定位》是一本论文集，集合了来自世界各地包括古巴学者的关于古巴在苏联解体后重新调整自己的外部关系的论文，展现了"特殊时期"对古巴与除了美国以外的其他国家和地区如欧盟、拉美、加拿大、西班牙、俄罗斯、加勒比海地区等外交关系的调整与改善。《古巴的国际关系：剖析古巴的民族主义外交政策》这本书提出，卡斯特罗上台后古巴的民族主义外交政策包含了六个方面因素，即军事和经济安全因素、意识形态因素、领导第三世界的愿望、领导者的个人使命感以及古巴的民族主义因素，并分析了这六方面的因素在古巴各个发展时期的表现。《苏联解体后古巴的外交关系》这本著作全面分析了苏联解体以来古巴在世界范围内的外交关系，尤其是古巴和美国之间的对抗和正进行的调整。作者从过度依赖外部力量的国家会对外部危险高度敏感这一立场，分析了古巴在冷战时期和冷战之后的外部政策。由于冷战后古美两国关系主要表现为美国对古巴继续实施强硬的敌视政策，古巴对外的重点也转向美国和苏联以外的地区，所以鲜有研究冷战后古巴对美政策的独立著作。

（2）关于古巴革命和美国的研究。由于古巴在冷战后退出了美苏对抗的轨道，积极开展全方位的外交和经济外交，所以关于冷战后古美关系的独立、专门的研究较少，关于古美关系研究主要集中在对于冷战时期古巴革命与美国的研究关系上。主要著作有古巴学者玛丽菲丽·佩雷斯的《古巴革命——起源、过程和遗产》②、美国学者菲利普·W 的《古巴、卡斯特罗和美国》③、梅泽瑞克的

---

① Erisman H. Michael, *Foreign Relations in a Post-Soviet World*, Gainesville: University Press of Florida, 2000.

② Marifeli Peraz-Stable, *The Cuba Revolution: Origins, Course, and Legacy*, Second Edition, Oxford: Oxford University Press, 1999.

③ Philip W. Bonsal, *Cuba, Castro, and the United States*, Pittsburgh: University of Pittsburgh Press, 1971.

《古巴与美国》① 等。这类研究主要侧重述评的是古巴革命的产生
和发展，对于古巴对美国政策或美国对古巴的政策记述的多，评述
的少。此外，古巴也有研究古美关系的机构和课题组，如古巴哈瓦
那大学的美国研究中心、古巴科学院的古美关系研究课题组、古巴
美国移民问题研究课题组等。② 但由于语言的障碍，这些信息很难
获得，这是本文的研究缺陷。

　　综合国内外学者的研究状况，可以得出结论：国内学术界对于
卡斯特罗政府时期古美关系的研究，主要体现在对古巴的历史发展
和古巴对外政策的介绍上，即对古美关系历史进行梳理的多，分析
的少，缺乏对古美关系进行全面、系统梳理和分析的专著。在国外
学术界，研究卡斯特罗政府时期美古关系的各种文献和成果较为丰
富，视角和内容是多元的，但研究古美关系的成果与前者相比，在
视角和内容上则稍显单一和薄弱。任何国际关系问题的分析都与观
察者的世界观有着很大的关系，目前的中国需要一本对过去半个世
纪的古美关系进行深入探讨研究的著作。

三　研究思路和方法

1. 研究思路

　　虽然自卡斯特罗上台以来，古美双边关系就一直以对抗为主旋
律，但其对抗的原因及内容是复杂和多方面的。本文的研究思路是
"历史背景阐述—演进阶段阐述—影响因素分析"，其中在影响古
美关系演变因素分析的部分，分别从个人层面、国家层面、国际层
面以及民间层面，对古巴的自身因素、美国的利益和战略考虑，以

---

① A. G. Mezerik, *Cuba and United States*, New York：International Review Service, 1960.
② 参见徐世澄《古巴》，社会科学文献出版社，2003，第 230 ~ 231 页。

及其他外部因素如苏联的战略利益、拉美区域力量和美籍古巴人社团对古巴政府与古美关系的态度和反应等进行系统分析。

2. 研究方法

本文遵循马克思主义的历史唯物主义和辩证唯物主义的基本原理，以全球史观为指导，综合已有的材料研究，在采用历史学基本方法的同时结合国际关系学的分析方法，对卡斯特罗政府时期古美关系的历史背景、演进过程、影响因素以及结果进行了综合考察和分析。具体使用的方法如下。

历史分期法和归纳法：对卡斯特罗时期古美关系的演变进行了历史分期，并对每个历史阶段的发展内容和特点进行了归纳。

层次分析法：分别从个体层面、国家层面、国际层面以及民间层面对古美关系的演变作出系统的分析。

比较分析法：通过对古巴革命前和革命后的古美关系的比较，来探讨小国与大国对抗的得与失。

四　文章结构和创新之处

1. 文章结构

全文的结构分为绪论、正文和结论三大部分。

绪论主要内容包括：选题意义、国内外研究现状、研究思路和方法，以及文章结构和创新之处。

正文分为五章对卡斯特罗政府时期古美关系的历史背景、演进过程、各种影响因素进行了考察和分析。

第一章，古巴革命与古美"友谊"的破裂。考察的是 1959 年卡斯特罗上台前古巴社会和古美关系的发展以及卡斯特罗上台初期进行的激进改革对古美关系的影响。

第二章，古美对抗的阶段性演变。将卡斯特罗政府时期的古美对抗关系演变分为三个阶段进行考察。第一阶段，从 1961 年古美正式断交后至 1962 年古巴导弹危机结束，这是古美对抗最严峻的历史阶段；第二阶段，从古巴导弹危机结束后至 1989 年东欧剧变前，这是冷战时期古美对抗相对缓和的阶段；第三阶段为冷战结束后至 2008 年卡斯特罗下台，这一阶段古美关系虽未发生实质变化，但由于苏联的消失，古巴不再是美国的战略威胁，双方关系朝着"潜在缓和"的方向前进。

第三章，卡斯特罗与古美关系演变。从卡斯特罗个人层面以及古巴国家层面分析了古巴影响古美关系发展的因素。具体内容为卡斯特罗个人思想的演变、卡斯特罗政府移民政策的演变、卡斯特罗政府反美国封锁政策的演变以及卡斯特罗政府对外政策的演变。

第四章，美国因素和美古关系演变。从美国总统的个人因素、美国的全球战略、美国政府专门制定法案以及其他反古巴活动等四个方面探讨了影响美古关系发展的美国因素。

第五章，影响古美关系的其他因素。分别探讨了苏联、拉美区域力量和古巴裔美国人社团等三方面因素对古美关系发展的影响。其中苏联是冷战时期影响古美关系发展的最重要外界因素，拉美区域力量是影响古美关系发展的重要的地区因素，也是目前和未来影响古美关系发展的重要外部因素，古巴裔美国人社团是影响后冷战时期古美关系发展的重要非政府因素。

总之，卡斯特罗政府时期的古美关系是一场民族利益兼外交政策的不对称对抗。这场对抗在冷战时期主要受苏联因素的制约，冷战结束后主要受美国国内因素制约，同时其他因素如拉美区域力量和美籍古巴人社团民间力量也始终对古美关系的发展有着重要影响。在这场对抗中，古巴作为弱势的一方，付出了巨大的代价，但政权依旧延续；美国虽是强势的一方，但也是收益与损失并存。

2. 创新之处

本文通过运用马克思历史唯物主义的立场和观点，在现有的研究成果基础上，试图在以下几方面取得创新：

（1）对 1959 年古巴革命胜利前古巴社会内部的紧张关系及美国在其中所起的作用进行了具体分析。值得关注的是，在 20 世纪 50 年代的拉美地区，远不如古巴发达以及远比古巴国内贫富差距大得多的国家都没有发生古巴那种激进的民主革命，古巴能够爆发革命并在 1959 年后将革命继续深化，甚至不惜因此与美国走向对抗，这和此前古巴社会自身的特殊性和古美关系的特殊性有着重要的关系。而目前国内的著作成果对这一点欠缺具体的分析说明，本书在这一方面作出了补充。

（2）我国学术界一般较多进行的是美古关系的研究，少数以古巴为主体进行的古美关系研究还主要集中在卡斯特罗政府对美国政策的论述上，关于古美关系的整体研究有待进一步加强。本书对卡斯特罗政府时期古美间不对称对抗的变化和原因进行了梳理和研究，并最后对古美双方在这场民族利益兼外交政策的对抗中的付出与收益进行了分析总结。

（3）系统梳理和分析了古苏关系的演变对古美关系演变的影响。关于冷战时期古美关系的研究成果较多关注的是苏联政策对古美关系产生影响，缺乏对古苏关系演变进行整体的归纳和分析，包括冷战时期古巴对苏联的挑战以及苏联对此的回应，而这些内容对于我们认识冷战时期古美关系在对抗的主旋律下各个阶段的发展变化具有重要意义。

第一章
古巴革命与古美"友谊"的破裂

古巴是一个盛产蔗糖的加勒比海小国，在世界版图上就好比是蛋糕上的一颗糖，小而诱人。而与这美丽富饶的地理资源条件不相称的是，古巴的历史发展始终充满着悲情，这种悲情在 1959 年前缘于西班牙的殖民以及古巴与美国的"亲密友谊"，1959 年后则归因于古巴与美国进行的艰难对抗。

一 古巴革命前美国在古巴的利益

古巴位于加勒比海的西北部，属热带雨林性气候，大部分地区为平原，物产丰富，盛产蔗糖，拥有丰富的铁、镍、铬、锰、钨、石油等矿产资源，其中铁矿藏量为拉美总储量的 26%，镍矿藏量居世界第二位，铜矿藏量位居拉美第四。[①] 古巴在沦为西班牙殖民地时期被誉为"西班牙王冠上的明珠"。除了美丽与富饶外，古巴的战略地位也极为重要，历来都是兵家必争之地。古巴的最大岛屿古巴岛扼南北美洲之间和太平洋与大西洋之间的交通要冲，具有"墨西哥湾的钥匙"之称，古巴的哈瓦那港是加勒比海和中美洲地区最大的天然良港，加之与美国的佛罗里达半岛仅相距 217 公里，几乎近在美国海岸视线以内，所以虽然在国土面积上是个弹丸小

① 徐世澄：《古巴》，社会科学文献出版社，2003，第 4 页。

国，但古巴的自然资源和地理位置对邻国美国来说都有特殊的战略意义。

古巴与美国的交往始于两者都为欧洲殖民地时期，但由于两者当时都受各自殖民者的贸易体系束缚，所以相互间的贸易交往并不多。直到1776年美国独立战争爆发以及此后西班牙对英国宣战，这为新生的美国加强与古巴贸易提供了机遇，古美经济交往开始日渐频繁。

美国在独立后失去了曾经作为英属殖民地所拥有的传统贸易市场，所以把临近家门的古巴视为主要贸易对象，尤其是1776年11月西班牙殖民当局正式向美国开放了古巴市场后，美国与古巴的贸易往来很快兴盛起来，古巴为美国提供蔗糖、烟草、糖浆、皮革等经济作物，美国则为古巴提供工业制成品和粮食。这种双边贸易结构使得美国的农业和工业生产获得较大发展，从而摆脱对英属加勒比地区殖民地的依赖。总之，美国在刚获得独立后就对古巴产生经济上的兴趣，而这一时期的美国与拉美其他国家的交往却"并不比和其他星球上的居民的交往更多些"[1]。

正因为在美国独立后，古巴成为其经济快速成长重要的外部因素，并由此得到美国的充分重视，所以古巴民族的悲情很大程度上缘于"美国要夺取古巴的欲望……和美国本身的历史一样老"[2]。

虽然美国自独立后就一直加强对古巴的经济扩张，伴随着这种渗透，政客们也都认识到古巴对美国的"重要性"，但在19世纪以前，由于国家力量的弱小，美国一直把巩固独立和处理战后事宜作为国家的主要任务，对外奉行的是一种超然中立的孤立主义政策，没有将自己的触角触到北美以外的地区。直到进入19世纪后，

---

① Arthur P. Whitaker, *The Western Hemispere Idea: Its Rise and Decline*, New York, 1954, p. 8.

② 罗荣渠：《美洲史论》，商务印书馆，2009，第329页。

随着美国国力的增强、大陆扩张主义思想的兴起，美国的外交政策开始具有侵略性和扩张性，古巴由此被美国视为应争夺的战略目标。

19世纪初美国第三任总统民主党人托马斯·杰斐逊主张通过向西班牙购买或者武力抢夺古巴岛来实现美国南部的领土扩张。这一对古政策的提出是基于两项因素考虑：一是经济因素。大庄园主可以把奴隶种植园延伸到古巴岛，新奥尔良商人和企业可以得到新的市场和港口，普通民众可以通过掠夺和占领这些领土富裕起来。二是地缘政治因素。由于古巴岛是控制着从大西洋到墨西哥湾的出入口，关系到美国南部安全的重要基点，所以"如果古巴掌握在美国的手中，它可以成为美国的防御屏障；如果落入其他国家的手中，则对美国来说是一种危险"，"为了防患未然，美国应当采取措施占有古巴"。① 虽然这一扩张政策当时没有得到成功的实施，但这一政策所体现出的美国迟早要控制古巴的思想，使得此后的几任美国政府都将吞并或者至少是霸占古巴当作美国外交政策的一个组成部分。就如1811年古巴经济学家朗西斯科·帕里尼奥所表示的："在北方，一个由各种特权阶层和语言组成的巨人正在成长，它要吞掉即使不是整个美洲的话，至少也是美洲的北部地区（古巴在地理上属于美洲的北部地区——作者注）。"②

由于美国的军事实力在19世纪晚期之前都相对较弱，所以在此之前美国对古巴并没有采取实际的吞并行动，直到1808年法国入侵西班牙之后，美国趁着欧洲局势的混乱开始对古巴有所行动。美国一方面鼓励古巴有影响的人士不接受任何殖民统治，支持他们

① 〔美〕菲·方纳：《古巴史和古巴与美国的关系》〔第一卷（1492—1845）〕，徐光楠等译，生活·读书·新知三联书店，1964，第105页。

② Richard H. Collin, *Theodore Roosevelt's Caribbean*: *The Panama Canal*, *the Monroe Doctrine*, *and the Latin American Context*, Louisiana State University Press, 1999, p. 4.

进行独立运动；另一方面加大对古巴经济的渗透，让古巴在经济上更加依赖美国，从而使美国取代西班牙成为古巴经济的掌控者。这两方面对古政策的实施，使得美国在第四任总统麦迪逊任职时期已成为古巴蔗糖最大的买主，古巴则成为美国各种商品的市场。[1] 到1821年美国对古巴的出口额占其对整个西属美洲出口的 2/3 以上，把古巴合并到美国联邦之内已经成为美国的既定目标。1823 年美国国务卿约翰·亚当斯提出了攫取古巴的"政治引力法则"：如果古巴猛然脱离和西班牙的不自然关系，而又不能自保，就只能倒向北美合众国，对此美国自然予以接纳。同时伴随着同年詹姆斯·门罗总统提出的"门罗宣言"，美国将"熟果政策"作为对古巴的政策，即在政治上竭力维持西班牙在古巴的殖民统治，以使美国虽然在政治上不能操控古巴，但可以通过经济上的逐渐渗透加快结束处于"衰老时期"的西班牙对古巴的统治，以确保将来某个阶段古巴这颗"果子"成熟时自然落入美国囊中。

美国决策者的预期目标在 19 世纪中叶达到了，美国对古巴经济上的渗透转变成了政治上的渗透。到 19 世纪中叶，古巴发展起来的蔗糖寡头基本上都是与美国南部奴隶主关系密切、主张古巴脱离西班牙的统治合并于美国的亲美分子。与此同时，由于古巴在经济上对宗主国西班牙的依赖越来越少，西班牙的殖民统治却日益残暴，致使来自古巴其他阶层的"将西班牙殖民政府赶出去"的呼声越来越高。进入 19 世纪 60 年代后，美国内战的爆发使其将主要精力都投入国内战争和战后的各种恢复和重建上，被迫暂缓了吞并古巴的计划。在这种形势下，古巴的民族解放运动在没有国际因素的干预下，发展壮大起来并最终将西班牙殖民者打得精疲力竭。而

---

[1] Roy F. Nichols, William Shaler, "New England Apostle of Rational Liberty", *New England Quarterly*, Vol. 9, Mar., 1936 (1): 73 - 74.

就在古巴民族解放运动胜利在望之际，美国恢复了内战的创伤，工业得到迅速的发展，进入垄断资本主义阶段，并由此具备了与其他列强争夺殖民地的实力。美国认为自己耐心等待古巴这颗果实成熟的时机已到，若再不动手，古巴将会赢得自己的独立。于是美国决定由坐山观虎斗变为插手古巴人民独立战争，以实现其掌控古巴的夙愿。1898 年 2 月，美国借口“缅因号事件”公开向西班牙宣战，衰老的西班牙根本不是已经强大起来的美国的对手，再加上古巴起义军已经解放了古巴 2/3 的地区，同年年底，西班牙宣布投降。紧接着美国背着古巴同西班牙签订和约，规定西班牙从古巴撤走，美国占领古巴。从此，美国在古巴开始了长达半个世纪的“新殖民”统治。

就如列宁所指出，帝国主义时代的殖民政策不仅造成了殖民地和半殖民地，而且还造成了各种形式的附属国，“它们在政治上、形式上是独立的，实际上却被财政和外交方面的附属关系的网络包围着”[①]。从 1899 年至 1953 年古巴民主革命爆发之前，古巴与美国的关系就是这样一种关系的标本。在 1959 年古巴革命胜利前，几乎历届古巴政府都是美国资产阶级扶持的傀儡，经济也被美国所操控，古巴的财政和金融大权全部都掌握在美国的手中。

1902 年古巴共和国政府宣布成立，美国由此结束对古巴长达 3 年的军事占领，承认了古巴的独立，但古巴的独立只是形式上的，因为美国已在 1901 年逼迫古巴将美国制定的《普拉特修正法案》纳入古巴宪法，使古巴成为美国的“保护国”。[②] 在《普拉特修正

---

① 《列宁选集》第 2 卷，人民出版社，1972，第 805 页。

② 《普拉特修正法案》规定：没有美国同意，古巴不得与任何外国签订有损古巴独立的条约；禁止古巴承受为本国财政收入所不堪负荷的债务；美国对古巴有干涉的权利；将关塔那摩割让或租借给美国作为海军基地。这些条款无疑改变古巴主权的实质，把古巴当作美国国内政治体系的延伸，限制古巴作为主权国家国际交往的权利。参见韩琦《世界现代化历程（拉美卷）》，江苏人民出版社，2010，第 73 页。

法案》的保护下，大批美国工业企业家、银行家和各种投机者蜂拥进入古巴，到 1911 年初美国在古巴的资本投资超过 2 亿美元，而到 20 年代初的时候美国的资本投资迅速增加到 5 倍多。① 在美国资本的大量涌入下，古巴不仅彻底变成单一制生产和出口蔗糖的国家，还成为以美国为单一市场、经济发展完全依附于美国的附属国。就如美国学者哈莱特所说："在经济上好像它（古巴）同（美国）基韦斯特之间的 90 海里（相当于 210 公里——作者注）的水面从来不存在一样，是美国的一部分。"② 所以，古巴共和国诞生后，虽然政府是由古巴人执政——由代表南部大种植园主利益的保守党和代表北部资产阶级利益的自由党轮流执政，但他们一直对美国言听计从，以出卖古巴国家利益来换取美国的支持和保护。这使得美国轻而易举地把古巴变成输出资本、销售产品的市场，全面掌控古巴的经济，稳固了自己在古巴的经济霸权。

（1）大量侵吞古巴土地和输入资本，培养古巴以蔗糖经济为主体的单一经济模式。由于古巴独立战争造成古巴大多数甘蔗种植园主和甘蔗垦殖农破产，他们不得不靠卖田产来还债务，美国财团趁机而入，不仅以低廉的价格收购这些地产，还侵占大量未开垦的土地来开辟新的蔗园。大量资本的输入扩大了美国资本在古巴蔗糖经济中的比重。1898 年以前，美国在古巴的投资为 5000 万美元，1906 年增加到 1.59 亿美元，占当时古巴国内外总投资额的一半。1925 年迅速上升到 17.5 亿美元，增加了 30 多倍，就连古巴原本蔗糖并不发达的东部地区也几乎被美国糖业公司控制。③ 由于古巴

---

① Louis A. Pérez Jr., *Cuba and United States: Ties of Singular Intimacy*, New York: University of Georgia Press, 1990, p.121.

② 张景哲：《古巴》，中国青年出版社，1962，第 2 页。

③ 〔英〕J. H. 帕里、P. M. 舍洛克：《西印度群岛简史》，天津人民出版社，1976，第 258 页。

本身工业基础的薄弱，多数的制糖厂都用的是美国的资本、美国的设备，甚至雇佣的是美国的工人，所以多数的古巴制糖企业都为美国所操控。在美国的渗透下，古巴以蔗糖为主的经济增长模式加速扩大和延续，单一产品生产和出口成了古巴难以突破的经济发展模式。

（2）垄断古巴的对外贸易，把古巴强行纳入美国经济体系。1903 年美国同古巴签订“互惠条约”，该条约规定古巴的蔗糖在现有的美国关税的基础上，可以获得降低 20% 的优惠；作为回报，古巴向美国出口品提供 20% ~ 40% 的关税优惠。通过这一条约，美国垄断了古巴的对外贸易，并且使美国产品大量地涌进古巴市场。[1] 这一条约的签订使得此后古巴经常蒙受美国政治上、经济上的讹诈，美国可以随心所欲地修改与古巴的经贸协定。1930 年在世界经济危机背景下美国颁布了《斯穆特—霍利关税法》（The Smoot-Hawley Tariff Act），该法案将美国所有进口货物的关税提高了 60%，这给依赖美国单一市场发展的古巴带来了灾难性的影响，直接导致古巴 1933 年革命的爆发，亲美的赫拉尔多·马查多独裁政府也由此倒台。面对古巴的国内危机，美国不得不对古巴的贸易政策做出改变。1934 年美国国会通过了《1934 年琼斯—科斯提根法》（Jones-Costigan Act of 1934），规定古巴蔗糖在美国市场的配额为 28%，以此让古巴的蔗糖经济得到恢复，但同时规定古巴蔗糖在美国市场的份额要遵循美国国内市场的价格，让古巴蔗糖经济与美国市场紧密地捆绑在一起，并且要求古巴取消美国进口品关税，扩大进口美国产品的品种，使古巴彻底成为美国进口品的倾销市场。[2] 这一法案的实行让古巴人民的生活从此由美国市场的蔗糖牌

① 〔英〕莱斯利·贝瑟尔：《剑桥拉丁美洲史》（第 5 卷），中国社会科学院拉丁美洲研究所组译，社会科学文献出版社，1992，第 247 页。
② 韩琦主编《世界现代化历程》（拉美卷），江苏人民出版社，2010，第 377 页。

价来决定，古巴人的生活要以美国出口给古巴高于国际市场价格的粮食、油类、棉花以及各种其他生活用品来维持。

（3）加强对古巴银行业的渗透，控制古巴金融体系。第一次世界大战期间国际糖价急剧上涨，这使得战后的古巴政府想进一步扩大本国的蔗糖生产，由此向美国借贷了 5000 万美元，而这项巨款是用了当时几乎所有的古巴银行和糖厂作抵押。但在随后的整个 20 年代国际糖价都处于下跌过程，古巴经济由于片面发展单一作物的生产和对美国的严重依赖，遭受严重打击，糖的产量大幅锐减。最终古巴的银行和糖厂大多数被迫转让给了美国银行，其中包括古巴最重要的银行哈瓦那银行以及其他私人银行。这使美国实现了控制古巴金融体系的构想。

第二次世界大战结束后，美国对古巴的投资再次升温，并且开始转向除制糖外其他关系古巴国民生计的重要部门。到 1958 年，美国资本在古巴各部门的投资总额中的所占比例为：电力和电话业中的 90% 以上，采矿业中的 90%，石油冶炼中的 66%，公共铁路中的 50% 和 100% 的镍矿生产。[①] 古巴经济完全落入美国资本的手中。但是在美国眼中，美国对古巴经济的操控，并不是由美国对古巴实行新殖民主义政策所造成，而是因为古巴必须依附美国才能得以生存。美国政府从来没有，也没有想过把古巴当做一个独立的国家来看待，不论美国最先对古巴实行的直接统治，还是后来通过资本渗透、控制古巴经济命脉的方式对其进行间接统治，都充满着浓厚的殖民主义气息。尽管在此期间，古巴经济也在逐渐增长（靠出口所带来），但发展水平和能力都是脆弱的，经济长期受到被边缘化的威胁，直至今日。

---

① 复旦大学拉丁美洲研究室：《拉丁美洲经济》，上海人民出版社，1986，第 150 ~ 151 页。

　　到 1953 年古巴民主革命爆发前，号称"世界糖罐"的古巴早已发展成"美国的糖罐"，不仅古巴最大的糖厂都为美国资本所有，古巴几乎所有重要的工业部门、可耕地和金融机构大部分都掌握在美国资本家手中，以至于有的美国学者把古巴岛称为"美国的第 51 个州"[①]。可以说，古巴在 1899 年到 1959 年古巴民主革命胜利前的半个多世纪里成为美国获取巨额利润的宝地，"如果失去古巴，美国资产阶级不仅会丧失巨大的经济利润，而且还会对美国经济体系产生一定的影响，使其陷入部分混乱状态"[②]。正因为美国在古巴具有如此重要的经济利益，所以美国政府总是想出各种办法维护其在古巴的利益和独一无二的霸权，尤其在冷战开始后。

　　冷战开始后，第三世界日益成为美国与苏联斗争的主要场所，这使得美国在古巴除了要考虑维护自己在这一地区的传统利益，还要考虑自己与苏联争霸的战略利益。在美国看来，古巴一直就在政治上、经济上依附美国，所以古巴政府的"反共意愿"并不是需要担心的问题，古巴政府的"反共能力"才是美国最关注的问题，美国对这种"反共能力"的要求不仅包括古巴政府防止共产主义"入侵"的能力，还包括其维持社会秩序"稳定"、防止激进改革，以抑制社会内部滋生共产主义的能力。在古巴 1953 年爆发民主革命前，美国一直都对古巴具有明显反共能力的政府提供较大的经济援助。这造成这一阶段的古巴政府即便是民主力量上台的政府，也会为了获得美国的"金援"，最终走上反对改革、镇压民主力量、腐败的独裁道路。总之，在古巴民主革命前，独裁政府比民主政府更符合美国的安全利益。

---

① Alex R. Hybell, *How Leaders Reason: US Intervention in the Caribbean Basin and Latin America*, Oxford, UK; Cambridge, Mass., USA: B. Blackwell, 1990, p. 77.

② 韩洪文：《论古巴革命胜利初期的古美关系》，《历史教学问题》1999 年第 4 期，第 30~31 页。

二 古巴革命爆发的国内背景

1953 年古巴爆发的反独裁民主革命是古美关系演变过程的一个重要的划分点，这场革命的胜利（1959 年）最终使革命的领导者菲德尔·卡斯特罗登上了古巴政治舞台，古巴与美国的关系也因此进入新的历史篇章。分析 1953 年古巴民主革命爆发的国内背景，有助于理解和认识卡斯特罗的上台和其上台后古美关系发生的深刻转变。

（一）革命前古巴社会的紧张关系

自 18 世纪中期以来古巴根据殖民当局西班牙的需要大力发展蔗糖种植，到 19 世纪初蔗糖经济成为古巴国民经济的主要支柱，然而这种单一制经济发展的模式并没有使古巴成为一个落后的农业国，因为古巴全国大部分的劳动力从事的是种植蔗糖以外的农业生产，只是这些经济活动都不同程度上为蔗糖工业服务，这使单一经济结构的古巴反而成为拉美地区经济“较发达”的国家，这种“发达”地位在美国进入古巴后尤为明显。在美国进入古巴后，美国垄断资本对古巴蔗糖工业和交通运输业的控制和开发使得古巴的蔗糖工业、旅游业、服务业日渐繁荣，很多外国移民来到古巴进行投资或者充当劳动力。在当时的古巴社会普遍存在两个阶层即中等阶层（由中小企业主、商人、自由职业者、技术人员、政府官僚和薪金较高的职员等构成的小资产阶级）和劳动雇工阶层。由于古巴社会本身存在大量的西班牙移民后裔，所以其社会中等阶级的比例大于其他拉美国家。在 1958 年以前古巴的人口有 1/5 到 1/3 都属于中等阶级。[1]

---

[1] Gino Germani, "The Strategy of Fostering Social Mobility", in UNESCO, *Social Aspects of Economic Development in Latin America*, Pairs: UNESCO, Vol. 2, 1963, p. 228.

　　尽管如此，对古巴来说，经济的发达、中等阶级数量的扩大并不意味着其社会更加安全，爆发革命的可能性更小，而是相反。这种结果主要是由于两方面原因所导致：第一，古巴是一个发展极不平衡的国家，下层民众的生活极为困苦。据 1957 年美国政府机构和哈瓦那天主教教会大学作的调查显示：在古巴，10 岁以上的文盲占 23%；……全国 48% 的劳动力每年最多只有 10 周的工作可干；自来水只能进入 35% 的住宅，仅有 28% 的人有条件看病；在农民中间，4% 的人能吃上牛肉，不到 3% 的人能吃上鸡蛋；1958 年古巴登记的妓女比矿工人数还要多……①这种严重的社会分化，加剧了古巴社会内部关系的紧张。第二，美国对古巴经济的掌控以及对古巴腐败独裁政府的支持，也逐渐让古巴"庞大"的中等阶级在经济上、政治上都没有了发展出路。最终，这两方面的共同作用使古巴社会内部的紧张关系达到了破裂点——爆发了民主革命。

　　古巴革命前的社会关系有两点值得强调。

　　第一，社会贫富差距的悬殊不是当时古巴社会独有的现象，在当时很多拉美国家甚至是发达国家都有类似的情况，但这些国家并没有因此发生革命。发生了革命的国家，通常是由于这个国家的政权显现出了明显衰弱迹象，下层贫苦民众和其他已不可能在现政权上获得利益的非下层民众这时会选择抛弃现政权，以革命的方式促成该政权的崩溃。20 世纪 50 年代的古巴正是在这种情况下爆发了革命，并在各个阶层的联合下取得成功。

　　第二，古巴民主革命是由中等阶级发起并由其资助的，且在古巴革命前最具革命意识的政治派别是来自于中等阶级，卡斯特罗就是其中的一员。为什么在当时拉美地区经济处于"发达"的古巴，

---

　　① 索飒：《丰饶的苦难：拉丁美洲笔记》，广西师范大学出版社，2003，第 38 页。

本应该成为社会稳定因素的中等阶级成为打破社会原有秩序的关键因素？古巴杰出的学者林诺·诺瓦斯·卡尔沃对革命前中等阶级的发展困境做出这样的分析：古巴中等阶级的"父老一辈可能是来自西班牙或其他国家的移民，靠务农或经营企业挣钱"；但在美国占领古巴后，美国垄断资本操控了古巴大部分的经济行业，这使得"他们的古巴子女却大批地进入自由职业界、政府机关或政治界，指望最快地获取最大的报酬"。特别是在二战后古巴的蔗糖经济持续低迷，"在中等阶级的两个主要分支中，从事自由职业和政治要比从事工商业更受青年一代的欢迎。可是，国家的经济并不能维持这么多的自由职业者和冒牌的政治家，特别是律师，结果最后出现的那些想往上爬的人必然要感到失意，于是就起来反对整个制度。这种反叛的酝酿的场所就是古巴的中学和大学，在这些学校里，最坏的学生往往就是最好的鼓动员"①。卡尔沃做出的分析几乎完全符合菲德尔·卡斯特罗的情况：父亲是西班牙移民，来到古巴后靠从事制糖业和木材业致富；卡斯特罗本人青年时期进入哈瓦那大学学习法律，但热心于政治运动无心学业。② 也就是说，卡斯特罗是二战后古巴新一代中等阶级的一个代表，而不是一个特例，他们对于父辈以及美国关于古巴不能工业化，必须依赖外国资本生存的看法是不认同，甚至是鄙视的。尤其到 20 世纪 50 年代拉美地区掀起反独裁、争民主、发展民族经济的浪潮，古巴经济的低增长和政治的黑暗，使得有政治志向的青年中等阶级对现有制度不满和愤怒。1953 年古巴反独裁政权的民主革命就是在这种情况下，由卡斯特罗等古巴中等阶级成员发起，且在此后的四五年，革命的大部分武

① 〔美〕西奥多·德雷珀：《卡斯特罗主义理论和实践》，北京编译社译，世界知识出版社资料室，1996，第107页。
② 古巴从 20 世纪 40 年代下半期起，由于政治的愈加黑暗，大学并不像一个求学的地方，更像一个培养革命家的温床。

装斗争也由他们进行，所以，尽管这场革命的最终胜利是在具有不同思想、不同宗教信仰、不同社会阶级地位的人们总联合下赢得，但它是一场资产阶级民主革命。

（二）革命前美国对古巴的利益侵害

如果说有一种外国占有形式最伤害古巴民族感情的话，那就是对古巴最主要的自然资源——土地的占有。在赶走西班牙人后，美国占有了古巴最好和最多的土地，正是这一点最容易招致古巴人反感和政治攻击。因为这些土地是产蔗糖的土地，是古巴经济的命脉，没有它们，古巴的财富和人口就不会保持增长，所以古巴人一直把失去土地看做是苦难的根源。同时，长期以来对蔗糖利润的追求使古巴其他作物的生产先后遭到排挤，富饶的森林资源被破坏，外国垄断资本不断涌入，古巴自身的民族工业在古巴爆发民主革命之前已经无从发展，所以尽管古巴人把种植蔗糖的土地看作是生存的基础，但制糖业也是古巴人心中最具悲剧性的生产部门。而美国恰恰将其在古巴的主要投资打入这个部门。古巴虽然经济上较多被"美国化"，但也始终存在与这种表象相矛盾的现象：不论古巴自身的经济结构存在什么样问题、蔗糖经济在发展上出现什么问题，古巴人总愿意将经济的不发达、民众的贫困与美国联系起来，甚至在古巴"多少年来有一个'革命'派一直在宣扬说，美国要对古巴的全部祸害负责，只要消除了美国的势力和投资的痕迹，古巴就能消除这些祸害"。①

尽管美国垄断资本对古巴土地和蔗糖业的控制是对古巴民族一种长久的伤害，但在古巴独立革命胜利之前，这种伤害并没有达到

---

① 〔美〕西奥多·德雷珀：《卡斯特罗主义理论和实践》，北京编译社译，世界知识出版社资料室，1996，第210页。

爆炸性的程度，毕竟外国垄断资本掌控本国的经济命脉，这是当时拉美国家中的常见现象，尤其在一直未真正获得独立，对美国的资本存在严重依赖的古巴。对革命爆发前的古巴来说，更直接的伤害是美国对古巴的经济垄断所引发的政治后果：随着美国垄断资本不断大量涌入古巴的蔗糖业、铁路和公用事业，名义上获得独立的古巴人只能把理想和抱负投入到了政治上，特别是大批的中产阶级似乎只有通过政治上的成功才能实现经济上的成功。这种发展形势极容易造成政治的黑暗和腐败。从 1909 年美国彻底结束对古巴的占领到 1959 年古巴革命胜利前，古巴历届政府都贪污腐败，由中产阶级组建的各政党和政治组织之间权力斗争激烈，政府更迭频繁，社会经常发生严重的混乱。所以，二战后美国在古巴的观察团得出这样的结论：古巴社会发展的障碍不是经济的障碍，而是政治、社会的障碍。[1]

在这种背景下，1952 年古巴军官巴蒂斯塔以"文官政府和议会制度把政府弄得腐败不堪，公共安全无法保证"为理由发动军事政变上台，美国认为，军事强人的巴蒂斯塔"会给古巴带来法制和稳定"，他能够保证"繁荣稳定局面以及比较健全的经济"，[2]对此表示欢迎。由于巴蒂斯塔上台后表示绝不恢复二战时期与苏联的联系，并宣布古巴共产党为非法组织，这使美国认定其不仅"具有保证稳定与秩序的能力"，还能够"奉行一种强烈的反共产主义政策的诺言"。[3] 这样的政治结果对于古巴政治经验和政治热情都"蓬勃发展"的中产阶级来说，是一个无法接受的伤害，它

---

① 〔美〕西奥多·德雷珀：《卡斯特罗主义理论和实践》，第 110 页。

② Ruby Hart Philips, *Cuba: Island of Paradox*, New York: MeDowell, Obolensky, 1960, p. 860.

③ Lloyd J. Mecham, *A Survey of United States-Latin American History*, New York: Houghton Mifflin, 1970, p. 306.

意味着美国对他们的抛弃。政治上的不满不可避免地又引起了经济上的不满，所以美国在古巴的投资此时也装满了政治炸药，"不论在经济上还是政治上古巴都将走向失败"成为当时古巴人普遍的想法。这种不满和无望滋生了古巴人的革命情绪和憎美情绪。就如美国著名历史学家小阿瑟·施莱辛格在巴蒂斯塔执政时期到访古巴时所发出的感慨："哈瓦那令我陶醉，但同时也使我感到震惊。这座可爱的城市已被糟蹋成为一个巨大的游乐场和积怨，供来自迈阿密的美国商人在周末肆意享乐。……根据这种状况，人们不禁要问：任何古巴人，除了憎恨之外，还能对美国有什么其他感情？"[①]

（三）卡斯特罗的反独裁斗争和古巴革命的胜利

尽管古巴在 1902 年独立后采取了共和制，但古巴的政治发展始终呈现独裁的趋向即反独裁者在当政后走上独裁道路。自古巴第一任共和国总统帕马尔以后的几任总统都是参加过古巴独立战争的将领，但他们成为总统后大都走上腐败道路，不仅为了个人和集团的利益充当美国垄断集团在古巴的忠实代表，并为了敛财和连任实行独裁统治。尤其在 1933 年美国对拉美实行"睦邻政策"后，古巴的这种政治更为黑暗。美国对拉美的"睦邻政策"目的是防止法西斯主义势力在拉美扩张，使自 30 年代经济危机以来饱受经济贫困化和政治独裁化的拉美国家向美国靠拢，为此美国鼓励拉美各国可以通过选举和实行某些制度上的变革使原先独裁政权变成立宪政府，并暗示拉美一些独裁的政权只要能够喊出一些蛊惑人心的民主口号和纲领，就可合法地获得美国的支持和保护。于是古巴的各路政治强人、军事强人跃跃欲试，为登上总统宝座不择手段。政治

---

① 〔美〕小阿瑟·施莱辛格：《一千天：约翰·菲·肯尼迪在白宫》，仲宜译，生活·读书·新知三联书店，1981，第 97 页。

的黑暗加剧了古巴社会的混乱，人民生活没有安全和保证，各种反政府的活动此起彼伏。20 世纪 40 年代末以后，由于美苏对峙的日益明显，"共产主义"在第三世界的影响日渐扩大，出于反共的目的，美国对于"后院"拉美不再考虑通过改良主义的道路来宣传自己的意识形态，而是直接鼓励亲美政府的建立，并对那些向美国表达反共忠心和积极配合美国反共政策的独裁政权提供各种他们所需要的支持。

在这种政治背景下，古巴前总统、军事强人巴蒂斯塔于 1952 年 3 月总统大选前夕发动军事政变成功再次当政，并开始实行独裁统治（1952~1958 年）。在巴蒂斯塔独裁政府时期，古巴经济更加依附美国的资本，美国对古巴的投资从 1951 年的 7.13 亿美元到 1958 年增加到 10.1 亿美元；[①] 外交上完全追随美国外交的政策，1952 年 4 月，古巴政府宣布同苏联断交，同时声明支持美国侵略朝鲜和敌视中国的政策；政治上更加残酷和黑暗，解散了政党、工人和农民组织，禁止罢工、公共集会和游行。总之，在独裁政府统治的七年中，古巴的国民经济命脉完全被美国资本所控制，国内数以万计参加反独裁斗争的古巴人遭到杀害，失业和就业不足的人占劳动力的近 60%，农村土地兼并严重，8% 的大庄园主占有全国 3/4 的耕地，大多数无地农民沦为非法占地的"占耕农"。[②] 随着古巴国内阶级矛盾和民族矛盾日益激化，各种武装起义在全国各地不断爆发，其中以菲德尔·卡斯特罗于 1953 年 7 月 26 日领导的圣地亚哥武装起义即"七·二六运动"力量最强，成果最突出。

菲德尔·卡斯特罗·鲁斯出生于 1926 年 8 月 13 日奥连特省比兰村的一个甘蔗种植园主兼木材商的家庭（但他姐姐说他是生于

---

① 〔古〕安东尼奥·努涅斯·希门尼斯：《美帝国主义对拉丁美洲的侵略》，梅登科译，世界知识出版社，1962，第 88 页。
② 李春辉：《拉丁美洲史稿》（下册），商务印书馆，2001，第 284 页。

次年的当天），父亲是 1905 年来到古巴的西班牙移民，母亲是古巴土生白人。1945 年卡斯特罗进入哈瓦那大学学习，大学期间积极参与学生运动，立志投身于古巴的民族解放事业，成为一名激进的政治青年。1950 年卡斯特罗获哈瓦那大学法学博士学位后，加入了古巴人民党（正统党），并以该党成员的身份竞选国会议员，希望以此走上政坛。但 40 年代末到 50 年代初是古巴政党政治最腐败的时期，各党派中的很多成员会根据个人的利益从原来的党派中分离出去以及与其他党派妥协，再组成新的政治组合。正是由于各民主政党的涣散、分裂，军事强人巴蒂斯塔在 1952 年总统选举前夕发动政变成功，开始实行独裁统治，取消了国会选举，解散了议会。这使年仅 26 岁的卡斯特罗认识到以和平方式实现政治理想已经不可能，为此，他将自己认识和影响到的一大批激进爱国青年组成了一个秘密的革命组织，为暴力推翻独裁政府做准备。

到 1953 年初卡斯特罗领导的革命组织发展到 1200 人左右，这些成员的出身、职业和社会地位并不相同，但年龄阶段相似，大多数只有 20 多岁，30 岁以上的人只有两个，[1] 他们都是 20 世纪 40 年代末 50 年代初古巴日益激进的社会政治氛围下成长起来的青年一代，是反对巴蒂斯塔独裁统治的共同目标将他们团结在一起。虽然他们反对巴蒂斯塔的决心坚决，但由于预期估计不足以及军事斗争水平有限，1953 年 7 月 26 日卡斯特罗领导的武装起义很快失败，卡斯特罗等人被捕。随后卡斯特罗在被审判的法庭上发表了著名的《历史将宣判我无罪》长篇辩护词，在这份辩护词中，卡斯特罗提出其革命的目标是恢复 1940 年民主宪法，建立革命政府，实行工业化和外国资本国有化以及土地和教育等方面的改革。这份

---

① 〔古〕菲德尔·卡斯特罗、〔法〕伊格纳西奥·拉莫内：《卡斯特罗访谈传记：我的一生》，中国社会科学院拉丁美洲研究所译，中国社会科学出版社，2008，第 111 页。

激进的民主革命宣言给当时强烈希望发生变革的古巴各阶层带来了震动，卡斯特罗及其领导的革命运动也因此成为当时古巴反独裁、民族民主的象征。1955 年 5 月卡斯特罗出狱，继续领导其革命组织开展反巴蒂斯塔独裁的武装斗争，并在 1956 年 11 月发表《"七·二六运动"宣言》，宣言强调要用古巴青年的力量去完成古巴一再被耽误和阻挠的历史任务，清除殖民地心态、外国经济控制、政治腐败和军人统治。[1] 宣言的发表加强了古巴中等阶级和其他各个阶级的有识之士对卡斯特罗领导的革命组织在政治、道义和经济上的支持。

在卡斯特罗领导的革命运动和其他政治团体组织的武装起义不断扩大的同时，巴蒂斯塔政权的腐败程度和社会危机也在不断加深。据 1957 年 3 月一份杂志（《Carteles》）披露，古巴政府中至少 20 个高级官员在瑞士银行有平均每人 100 万美元以上的存款。古巴失业人数的比例从 1957 年底的 8.9% 上升到 1958 年 1 月的 18%。在政府的放任下，古巴成了毒品交易、金融投机、赌博和色情业的天堂。[2] 在这样的发展形势下，1957 年至 1958 年的古巴形成了一个反巴蒂斯塔独裁统治的联合阵线：年轻学生、工人、农民和海外流亡人、中产阶级和知识分子都加入了反独裁的队伍。在古巴各界进行反独裁政权运动的同时，巴蒂斯塔政权的核心——军队发生了裂变。鉴于古巴革命形势的无法逆转以及当时美国国内舆论对古巴民主革命的同情，美国最终停止对古巴政府的军售，剥夺了对其的国际援助，并敦促巴蒂斯塔离开古巴让位于美国所满意的一

---

[1] Maurice Zeitlin, Robert Scheer, *Cuba: Tragedy in Our Hemisphere*, New York: Grove Press, Inc., 1963, pp. 55 – 56.

[2] Louis A. Pérez Jr., *Cuba: Between Reform and Revolution*, New York: Oxford University Press, 1988, p. 305.

个看守政府。^① 最终在各方面条件都渐失的情况下，巴蒂斯塔政权
倒台，1959 年 1 月 1 日古巴革命宣告胜利。

尽管在 1959 年古巴民主革命胜利以前，美国长期以来对古巴
经济的垄断和对独裁政权的支持是一种政治炸药，随时可能引发古
巴人的反美，但直至卡斯特罗执政前，古巴人的反美情绪总体上来
讲还是比拉美其他地区淡薄。就如大多数古巴的中等阶级和上层阶
级所认识的：一个人口只有 600 万左右，没有重要原料、只有一种
出口作物的热带小岛势必要依靠一个仅仅相隔 217 公里的强大工业
国，且依靠美国是可以选择的出路中最省事的一条。^②

三 卡斯特罗的上台和古美"友谊"的破裂

古巴自 1953 年 7 月至 1958 年底的民主革命是其自独立以来长
期各种社会矛盾的总爆发，它完成了古巴人民一再被推迟和耽误的
历史任务，领导这场革命的卡斯特罗也因此在民众中建立起了威
信，这是古巴自实行"民主政治"以来其他领导者从未真正具有
的。而在民众心中"不具备品质"的领导者能够登台，这是不能
独立发展的国家实行"民主政治"的常见现象。最终从未真正获
得独立的古巴，通过一次真正的革命——全国人民联合的革命，打
破了这一"常规"。

对于这一"常规"的打破，美国一开始持观望态度，对于古
巴新政府走上资产阶级改良道路而不发生激烈的变化抱有很大希
望。毕竟从经济利益和战略角度看，古巴对美国有着重要意义，且

---

① Wayne S. Smith, *The Closest of Enemies: A Personal and Diplomatic Account of U. S. -Cuba
Relations Since* 1957, New York: Norton Company, 1987, p. 34.

② 〔美〕西奥多·德雷珀：《卡斯特罗主义理论和实践》，北京编译社译，世界知识出版
社资料室，1966，第 104~105 页。

古巴新政府不是美国所厌恶的"左翼"执政，而是一个"中间路线"的资产阶级联合政府——资产阶级自由派的代表法官曼努埃尔·乌鲁蒂亚和律师米罗·卡尔多纳分别任总统和总理，卡斯特罗领导的资产阶级民主激进派只有卡斯特罗一人在政府中任要职——武装部队总司令。同时，卡斯特罗在革命胜利后明确表示，其领导的革命组织与共产党无关，他本人也不憎恨美国。[①] 正是鉴于这样的古巴局势，美国很快承认了古巴新政府（1959 年 1 月 7 日），并派出新任驻古巴大使以伺机拉拢新政府。但不久后，古巴政府两方面的变化使得美国对其态度发生根本转变，两国的"传统友谊"也由此破裂。

第一，卡斯特罗将资产阶级联合政府转为"左翼"执政政府。

古巴革命胜利后，由于菲德尔·卡斯特罗在反巴蒂斯塔革命中发挥了重要作用，使他的个人威信和权力在新政府中无人能及，且革命的迅速成功让卡斯特罗本人及其身边重要的革命者切·格瓦拉、劳尔·卡斯特罗等对通过改革建立一个"民有、民治、民享"的具有均富和浪漫色彩的新社会充满了信心。在新政府成立不久，卡斯特罗便要求实行此前在革命期间提出的激进民主改革措施。但总统、总理以及其他资产阶级自由派的内阁成员主张进行温和的社会改革，这与卡斯特罗派主张的激进改革的政治理念发生了冲突。由于在新政府中卡斯特罗是唯一掌握全国武装力量的人，且在过去几年的革命锻炼后在政治策略上更为成熟，所以他充分利用自己在革命中树立起的威信，在国内四处宣讲其在反独裁民主革命中提出的改革和政治理念，造成总理和总统威信降低。更重要的是，这场由国内民众各种团体联合而非某一集团军事政变而取得的革命胜利，几乎使整个古巴实现了从未实现过的团

---

① 参见《路透社奥连特省奥尔金 4 日电》，《参考消息》1959 年 1 月 6 日。

结，且革命胜利后成立的是反独裁的联合政府，这前所未有地点燃了古巴民众的民族、民主革命情绪，对一直给古巴带来政治黑暗和社会混乱而非真正独立的西方民主制十分地反感。以上因素强化了卡斯特罗在古巴人心中的独立英雄形象，最终总理和总统相继提出辞职。

1959年2月卡斯特罗就任国家总理，同年7月，卡斯特罗任命曾为古巴共产党的原司法部长奥斯瓦尔多·多尔蒂克斯接任总统。同年11月，卡斯特罗任命埃内斯托·格瓦拉为古巴国家银行行长，而在美国眼中，格瓦拉一直是隐藏在卡斯特罗背后的"红色独裁者"，此前的古巴土地改革就主要是在格瓦拉的操纵下进行的。[①] 经过这样的"换血"，古巴政府彻底成为美国眼中的"左翼"政府。至此美国得出结论："我们不能指望同卡斯特罗达成任何一种谅解了。"[②]

第二，卡斯特罗为改变古巴旧秩序而采取的激进改革。

（1）清除反革命势力。虽然巴蒂斯塔政权已在1959年1月1日之前被彻底推翻，但是前政权中的各种反革命势力在古巴仍继续活跃，不铲除他们，势必对古巴新政府造成威胁。在革命胜利的数周后，在卡斯特罗的带领下，新政府开始抓捕和审判前政府和军队成员的活动。这次活动的抓捕和审判是公开的，但在当时的国内外环境下，如果把这些前政权人员进行监禁处理，日后可能会给国内外的其他右派分子进行解救或者窜通发动暴乱的机会，所以对他们实行了比较残酷的处决。美国政府将卡斯特罗领导的这次活动称为"浴血暴行"。由于这些"战犯"是前亲美政权的人，卡斯特罗在

---

① 〔古〕菲德尔·卡斯特罗：《切·格瓦拉：卡斯特罗的回忆》，邹凡凡译，译林出版社，2009，第5~6页。

② Samuel Farber, *The Origins of the Cuba Revolution Reconsidered*, Chapel Hill: The University of North Carolina Press, 2000, p. 82.

惩处这些"战犯"的讲话中指责了美国过去对巴蒂斯塔政权的支持和放任。这种对美国并不"友好"的态度和 1959 年以前古巴历届政府对美国的态度形成鲜明的对比，它暗示卡斯特罗并不畏惧美国的权力。而在卡斯特罗上台之前，"美国在古巴有着压倒一切的影响力……美国大使在古巴成了第二号最重要的人物，有时甚至比（古巴）总统还重要"。① 对此，美国政府决定对古巴政府"适当的施压"，推迟了派遣驻古巴新大使。总之，在古巴民主革命胜利后，虽然一直对古巴民主革命抱有成见的美国政府很快就和古巴建立了外交关系，但其对卡斯特罗的怀疑和不满也在不断增加。

（2）土地改革。1959 年 5 月 17 日，古巴政府颁布了革命后的第一个《土地改革法》，该法案规定，废除大庄园制度，对占有超过 1000 英亩的土地收为国有，收为国有的土地被分给农民和没有土地的农场工人，但国家会给原土地所有人一定的债券作为赔偿，同时政府宣布，将巴蒂斯塔独裁政权的支持者和同谋者的所有企业收为国有。虽然古巴政府宣布这些法案和政策是卡斯特罗在兑现之前在反独裁武装斗争中的"没收在巴蒂斯塔年代非法占有和贪污的所有财产"的诺言，并不是以"反美"为目的，② 但由于之前历届古巴政府与美国的亲密关系，美国的糖业垄断公司在古巴占有最大、最好的土地，美国很多财团的资产都是用古巴人挂名的，所以这样的改革必然对美国的经济利益造成严重冲击。于是，美国很快就古巴所进行的改革向古巴政府发出一份正式照会，照会虽然承认古巴有合法权利征用外国财产，并表示古巴的土地改革是走向社会

---

① Maurice Zeitlin, Robert Scheer, *Cuba*: *Tragedy in Our Hemisphere*, New York: Grove Press, Inc. , 1963, p. 30.

② 〔古〕菲德尔·卡斯特罗、〔法〕伊格纳西奥·拉莫内:《卡斯特罗访谈传记:我的一生》，中国社会科学院拉丁美洲研究所译，中国社会科学出版社，2008，第 214 页。

进步的一个步骤,但是要求古巴给予"迅速的、正当的和有效的赔偿"①,如果得不到这样的赔偿,"美国将进行报复,包括削减从古巴购糖的定额,禁止美国人对古巴的私人投资,停止对古巴的经济援助"②。卡斯特罗对此回应称,进行"迅速"的赔偿是不可能的,因为前政权倒台时已把国库席卷一空,现政府无力进行现金支付赔偿。③ 对于这样的答复美国政府十分恼怒,认为古巴"政府为了实行符合古巴利益的改革而损害美国私人投资者的直接利益"。④ 作为对古巴的惩罚,美国随后宣布减少古巴食糖对美的出口份额,并要求美洲国家组织采取联合对付古巴的行动,把古巴的损害美国经济利益的民族主义政策说成是"共产主义威胁"。为此,卡斯特罗指责美国是对古巴进行经济和政治侵略,古美对抗正式开始。

由于卡斯特罗以上的政治、经济安排,到 1959 年 6 月美国政府对古巴革命后政府的"观望等待"政策结束,此后古美间的相互敌视代替了传统"友谊"。

1960 年 10 月 21 日,来自佛罗里达的两架由古巴流亡者驾驶的飞机扫射哈瓦那街头,造成 2 人死亡、50 人受伤。卡斯特罗指控美国与这件事有关,古巴国内由此掀起一股反美浪潮。同年 11 月 5 日,美国国务卿赫脱在向总统的对古巴政策建议中提出,美国应"在整个拉丁美洲地区加强宣传美国的民主观念;鼓励古巴国内、外的反对派反对卡斯特罗政府,同时又要避免给人以美国正在

---

① 〔英〕休·托马斯:《卡斯特罗和古巴》(下册),斯禾译,上海人民出版社,1975,第462 页。

② Morris H. Morley, *Imperial State and Revolution: The United States and Cuba, 1952–1986*, Cambridge: Cambridge University Press, 1987, p. 83.

③ 〔美〕戴维·霍罗威茨:《美国冷战时期的外交政策:从雅尔塔到越南》,上海市"五·七"干校六连翻译组译,上海人民出版社,1974,第 184 页。

④ Maurice Zeitlin, Robert Scheer, *Cuba: Tragedy in Our Hemisphere*, New York: Grove Press, Inc., 1963, p. 126.

压制古巴的印象"。① 艾森豪威尔总统批准了这个旨在"改变卡斯特罗政权或替换这个政权"② 的建议。这意味着美国政府确定了"不对古巴动武的情况下，用各种手段推翻卡斯特罗政权"的策略方针③。

从 1960 年 2 月起，古美间的冲突快速升级。1960 年 2 月，苏联副总理兼经贸部长的米高扬访问古巴，与古巴签订了贸易与援助协定，苏联购买古巴 42.5 万吨糖，以后每年购买 100 万吨，并向古巴提供 1 亿美元的贷款以购买苏联设备，以及向古巴提供其他的产品和技术援助。④ 紧接着，民主德国和波兰也分别和古巴签署了类似协定。在冷战的环境下，苏联对古巴进行访问并对其实行援助，这对美国无疑是个很大刺激。之前苏联与美国的对抗中还从未能在美国的"后院"取得一个立足点，所以在美国看来，这次接触意味着苏联不仅将对古巴的未来发展起到重要支撑作用，还将以古巴为垫脚石向拉美进行渗透。这使艾森豪威尔决定加快制定颠覆卡斯特罗政权的计划，包括武力推翻卡斯特罗的计划，这是此前没有的。同年 4 月，美国中央情报局开始执行这项决定，在五角大楼的协助下从军事上训练古巴的反革命流亡分子，准备入侵古巴。

1960 年 5 月 7 日，古巴同苏联恢复外交关系。美国认为这是古巴对自己利益的严重挑衅，对古巴的态度更加强硬。同年 6 月苏联的石油运到古巴，古巴政府要求美国埃索、德士古和壳牌石油公司在古巴的炼油厂对苏联供应的原油进行加工，这些跨国公司拒绝

---

① John Prados, *President's Secret Wars: CIA and Pentagon Covert Operations Since World War Ⅱ*, New York: William Morrow & ComPany Inc, 1989, p. 175.

② Stephen G. Rabe, *Eisenhower and Latin America: The Foreign Policy of Anti-Communism*, Chapel Hill: The University of North Carolina Press, 1988, p. 128.

③ Philip W. Bonsal, *Cuba, Castro and the United States*, Pittsburgh: Pittsburgh University Press, 1971, p. 135.

④ Stephen G. Rabe, *Eisenhower and Latin America: The Foreign Policy of Anti-Communism*, Chapel Hill: The University of North Carolina Press, 1988, p. 125.

了这一要求。由于当时古巴的法律规定，炼油企业必须加工属于古巴国家的石油，于是卡斯特罗下令将所有古巴的外国炼油企业收为国有，此前古巴国有化只涉及的是外国在古巴的农业产业。对此，美国强烈抗议，并很快以取消当年古巴蔗糖剩下的进口配额作为报复。随后苏联宣布买下这批蔗糖，中国也宣布今后 5 年内每年购买古巴 50 万吨糖。面对这种情况，美国进一步加强了对古巴的制裁。同年 10 月 13 日，美国宣布对古巴实行除了药品和某些食品以外的经济禁运，同时向欧洲盟友施压使之也实施这一举措。作为回应，古巴随后将美国在古巴剩下的所有商业机构全部国有化，使美国所有在古巴的投资全都泡汤。为此，美国驻古巴大使在当月月底被召回并再也没有回任。

1960 年 12 月 6 日，即将卸任的美国总统艾森豪威尔将《古巴与拉丁美洲备忘录》交给即将上任的肯尼迪，这份备忘录指出古巴是"对美国在拉丁美洲的最大危险"①。此后美国政府加快了武装颠覆卡斯特罗政府的步伐。1961 年 1 月 2 日，卡斯特罗在发表新年讲话时发生爆炸，卡斯特罗指控美国与该事件有关，并提出美国大使馆为古巴新的敌人。对此，美国政府宣布，古巴对美国的挑战已经超出美国所能容忍的极限，美国与古巴断交。至此古美关系彻底破裂。

---

① Stephen G. Rabe, *Eisenhower and Latin America: The Foreign Policy of Anti-Communism*, Chapel Hill: The University of North Carolina Press, 1988, p. 171.

第二章
古美对抗的阶段性演变

从古美断交到卡斯特罗移交政权，古美关系大体可以古巴导弹危机和冷战结束为标志分为三个阶段，即古巴导弹危机结束之前的紧张对抗阶段、导弹危机之后的对抗与缓和并存阶段、冷战结束后的古美对抗阶段。在这三个阶段，对抗是古美关系的主流，虽然各个阶段不乏松动与缓和的迹象，但这些始终没有改变古美关系对抗的本质。

一　古巴导弹危机结束前的紧张
对抗阶段（1961～1963）

（一）吉隆滩登陆事件

在古美宣布断交的同时，1961年1月，民主党人肯尼迪就任美国总统，政治领导人的更迭不仅没有使古美关系回暖，反而使两国由外交对抗走上军事对抗。

卡斯特罗在肯尼迪政府上台不久后通过各种途径向其表示了愿意与美国政府进行谈判，以改善双边关系的意向，甚至明确提出，如果有一天美国又想购买古巴的食糖，那么我们可以讨论赔偿问题。[1] 但在

---

[1] 〔英〕休·托马斯：《卡斯特罗和古巴》（下册），斯禾译，上海人民出版社，1975，第599页。

竞选中表示会对古巴发动"认真攻势"的肯尼迪政府看来，[①] 古巴已经成为苏联的"卫星国"和基地，向美国在拉美的霸权提出了挑战，美国决不能容忍该政权的存在，所以明确表示，美国不会与古巴恢复外交关系。

由于肯尼迪政府特别担心卡斯特罗政权的存在会在拉美地区引起"多米诺骨牌"效应，出现"另一个古巴"，因此决定使用一切可以使用的手段包括公开的和秘密的，且主要是后者来推翻卡斯特罗政权。[②] 在上台的当月，肯尼迪接受了前任总统艾森豪威尔关于训练古巴流亡者进攻古巴的计划，虽然对这一计划的可行性肯尼迪持怀疑态度，但由于该计划在前任时期已经实施且已不再是秘密，如果不接受将有悖于肯尼迪在竞选中宣传的对古政策，会遭到共和党的攻击，所以肯尼迪只能继续执行该计划，但同时提出这一计划的执行美国绝不公开、直接地参加。为避免这一行动遭到国际舆论抨击，肯尼迪指示其顾问阿瑟·施莱辛格准备一份白皮书证明美国"反对的不是古巴革命，而是卡斯特罗使它转向了共产党这一事实"，并呼吁卡斯特罗"断绝和国际共产主义运动的联系"，否则"渴望自由的古巴人民将继续为一个自由的古巴而奋斗"。[③]

1961 年 4 月 15 日，2 架由古巴流亡分子驾驶的 B-26 飞机，对古巴哈瓦那、圣安东尼奥和圣地亚哥的三个机场进行了轰炸，造成数人死亡，多人受伤。4 月 17 日凌晨，古巴流亡者军队在古巴的吉隆滩进行两栖登陆，由于作战安排的失误，流亡者军队很快被古巴军队消灭。4 月 20 日凌晨卡斯特罗宣布，古巴彻底粉碎了美国

---

① 　Kent Beek, "Necessary Lie, Hidden Truths: Cuba in the 1960 Campaign", *Diplomatic History*, Winter, 1984, 8（1）：45.

② 　Mark J. White, *The Cuba Missile Crisis*, London: The Macmillan Press, 1996, p.32.

③ 　〔美〕小阿瑟·施莱辛格：《一千天：约翰·菲·肯尼迪在白宫》，仲宜译，生活·读书·新知三联书店，1981，第 171 页。

支持的入侵。美国的入侵行动不但没有推翻卡斯特罗政权，反而促使古巴成为"加勒比海一带第一个共产主义基地"，而不再是国际舞台上奉行"中立主义"的民族国家。[①] 1961 年 5 月 1 日，总理卡斯特罗和总统多尔蒂科斯共同署名发表公报，正式向全国和全世界宣布，古巴革命是社会主义革命，宪法也是社会主义革命的宪法。

美国在吉隆滩登陆的失败使得古巴成为西半球第一个也是唯一的社会主义国家，这对于美国来说是一个最坏、最失败的结果。在此之后肯尼迪政府采取了双向反古巴的行动：一方面秘密进行反卡斯特罗政权的军事和暗杀行动；另一方面公开地对古巴进行外交孤立和经济封锁。最终这两方面行动的配合使卡斯特罗政府选择了以安置导弹对抗美国的威胁。而美国在吉隆滩登陆的失败对苏联来说是个意外惊喜，它不仅加深了苏联对古巴的影响，还使苏联领导人得出了这样的结论——卡斯特罗是个英雄人物，肯尼迪是个软弱无能的领导人。正是基于这样的认识，苏联最终选择在古巴部署导弹以威慑美国。总之，吉隆滩登陆事件为古巴导弹危机的发生埋下了伏笔。

对于卡斯特罗来说，吉隆滩登陆事件不仅将其推向共产主义阵营，还使其政权得到根本巩固。那些在此前对古巴民主革命态度犹豫的古巴民众，现在坚决地选择支持卡斯特罗，而这正是此前卡斯特罗一直担心的问题。在政权得到根本稳固情况下，卡斯特罗开始更谨慎和现实地考虑古美关系的未来。于是吉隆滩登陆事件后不久，卡斯特罗向美国提出，"为了使古巴与美国关系的紧张局面得到令人满意的解决，古巴愿意参加一切相关的讨论"。[②] 当年 6 月中旬，卡斯特罗在会见美国记者代表团时表示，希望改善与美国的

---

① 〔美〕戴维·霍罗威茨：《美国冷战时期的外交政策：从雅尔塔到越南》，上海市"五·七"干校六连翻译组译，上海人民出版社，1974，第 326 页。

② Mark J. White, *Kennedy: The New Frontier Revisited*, New York: New York University Press, 1988, p. 64.

关系，准备考虑赔偿没收的美国资产。同年 8 月中旬，格瓦拉也向美国提出，愿意与美国就贸易、资产赔偿等问题进行会谈，并在一些问题上做出让步，同时保证不进攻关塔那摩基地，不与共产党国家结盟，希望以此来改善两国的关系。① 因此，可以说卡斯特罗政权在走上共产主义道路后，还是存在避免在经济上、外交上一头倒向苏联的发展意愿。

但在肯尼迪政府看来，美国对古巴关系的缓和将是对卡斯特罗政权的一种示弱，于是拒绝了卡斯特罗政府所有有关和解的建议。1961 年 11 月 30 日，肯尼迪批准了针对古巴的代号为"猫鼬行动"的秘密行动，该行动是通过支持古巴流亡分子的准军事行动包括对卡斯特罗等领导人实施暗杀，推翻卡斯特罗领导的共产党政权。而直到 1962 年 10 月 14 日苏联在古巴部署的中程导弹被美国发现前，"猫鼬行动"除了情报搜集几乎没有取得任何进展，最终肯尼迪下令中止一切蓄意破坏活动。虽然"猫鼬行动"以失败而告终，但它对古巴导弹危机的爆发起了很大的推动作用。正是 1962 年春苏联获得了大量有关美国正在酝酿旨在推翻卡斯特罗政权的秘密计划情报，并将这些情报告知卡斯特罗，古巴政府鉴于面临即将被攻击的严峻形势，于 1962 年夏与苏联签订了双边防御条约。

美国在进行秘密推翻卡斯特罗政权行动的同时，还在拉美地区不断对古巴进行经济、外交上的施压。1962 年 1 月，美国利用第八次美洲国家外长协商会议举行的机会，试图联合其他拉美国家孤立古巴，将古巴赶出美洲国家组织。在这次会议上，美国强制性要求这些国家应在这样几个方面采取行动：（1）宣布古巴政府"同泛美体系的宗旨和原则不相容"；（2）把古巴完全排除在美洲国家组织及其各项机构之外；（3）停止拉美国家同古巴之间的贸易往来，特别

---

① Mark J. White, *The Cuba Missile Crisis*, London：The Macmillan Press, 1996, pp. 51 – 52.

是军火的运输；（4）要求在泛美防务委员会下设立一个特别机构，向美洲各国政府提出"单独的或集体的措施"，以对古巴采取进一步军事干涉行动。[①] 对于美国的提议，古巴代表团团长、古巴总统多尔蒂科斯进行了严厉谴责，强调古巴既不接受也不容忍对自己的国家主权所施加的任何限制，对古巴发动任何新的侵略，不管是直接的还是间接的，都不可避免地以失败告终。最终，在美国代表团对其他国家"如果你不同我们站在一起就是反对我们；如果你反对我们，美国国会就会在你们国家提供任何援助方面态度强硬"的施压下，会议通过了把古巴排除在泛美体系之外的决议。[②] 迫于美国的压力，到 1962 年春，先后有 15 个拉美国家与古巴断绝了外交关系。严峻的外部环境让古巴政府认为，美国正在为入侵古巴进行外交和政治上的准备，在这种形势下古巴只能加强与苏联的关系。

此外，美国还在经济领域通过贸易禁运和经济封锁来削弱和动摇古巴政府的统治能力。尽管肯尼迪政府不能确定贸易禁运、经济封锁是否能"导致卡斯特罗垮台"，但认为这些对古巴经济的影响可以转化为古巴内部对政府的积极反对。[③] 在吉隆滩登陆事件的当年 9 月，美国国会通过对古巴实行贸易禁运的决议，禁止对古巴进行任何援助，除非总统决定这样的援助符合美国的国家利益。[④] 1962 年 2 月，肯尼迪宣布，除了必需的食物和药品外，禁止所有与古巴的贸易往来。对古巴的贸易禁运措施，肯尼迪解释为是旨在降低古巴对西半球其他国家进行"侵略""颠覆"或其他危及美国

---

① 徐世澄主编《美国和拉丁美洲关系史》，社会科学文献出版社，2007，第 163 页。

② Walter W. Rostow, *The Diffusion of Power: An Essay in Recent History*, New York: Macmillan, 1972, p. 219.

③ Morris H. Morle, *Imperial State and Revolution: The United States and Cuba, 1952 – 1986*, New York: Cambridge University Press, 1987, p. 192.

④ Donna Rich Kaplowitz, *Anatomy of a Failed Embargo: U. S. Sanctions Against Cuba*, Boulder and London: Lynne Rienner Publishes, 1988, p. 47.

和其他国家安全活动的能力。① 此外，为了对古巴进行全面的"封杀"，肯尼迪要求美国财政部下令冻结古巴在美国的资产，禁止古巴人使用美国银行，禁止美国人向古巴进行汇兑；对古巴实行更广泛的经济战，把贸易禁运扩展到了从其他国家进口的、包含有古巴的原料和零部件的各种货物，禁止进口古巴产品，禁止任何在第三国加工生产的、含有古巴的原料或零部件的产品进入美国，单方面取消对古巴的"最惠国"待遇，禁止美国港口向从事古巴贸易的共产党国家的船只提供油料和补给，禁止美国旅游者将产于古巴的物品带回美国；禁止古巴船只、飞机等获得存储在美国港口的石油等。② 美国不仅自己对古巴采取了以上严厉措施，还不断要求盟国与自己一道行动，但遭到了部分盟国的反对。美国之所以在短期内变本加厉地制裁古巴，不仅是希望以空前的经济制裁压垮卡斯特罗，还希望以此将支撑整个古巴经济的重担压在苏联身上。

美国对古巴的这些极端制裁给古巴的发展带来了严重的困难。1958 年美国的商品占古巴进口贸易额的 70%，到 1961 年这一数额已经不到 4%，1962 年古巴对美国的出口不足其外贸出口额的 1%。在美国的影响下，其他欧美国家和拉美国家对古巴的贸易额也在大幅下降。③ 经济的困境迫使卡斯特罗政权实行粮食等生活必需品的定量供应。1962 年 3 月，卡斯特罗宣布对米、油、蛋、奶、鱼肉、鸡肉、牛肉、牙膏和肥皂等实行配给制。7 月，定量供应从食品扩大到鞋和衣服等生活用品。来自美国的经济压力自然促使古巴与苏联和其他社会主义国家之间的经济联系更为密切。1959 年

① Lewis L. Gould, *Documentary History of the John F. Kennedy Presidency*, Vol. 6, Washington, DC: LexisNexis, 2005, pp. 9 – 51.

② Donna Rich Kaplowitz, *Anatomy of a Failed Embargo: U. S. Sanctions Against Cuba*, Boulder and London: Lynne Rienner Publishes, 1988, pp. 48 – 49.

③ 〔英〕D. C. 瓦特编《国际事务概览（1962 年）》，上海市政协编译工作委员会译，人民出版社，1983，第 59 页。

古巴只有 2.2% 的出口、0.3% 的进口是与社会主义国家进行的，但到 1962 年古巴同社会主义国家之间的贸易占其出口的 82%、进口的 85%，贸易的重心完全由美国转向了苏联。①

美国的制裁措施加重了古巴的经济负担，但并没有达到使卡斯特罗政权倒台的目的，甚至加强了卡斯特罗和古巴人民与美国对抗的决心和斗志，此后对于苏联部署导弹的建议，古巴很平静地接受了，从而直接导致了古巴导弹危机的发生。

（二）古巴导弹危机

吉隆滩登陆事件及美国后续的一系列对古巴的行动使得古巴政府和苏联政府都认为，美国绝不会甘心自己的失败，将会对古巴发动规模更大的入侵。卡斯特罗甚至还为此提出，希望古巴加入华沙条约组织，虽然没有得到赫鲁晓夫的同意，但随着美国对古巴的孤立和封锁的强化以及获得的关于美国对古巴秘密行动的情报越来越多，赫鲁晓夫也越来越相信，如果不采取一些决定性的步骤来保卫古巴，"我们很容易失去它"②。

1962 年 5 月 29 日，赫鲁晓夫派出了苏联导弹部队首脑比留佐夫等人到古巴会晤卡斯特罗，提出在古巴部署导弹的建议，即在古巴部署 42 枚中程和中远程核弹头导弹以及轰炸机、防空导弹等。③经过协商后，古巴领导层表示同意。随后，古巴派军事代表团访问苏联，就部署导弹进行秘密会谈。1962 年 7 月，苏联把导弹秘密运往古巴，但在古巴部署导弹的行为很快被美国发现，由此发生了

① Donna Rich Kaplowitz, *Anatomy of a Failed Embargo: U. S. Sanctions Against Cuba*, Boulder and London: Lynne Rienner Publishes, 1988, p. 37.
② 〔苏〕尼基塔·谢·赫鲁晓夫：《最后的遗言：赫鲁晓夫回忆录续集》，上海国际问题研究所、上海市政协编译组译，东方出版社，1988，第 760 页。
③ James G. Blight, Bruce J. Allyn, David A. Welch, *Cuba on the Brink: Castro, the Missile Crisis, and the Soviet Collapse*, New York: Pantheon Books, 1993, pp. 197-198.

冷战期间美苏最严重的一次对抗——古巴导弹危机。

对于如何处理苏联安置古巴的导弹，美国政府内部有着很大分歧，但最终肯尼迪集团决定应将"卡斯特罗问题"与"导弹问题"分开处理，[①] 让卡斯特罗同意撤走苏联的导弹，这才是摆脱目前危机的一条途径。于是，肯尼迪集团制定了通过与卡斯特罗进行秘密接触解决危机的方案，这为古美关系的改善创造了一次良机。

1962 年 10 月 24 日美国国家安全委员会草拟了一份报告，该报告主要内容是，如果卡斯特罗同意把苏联人赶出古巴，美国可以与之相处。10 月 26 日下午，美国请巴西政府出面协调，让巴西驻古巴大使私下会晤卡斯特罗，向其传递美国的信息：如果古巴撤走导弹，美国保证不入侵古巴；苏联正利用古巴作为可以攻击大多数西半球国家的进攻性核导弹的基地，这一行动已使古巴政权和古巴民众处于严重的危险之中；美洲国家组织成员国一致要求苏联撤走这些进攻性导弹，并且正采取措施以消除苏联对这些国家的威胁；面对美洲国家组织授权的隔离行动，苏联货船正在掉头返回，苏联不仅不能帮助古巴，而且会为换取北约国家的让步准备出卖古巴的利益；导弹基地工程的即将完成意味核导弹设施很快将投入使用，受到威胁的国家自然不会坐以待毙，会对古巴采取进一步行动；但如果苏联的进攻性导弹和苏联军队离开古巴，古巴与包括美国在内的美洲国家组织成员国之间的关系就会发生很多变化；美国方面密切关注着导弹基地的进展情况，对卡斯特罗来说时间已经不多，必须尽快做出选择。[②] 这

---

① "Department of States", *FRUS*, *1961 – 1963*, Vol. XI, Washing, DC：United States Government Printing office, 1997, p. 135.

② "Department of States", *FRUS*, *1961 – 1963*, Vol. XI, Washing, DC：United States Government Printing office, 1997, pp. 228 – 229；Ernest R. May, Philip D. Zelikow, *The Presidential Recordings*：*John F. Kennedy*, Volumes 3, New York：W. W. Norton & Company, 2001, pp. 306 – 307；Dino A. Brugioni, *Eyeball to Eyeball*：*The Inside Story of the Cuban Missile Crisis*, New York：Random House, 1991, pp. 440 – 441.

是肯尼迪政府第一次主动提出愿意与卡斯特罗达成和解，但未等这一行动付诸实行，情况就发生了变化。当日下午，赫鲁晓夫做出了与美国达成妥协的决定，撤出在古巴部署的导弹，并提出前提条件是美国承诺不再侵犯古巴，对此美国做出了口头允诺。至此，古巴导弹危机以苏联的让步而告终，美国与古巴抛开苏联进行两国关系问题磋商的契机也随之消失。

最终，卡斯特罗通过媒体电台清楚了解到危机已经结束，古巴是危机的舞台和对象。虽然卡斯特罗对此十分吃惊和愤怒，但他也希望危机的结束能确保古美冲突能够彻底和体面的解决。在他看来，两个大国口头议定古巴不成为军事入侵的目标是不够的，尤其还是在完全不征求古巴意见和进行通报的情况下。对此，卡斯特罗公布了古巴的五项要求：第一，结束美国对古巴实行的经济封锁和所有贸易、经济的强制措施；第二，结束来自美国领土和几个仆从国的所有颠覆活动、从空中和海上投放和运送武器及爆炸物、组织雇佣军人入侵、间谍渗透、进行破坏和其他类似活动；第三，结束来自美国和波多黎各基地的袭击；第四，停止美国军舰和飞机侵犯领空和领海；第五，撤出关塔那摩基地，归还被美国占领的古巴领土。[①]

古巴的努力是徒劳的，导弹危机结束后美国继续以古巴拒绝核查为由，在关于不入侵古巴的问题上没有做出具体、公开的承诺。所以，在古巴政府看来，战争虽然避免了，但古巴没有赢得和平，美国的飞机仍不断地侵犯古巴的领空，对古巴军事设施进行低空侦察。尽管如此，在古巴导弹危机过后，古巴的生存和安全还是得到了基本保障，来自美国的公开大规模入侵的危险基本消除，只存在

① 〔巴〕克劳迪娅·福利娅蒂：《卡斯特罗传》，翁怡兰译，世界知识出版社，2003，第411页。

着一些小规模的暗杀和破坏活动，甚至在几个月后，美国的一些古巴流亡分子公开与肯尼迪政府决裂，因为总统压制了反卡斯特罗的军事入侵行动。卡斯特罗对此的评论是：古巴在导弹危机中五点要求有一点被接受了，因而"美国政府豢养的乌鸦现在想吞食它"。①

所以，古巴导弹危机后的古美间的对抗并没有因为苏联的妥协而升级，相反进入一个相对缓和的时期。美国不再对古巴进行直接的军事活动，但经济制裁、外交孤立、恐怖暗杀等来扼杀卡斯特罗政权的手段仍在继续。

二　导弹危机后的缓和阶段（1963～1989）

（一）有节制的对抗

古巴导弹危机后加勒比海地区的局势恢复了平静，虽然美国对古巴敌视、威胁的态度并没有改变，多次公开表示"不入侵古巴"的承诺并不生效："如果形势需要我们入侵"或者"卡斯特罗作了任何在我们看来为入侵提供了正常理由的事情"，那么美国会采取自由的行动，不会被与苏联所达成的未公开的承诺所束缚。② 但实际上，肯尼迪与赫鲁晓夫在处理古巴导弹危机时达成的美国不再入侵古巴的口头承诺还是产生了作用，美国的反古巴政权行动是有所收敛的。古巴导弹危机结束的当月美国防部长就指示美军要阻止古巴流亡分子进行的一切破坏或骚扰行动，同时罗伯特·肯尼迪也要求"猫鼬行动"暂时停止。

---

① 〔巴〕克劳迪娅·福利娅蒂：《卡斯特罗传》，第412页。
② Raymond L. Garthoff, *Reflection on the Cuban Missile Crisis*, Washington, DC: Brookings Institution Press, 1989, p. 127.

　　总之，相比导弹危机前古巴随时有可能遭受美国武装进攻的危险形势，导弹危机结束后美国对古巴的威胁并不严峻，所进行的各种破坏和暗杀活动都是小规模的，美国公开大规模入侵古巴的危险已基本排除。这对古巴来说是十分重要的，它使古美之间的敌视稳定在一个可控的范围内。

　　在导弹危机后，尽管古巴政府对苏联政府的行为怒气未消，但在 1963 年 2 月卡斯特罗还是向苏联表示，古巴导弹危机的解决使得今后一到两年美国入侵古巴的可能性消失了；如果肯尼迪能再度当选，那至少在 1969 年之前不会有另一次入侵事件的发生。[①] 所以，在导弹危机后卡斯特罗政府针对美国的宣传性抨击也明显减少，尤其在 1963 年下半年卡斯特罗对苏联进行访问，古苏关系有所恢复后，卡斯特罗决定把精力更多的放在国内建设上。毕竟美苏关系在导弹危机后开始走向缓和，与美国再进行正面交锋只能让古巴的政治和经济选择更加受限制。

　　导弹危机后，虽然美国政府中的各个集团仍坚持对古巴采取敌视政策，但肯尼迪个人开始反思美国的对外政策，并决定修复美古关系。1963 年 9 月，肯尼迪促成了美国大使威廉·阿特伍德与古巴驻联合国代表团团长卡洛斯·莱丘加的会谈，目的是使美古关系正常化。与此同时，内心已与苏联产生隔阂的卡斯特罗也希望与肯尼迪进行沟通。

　　1963 年 11 月 22 日，法国记者受肯尼迪的委托，带着肯尼迪关于改善两国关系的书信面见了卡斯特罗。在这封信中，肯尼迪承认美国政府在对古巴政策上的失误，并赞同卡斯特罗为寻求正义和结束腐败而上了马埃斯特腊山；他认为两国对话的时刻已经到来，

① Aleksandr Fursenko, Timothy Naftali, *One Hell of a Gamble: Khrushchev, Castro, and Kennedy, 1958 - 1964*, New York: W. W. Norton, 1997, p. 327.

只是很抱怨古巴选择了共产主义道路。正在卡斯特罗与法国记者深入交换意见的时候，传来了肯尼迪遇刺身亡的消息。一个改写古美关系的历史机遇被错过。

肯尼迪之后上台的林恩·约翰逊，基本继承了肯尼迪的外交政策，打着遏制共产主义的旗号在全球进行扩张，但他比前任更强调军事反应，特别在对第三世界的政策上带有明显与对手一争高低的色彩。在古巴问题上，约翰逊政府采取了更严厉的经济封锁和外交孤立政策。1964 年 5 月 14 日，美国政府决定完全禁止向古巴销售药品和食品，并在同年 6 月在美洲国家组织上迫使其他拉美国家一起加大对古巴进行制裁。1964 年 7 月 2 日，美国参议院外委会修改美国援外法案，对任何同古巴有贸易往来的国家，停止对其援助，以此加大对古巴的经济封锁。

在美国的压力下，古巴做出的回应是："我们现在不是，永远也不会是任何人的附庸"；[①] 如果美国不停止侵略古巴，那么"古巴人民将认为拥有同那些干涉我国内部事务的国家一样的权利，尽一切可能来支援这些国家的革命行动"。[②] 尽管当时的美国政府并没有再陷入一个越南战争式的泥潭的意图和准备，但由于美国的各种打压以及古巴在导弹危机后一直持续的经济萎缩，这使古巴政府再次产生了危机感，甚至希望通过再一次的革命高潮来摆脱目前所面临的困境。

1965 年 5 月 2 日，约翰逊提出了对拉丁美洲的"约翰逊主义"，即"美国不能够，不应当也不会允许在西半球建立一个共产

---

① 杨明辉、周永瑞：《解码卡斯特罗》，工人出版社，2010，第 160 页。
② 〔古〕何塞·坎东·纳瓦罗：《古巴历史——枷锁与星辰的挑战》，王玫译，当代世界出版社，1999，第 235 页。

党政府"①。虽然"约翰逊主义"的提出并不是针对古巴，但和古巴有直接关系，其目的是防止出现"另一个古巴"。约翰逊对肯尼迪在去世的前几天所表示的"在本半球，我们必须利用我们所拥有的一切资源来防止建立起又一个古巴"非常赞同，②他强调美国绝不能允许古巴革命向拉美其他地区蔓延。所以，"约翰逊主义"的出台意味着美国向拉美国家宣告，他们的国内政治一定要符合美国的全球战略，否则其主权和独立将会受到打击，这加剧了古巴政府的"美国可能再次入侵古巴"的危机感。

面对"约翰逊主义"的提出以及美国在拉美和亚洲（越南战争）已经进行的武装干预行动，古巴政府认为，必须积极地向外输出革命即在全世界范围内建立反对帝国主义战线，以抵抗帝国主义的攻势。③ 在 1966 年 1 月哈瓦那召开的亚非拉革命力量会议上，卡斯特罗表示，"任何地方的任何革命运动都能指望得到古巴的无条件支持"④，古巴将创建两个、三个甚至更多的越南。虽然大会没有达成任何具体的协议，但古巴正式提出了"三大陆联合革命"思想，即首先是在非洲，其次是在亚洲和拉美，联合那些反对两极秩序的第三世界国家进行反帝斗争。能够体现卡斯特罗提出的"三大陆联合革命"思想的具体实践是 1965 年至 1967 年由切·格瓦拉领导的古巴游击队在刚果、玻利维亚等地区进行"输出革命"，但这些实践都没取得成功。1967 年 10 月格瓦拉在"输出革命"的斗争中牺牲，这标志着卡斯特罗政府以切·格瓦拉为核心

---

① President Johnson's Statement of May 2, 1965, Department of State Bulletin, May 17, 1965：745, http://archive. org/stream/departmentofstat5265unit#page/n3/mode/2up.

② President Johnson's Statement of May 2, 1965, Department of State Bulletin, May 17, 1965：746, http://archive. org/stream/departmentofstat5265unit#page/n3/mode/2up.

③ 〔意〕安格鲁·特兰托：《卡斯特罗和古巴》，杨晓霞译，生活·读书·新知三联书店，2006，第 59 页。

④ 杨明辉，周永瑞：《解码卡斯特罗》，工人出版社，2010，第 292 页。

的"创建两个、三个甚至更多的越南"的输出革命计划流产①。随着外部革命攻势的失败,卡斯特罗政府中的激进的革命主义走向了尽头,古巴开始现实地意识到古巴的生存空间的扩大应寄托于苏联的经济帮助。于是从 1968 年开始,古巴政府在对外政策上开始再度向苏联靠拢。

值得注意的是,由于导弹危机后卡斯特罗等领导人已经深信古巴的命运已经被划定在国家间权力竞争平衡的框架之内,古巴必须寻求可供选择进行调整的空间才能真正保护古巴革命的成果。所以,导弹危机结束后古巴政府在坚持与美国对抗的同时,也试图与美国进行沟通,希望在某些方面能够达成和解。这种和解最终体现在两国政府在古巴移民问题上的"合作"。

古巴导弹危机之后古巴国内经济发展的困难越来越凸显,生活用品供应不足,人们的生活水平每况愈下,要求离开古巴的民众越来越多,为减少国内的反对和不满,同时也为了打击美国以移民问题煽动或扩大古巴国内动乱,古巴政府试图以自由放任的手段来寻找解决路径。1965 年 9 月 28 日,古巴政府宣布,设置卡马里奥卡港口,想离开古巴的人可以让他们在美国的亲友驾船来接运。这一政策的实施在古巴掀起了一次向美国移民的高潮,大量的古巴移民被他们的亲友接到了迈阿密。这些古巴侨民亲属的大量涌入使得美国措手不及,同时古巴前往美国的人数之多也大大超出了古巴政府的预期。最终双方认识到,不论各自的目的是什么,在移民问题上不能够完全放任,要维护秩序,防止混乱。于是相互敌视的两国政府开始进行合作。

1965 年 11 月,双方通过驻瑞士大使馆达成一项"谅解备忘

---

① 〔古〕菲德尔·卡斯特罗:《切·格瓦拉:卡斯特罗的回忆》,邹凡凡译,译林出版社,2009,第 13 页。

录"，规定美国和古巴在迈阿密和古巴的巴拉德罗之间建立一条空运航线，以运送希望去往美国的古巴人，飞机和这些人的交通运费由美国提供。"备忘录"还包括两份主要名单：一份是古巴政府根据申请离开古巴到美国生活的人确定的优先离境者名单，另一份是美国根据申请入境者与已在美国的古巴人的亲属关系而确定的优先接纳的人的名单。① 从古巴登机前往美国的人主要根据这两份名单确定。"备忘录"的重要内容在于它认可了古美双方可以分别对离境者和接纳者进行控制。古巴政府禁止 15~26 岁的青年男子以及"由于其才能和拥有的技术其出国会使古巴经济生产受到严重影响的人"出境；而美国则根据自己移民法所规定的优先顺序，对已有亲属在美国生活的古巴申请者按配偶、父母、旁系亲属的顺序确定接纳的先后顺序。②

虽然古美双方在移民问题上进行了一定的沟通与合作，但这种"合作"并没有给两国关系的改善带来乐观的发展前景，因为它很快又转变成了一种"对抗"。卡斯特罗本想通过放宽出国政策以减轻国内不满，但实施这一政策后，很快就看到了由于人口的大量外流而造成的国内人心不稳，于是在与美国"合作"后不到一年，古巴政府开始削减"合作"。1966 年 5 月古巴停止对要求出国者的登记工作。对古巴政府的这一措施，美国政府也进行了相关政策调整。1966 年 11 月约翰逊政府出台了《古巴适调法》，规定：临时允准进入美的古巴人享有移民身份，准许自 1959 年 11 月起被临时允入的古巴人在美国境内申请永久居民身份。③ 该法案目的是鼓励

① Procedures Established for Movement of Cuban Refugees to United States，Department of State Bulletin，November 29，1965，pp. 851–853，http：//archive. org/stream/departmentofstat 5365unit#page/850/mode/2up.

② David W. Haines，ed.，*Refugees in the United States：A Reference Handbook*，Westport：Greenwood Press，1985，p. 83.

③ 李晓岗：《移民政策与美国外交》，世界知识出版社，2004，第71页。

古巴的非法移民，通过煽动古巴人口大量外流，涣散人心、破坏古巴政府的凝聚力。这种对古巴人的"优待"政策无疑会加剧古美之间的对抗。

1968年以后古巴的外交政策明显倒向苏联，其中的重要原因就是美国对古巴的遏制和敌视，让古巴不得不改善与自己最重要盟友苏联的关系，毕竟苏联能为古巴的军事和经济提供帮助，以使古巴能够真正有效地与美国进行对抗，捍卫自己的主权和独立。虽然在60年代后期，向"勃列日涅夫主义"的苏联靠拢会让古巴付出一定的代价——在国际舞台上失去其他国家与集团的支持，但为了捍卫古巴革命的成果，卡斯特罗还是选择了两种"恶行"中较轻的一种。

总体而言，从古巴导弹危机结束后到1973年前，古美关系虽然基本上不再处于爆发战争或将要爆发战争的紧张状态，但双方仍在各个领域继续进行着对抗。

（二）短暂的松动

在进入70年代后，古巴由于之前经济探索的不成功以及在拉美输出革命的失败，在经济上、外交上进行了深刻反思，减少了针对美国的敌对行为。同时美国在这一时期由于自身实力的下降，在全球采取了"收缩"的外交政策，在古巴问题上也做出了一些"有限的让步"。所以，古美关系在这一时期出现了短暂的松动。

古巴方面，由于60年代经济发展模式的失败，进入70年代后，在经济制度上开始引入苏联的模式，1972年加入"经互会"，1973年至1975年在苏联的帮助下实行了"三年经济计划"。整个70年代上半期，古巴都把主要精力放在国内建设上。在对外政策上，至少在表面是接受了苏联的"缓和"战略，不再表现得具有

"挑衅性"，美国对古巴的态度因此有所缓和。

美国方面，尽管尼克松在任职之初，表示自己对卡斯特罗的政策不会发生改变，但是随着古巴对拉美国家的政策调整，美国逐渐认识到"古巴的情况证明是拉丁美洲政治中的例外，古巴不能'输出革命'"[①]，加之这一时期拉美国家的反美斗争日益高涨，一些国家开始恢复与古巴的外交关系，这些情况使尼克松政府到70年代初不得不考虑调整对古巴的外交政策。尤其1972年6月"水门事件"后，美国政府在吉隆滩登陆前后与古巴流亡分子的秘密交易被曝光，这使得美国国内对古巴的敌意减弱了很多，甚至很多民众开始同情卡斯特罗。

在这种情势下，美国政府首先明确表示要解决与古巴十年悬而未决的问题——劫持飞机和与非法移民有关的加勒比船只运输。1973年2月，美古两国签订了《关于防止劫持飞机和船只及其他犯罪行为的协议》，而这项协议是由美国在1972年11月主动向古巴提出"两国就反劫机问题进行磋商"的建议产生的。与此同时，美国众议院的一些共和党人向政府提交了题为"与古巴缓和"的报告，建议美国与古巴开展对话，逐步实现两国关系的正常化，并对封锁古巴的政策提出了批评。1974年6月和10月，美国国务卿基辛格分别派两名参议院议员两次到访古巴，向古巴传递美国的"缓和"精神：虽然美古制度不同，在大部分重要对外政策上有分歧，但没有理由长期敌视。这是两国断交后，美国政府官员第一次访问古巴，并且两次访问他都传递了基辛格"缓和"美古关系的精神，这些无疑说明在"水门事件"之后美古间的紧张对抗开始松动。

---

① Pope G. Atkins, *Latin America in the International Political System*, New York: Free Press, 1977, p. 103.

　　1974 年 8 月尼克松下台，福特继任美国总统。福特总统基本上沿袭了尼克松时期的拉美政策，在古巴问题上进一步与拉美国家进行协商和对话，这使得刚刚松动的古美关系得到了进一步推动。1975 年 7 月，福特政府在第 16 次美洲国家外长协商会议通过提案，授权美洲国家组织成员国以各自认为适当的级别和方式处理同古巴的关系，从而取消了对古巴的集体制裁。同年 8 月 21 日，福特政府宣布取消对古巴的部分禁运，并于同年 9 月 23 日宣布，美国准备同古巴改善关系。对于福特政府的以上这些态度和行动，古巴政府表示欢迎，就如卡斯特罗所说，这是自古巴革命以来，古美关系最接近突破的时期。[1]

　　尽管古美关系出现缓和的迹象，但卡斯特罗也认为，美国匆匆改变对古巴的态度，仅仅是个对话演习，其目的是扩大美国缓和战略，确保美国以新的形象保持在国际舞台上的主导地位。因此卡斯特罗政府并没有因为美国表现出来的缓和迹象而放弃自己的民族主义革命立场。1975 年 11 月，古巴不顾美国的反对，在苏联的支持下，军事支援安哥拉人民解放运动组织。对此，美国政府宣布，古巴的这一举动妨碍了古美关系的改善，古巴从安哥拉撤军是美古关系改善的先决条件。但卡斯特罗的答复是，古巴对安哥拉人民解放运动的援助比恢复古美关系更为重要，同时恢复了往日对美国的批评态度："美国的军队和军事顾问遍及世界各地，美国在道义和法律上有什么权利向古巴提出抗议呢？"[2] 随后，福特政府大骂卡斯特罗是"国际亡命徒"，并表示会对古巴的"侵略"行为进行报复。

　　1976 年初古巴派往安哥拉的武装力量与当地其他的解放运动力量配合把美国所支持的政治力量赶出了安哥拉。这是古巴自

---

① 徐世澄：《卡斯特罗评传》，人民出版社，2008，第 293 页。
② 徐世澄：《卡斯特罗评传》，人民出版社，2008，第 294 页。

"输出革命"以来取得的第一次胜利，而且是美国继越南战争之后的又一次的"精神创伤"。它不仅使古巴此后开始了新一轮"世界革命"的军事冒险，还大大提升了其对抗美国的信心。美国政府在进行严厉谴责的同时，也不再做可以缓和两国关系的任何表示。同年10月，一架古巴客机在巴巴多斯近海坠机，古巴称这是美国中央情报局对古巴所进行的破坏活动，并以废除1973年签署的古美《关于防止劫持飞机和船只及其他犯罪行为的协议》作为回应。最终古美关系正常化进程在福特政府的末期被搁置下来。

1977年1月，吉米·卡特入主白宫，他认为"美国必须强调北南关系，而不是东西关系的问题，美国必须对民族主义甚至左派政权作出让步"①。他同意国务卿万斯和拉美关系委员会主席利诺维茨的观点，即美国孤立古巴的政策已经失败，对古巴所进行的封锁不仅受到大多数拉美国家的漠视，还迫使古巴与苏联的关系更为密切。所以，卡特在执政时期采取了一些积极主动的政策以谋求与古巴关系的改善，且这些善意的姿态得到了卡斯特罗积极的回应。

1977年3月5日，卡特发表讲话，一方面坚持要求古巴"不干涉西半球国家的内政"并释放政治犯，另一方面表示愿意尽其所能来缓和同古巴的关系。卡斯特罗对此的回应是，"如果卡特愿意的话，我将乐意同他会谈"②，并于当月取消了对美国公民去古巴的禁令。3月24日，古美两国政府代表就捕鱼和海上边界问题在纽约进行了会晤，这是两国自断交以来政府间进行的第一次会晤。紧接着美国助理国务卿访问了古巴，并同古巴政府就捕鱼和两国在200海里海域之间划定临时分界线问题达成协议。当年9月，古美两国分别在对方的首都互设了照管本国利益的办事处。10月，

---

① 〔美〕托马斯·G.帕特：《美国外交政策》（下），李庆鱼译，中国社会科学出版社，1989，第839页。

② 徐世澄：《卡斯特罗评传》，人民出版社，2008，第294页。

古巴外贸部长应美国 75 家公司的邀请访美，并同美国商界就恢复双边贸易问题举行了会谈。12 月古美之间开辟了一条旅游航线。1978 年下半期，卡斯特罗宣布，将释放几乎所有的政治犯，允许他们离开古巴。

　　尽管古美双方在这一时期都为双边关系的正常化做出了努力，但是由于两国在一些实质问题上互不让步，如古巴继续充当苏联的代言人，不肯放弃其在非洲和中东的外交政策，继续对中美洲革命运动提供支持等，以及意识形态领域根深蒂固的敌对，这些势必会给两国关系的改善蒙上了一层难以消除的阴影。1979 年 9 月，美国发现在古巴驻有两三千人的苏联战斗旅，这使卡特政府认为，古巴已成为苏联的傀儡，卡特政府此前谋求两国关系正常化的主要目的是"从内部瓦解苏联对西半球这个岛国的军事控制，以减少对美国的威胁"，而今一切努力已经白费。[①] 当年 10 月 1 日，卡特宣布"加强对古巴的监视，建立专职加勒比海联合特别部队，增加美国在加勒比海的定期演习，增加向加勒比海国家提供军援等"[②]。这意味着美国又重新加强了对古巴的军事威胁。最终，古美双边关系没能因这一时期双方的努力而得到改善，甚至在此后进一步恶化。

（三）再度的紧张

　　进入 20 世纪 80 年代后，古巴将主要精力放在了国内的经济建设上，在对美政策上，就如卡斯特罗在 1980 年的古共"二大"报告中所阐述的："如果有人向我们挥动橄榄枝，我们不会拒绝；如

---

① 洪国起、王晓德：《冲突与合作——美国与拉丁美洲关系的历史考察》，山西高校出版社，1994，第 323 页。
② 徐世澄：《卡斯特罗评传》，人民出版社，2008，第 295 页。

果有人继续对我们采取敌视态度或进行侵略，我们将给予有力的回击。"[1] 由于这一时期美国极端保守派代表罗纳德·里根的上台和连任，使卡斯特罗所提出的后一种情况成为古美关系的主流。最终，里根在任美国总统时期成为导弹危机后冷战结束前古美双边关系最紧张的时期。

1981 年 1 月里根就任美国总统，他上任后决心恢复美国昔日雄风，从苏联手中夺回世界霸主的地位，其中第三世界则是争夺的重要战场，尤其"后院"拉美应该处在美国的控制之下。在里根政府看来，"古巴革命犹如感染身体的病菌，会从身体的一个部位传染到另一个部位。为了防止中美洲其他国家感染这种'细菌'，美国必须坚决无情地孤立古巴，对其实施严厉的外交、经济封锁"[2]。为此里根政府采取了比以往政府更强硬的对古措施：加大了对古巴旅游人数的限制，恢复对古巴驻联合国外交官规定的旅游限制，禁止古巴杂志进入美国，禁止古巴共产党和政府官员入境，进一步控制美元流入古巴或古巴驻其他国家的公司，禁止古巴移民通过第三国进入美国等。

虽然在卡斯特罗看来，里根政府是 1959 年古巴革命胜利以来美国最残暴和凶恶的政府，但对于涉及古美关系问题的处理，他还是比较谨慎的。1983 年 10 月，美国军队入侵加勒比海地区的小国格林纳达，在战火中古巴驻当地的工作人员死亡 24 人，被俘 700 人（后来被遣返回国），但古巴没有像以往那样要求进行反击或者进行其他方面的反美动员。之所以如此低调的处理，卡斯特罗出于三个方面的考虑：首先，这时的苏联已经走下坡路，在与美国的竞

---

① 菲德尔·卡斯特罗：《在古巴共产党第一、二、三次全国代表大会上的中心报告》，人民出版社，1990，第 348 页。

② 江心学：《从"熟果理论"到赫尔姆斯－伯顿法——谈美国对古巴外交政策的演变》，《解放军外国语学院学报》1996 年第 6 期，第 101 页。

争中它越来越处于劣势；其次，古巴已经在非洲派遣了不少军事人员，再向外出动兵力不太现实；最后，70 年代后半期以来古巴的经济状况开始恶化，而苏联也逐渐减少了对古巴的援助。这些都使卡斯特罗想缓和与美国的关系，避免与其发生冲突。

1984 年 12 月，鉴于古巴移民的大量输入给美国社会造成了巨大冲击，古美在移民问题上达成了协议：古巴接回 1980 年前往美国的移民中美国要求遣返的 2000 多名古巴人，美国同意恢复里根上台后中断的向古巴移民发放签证的工作，每年限额 2 万人。[①] 此后，卡斯特罗继续做出了一些改善两国关系的姿态，如在军事上，主张同美国同时从中美洲地区撤出军事顾问，在对待邻国关系上，改变了"以美划线"的做法，愿与加勒比各国发展友好关系。

但对于卡斯特罗的"善意"，里根政府反应"冷漠"，并在 1985 年 5 月设置了专门对古巴进行颠覆宣传的"马蒂电台"。作为抗议，古巴随即宣布中止执行移民协议（1987 年 11 月恢复）。1986 年 2 月，卡斯特罗在古共"三大"的报告中指责里根政府用"极端侵略性来对古巴"，"比以往各届政府都更加肆无忌惮地阻止古巴进行正常的贸易和财政活动"，只有美国"以平等和对等的精神以及完全互相尊重的态度同古巴打交道时"，古巴才会同意同美国谈判解决两国长期的分歧问题。[②]

同年 4 月美国飞机轰炸了利比亚，这一事件再次使卡斯特罗产生了危机的意识。他号召古巴人民参加一个新建立的"领土民兵"组织，如果美国对古巴入侵的话，它将面临一座"全副武装的、不可战胜的、永不屈服的、决不投降的"蚂蚁山。[③] 同年 8 月，里

① 毛相麟：《古巴社会主义研究》，社会科学文献出版社，2005，第 255 页。
② 菲德尔·卡斯特罗：《在古巴共产党第一、二、三次全国代表大会上的中心报告》，人民出版社，1990，第 456～457 页。
③ 程映虹：《菲德尔·卡斯特罗：20 世纪最后的革命家》，外文出版社，1999，第 363 页。

根政府宣布对古巴实行更加严厉的贸易禁运。12 月，美国侦察机侵入古巴领空，哈瓦那数十万群众举行示威游行。总之，在 80 年代的后半期，由于里根政府对古巴的敌视程度有增无减，古美关系处于日趋紧张的状态。

1989 年 1 月共和党人乔治·布什上台。虽然在竞选期间，他表示会继续里根政府的外交政策，但上台后鉴于国内反里根对外政策浪潮的上升，以及越来越多的拉美国家要求古巴加入美洲国家组织，在上任初的几个月，布什政府一度松动了对古政策，取消了古美之间邮件进出的限制，从而恢复了中断 20 多年的古美之间的邮政业务。但进入 1989 年下半年后，东欧发生剧变，苏联危机四伏，这使得古美之间刚刚出现的松动苗头中止，古美关系进入另一个更加严峻对抗的阶段。

三　冷战结束后的古美关系（1990～2008.2）

20 世纪 80 年代末 90 年代初苏东剧变，冷战结束。尽管苏联的消失使古巴失去了发展战略依托，古巴也因此及时调整了内外发展战略，但古美关系并没有因此发生根本改变，美国依旧对古巴实行"封锁"的政策，甚至在某些时候加大了对古巴的"封锁"力度。总体而言，这一时期的古美关系呈现的是古巴政府的"热"遭遇美国政府的"冷"。

（一）"双重经济封锁"下的古美关系

1989 年下半年开始发生的社会主义阵营剧变让古巴遭受沉重打击，在政治上和经济上都失去了发展依托。而古巴的困境却让美国看到了"机遇"，布什政府加紧了对古巴的"进攻"，运用一切非军事手段向古巴施压，企图让卡斯特罗政权步东欧社会主义政权的后尘。所以这一时期被卡斯特罗政府看作是古巴遭遇"双重经济封锁"的时期,它是古巴自 1959 革命以来最困难的时期。

首先美国对古巴进行了军事施压。1990 年 1 月,美国军舰以检查毒品为借口,在公海拦截、追击并炮击了古巴商船。同年 5 月,美国军队在古巴附近水域进行了军事演习。其次加紧了对古巴实行"和平演变"。1990 年 3 月,美国通过"马蒂电台"对古巴进行颠覆性宣传攻势,广播的范围覆盖古巴全境。卡斯特罗称之为美国的"电视侵略"。最后企图加强经济封锁。布什政府一再要求苏联停止对古巴的军事和经济援助。1990 年 2 月 10 日,美国国务卿贝克在访问苏联期间公开提出,"无法理解苏联政府怎么能花几十亿卢布去援助像古巴和尼加拉瓜这样的国家"[1]。同年 6 月,布什在和苏联总统戈尔巴乔夫会晤时,再次要求苏联停止援助古巴,企图在经济上全面扼杀古巴。

随着 1991 年底苏联解体,古巴失去一切经济援助。在美国看来,这意味着古巴被彻底孤立,其政权很快也将步苏东后尘,所以,布什政府表示,"只要卡斯特罗的专制统治仍然存在,美国就不能同古巴有正常的对话"[2],美国将对古巴政权保持巨大的压力。

1992 年 2 月 5 日,美国国会众议员罗伯特·托里切利向众议院提出了旨在加强对古巴实行全面封锁的《1992 年古巴民主法案》,即"托里切利法案"(简称"托法")。该法案的主要内容为:禁止美国公司在第三国的子公司与古巴做生意,禁止任何进入古巴港口的船只在 6 个月内进入美国港口,对任何向古巴提供经济援助和开展贸易的国家进行制裁。[3] 该法案试图通过经济上的扼杀

---

① 徐世澄:《冲撞——卡斯特罗与美国总统》,东方出版社,1999,第 108 页。
② 徐世澄:《卡斯特罗评传》,人民出版社,2008,第 300 页。
③ Cuban Democracy Act of 1992,http://www.state.gov/www/regions/wha/cuba/democ_act_1992.html.

搞垮卡斯特罗革命政权，这与布什总统在当天《迈阿密先驱报》上发表的文章声称结束卡斯特罗政权是美国政府的目标相吻合。同年10月23日，布什签署了该法案，并表示他如果能连任总统，他将去访问一个自由的古巴。

"托法"签署后，古巴全国上下掀起声讨的浪潮。古巴政府严厉谴责"托法"违反了国际自由贸易、自由航行的法则，指出美国今天制裁古巴的做法，明天也可以同样对别国实行。古巴的这一谴责是奏效的，不少拉美国家和欧洲国家也纷纷对"托法"表示谴责，声援古巴。同时，古巴各社会团体也纷纷发表声明或组织集会强烈谴责"托法"，指责其为新的"普拉特修正案"，是对古巴新的侵略，古巴绝不会对此屈服。

而在美国宣布"托法"前，卡斯特罗已于1990年6月宣布，古巴准备进入"和平年代的特殊时期"（简称"特殊时期"），并为此改变过去依靠外援以实现国家工业化的发展战略，依靠自力更生来保证社会主义的生存和发展，在内外政策上进行了重要调整。

第一，内部调整。

（1）政治方面：强调在这个新的特殊时期中，必须要把坚持社会主义制度与维护国家主权和民族独立放在一起来进行，把坚持社会主义制度上升为"特殊时期"抗击美国高压政策、求民族生存的精神支柱。在1991年10月召开的古共"四大"上，卡斯特罗再次提出了"拯救祖国、革命和社会主义"的口号，以抵制外部的"和平演变"和粉碎美国趁机在古巴制造内乱的企图。同时针对此前美国将反古电台命名为"马蒂"的做法——企图将马蒂强调的自由、独立与马列主义对立起来，以调动古巴人民反对政府，古巴在"四大"上将民族独立英雄何塞·马蒂的革命思想与马列主义并列作为古巴执政党的指导思想方针，从而在加强古巴执政党的领导地位的同时，有力回击美国的攻击。

（2）社会方面：虽然面临着"双重经济封锁"，但古巴政府十分注重社会保障工作的完善。在20世纪80年代中期，古巴社会保障体系的覆盖率就已达到100%，全民教育免费，享受公费医疗服务。进入特殊时期以后，古巴政府在加强和调整政治工作的同时，更注重推进社会保障工作，制定了152项关系到人民生产、生活等各方面利益的社会计划，并且密切跟踪它们的落实情况。正因为如此，古巴虽自身经济十分困难，古巴人民却总体上对所走的道路能够接受，社会也基本稳定，没有出现美国所预计的动乱情况。

（3）经济方面：在1990年2月古共中央召开的特别全会上，古巴正式提出特殊时期的经济发展战略，即依靠自力更生来保证生存和发展的新战略。同时，古巴政府也认识到，"古巴这样一个小国，只凭本国资源很难发展，必须与带来资金、技术和市场的外国公司合伙"，但古巴决不能坐等美国解除对古巴的封锁，而必须要采取积极主动的战略姿态进行经济开放，以尽快摆脱困境。[1] 1991年10月，古巴政府在古共"四大"上将对外开放确立为国策，并在此后进行了四方面政策调整，包括改变国民经济的发展重点，由过去的全面实现工业化转向优先解决食品问题和加速发展创汇行业；采取紧缩措施，但注意维护社会福利；放宽经济政策，改革经济体制；创造投资环境，积极吸引外资。

第二，外部调整。

（1）改善和扩大了同拉美国家的关系，尤其是经济关系，并把"参与拉丁美洲国家的一体化"作为这一时期的外交方针。1991年、1992年卡斯特罗亲自参加了第一、第二届伊比利亚美洲国家首脑会议，并在1991年第一届会议上表达了古巴同其他拉美国家一体化和合作的愿望，强调与拉美国家发展经济外交。同时，

---

① 徐世澄：《卡斯特罗评传》，人民出版社，2008，第246页。

鉴于世界形势的变化，古巴也放弃了其世界革命的目标，强调与邻国和平相处，强调每个国家都有选择自己道路的自由。这使得古巴与很多拉美国家的关系逐渐得到了改善，对美国在美洲地区推行封锁和孤立古巴的政策形成了有力的牵制。

（2）调整对美国的政策。尽管这一时期的美国在各个方面都加强了对古巴的施压，但古巴的回应则比较谨慎，力争不让古美矛盾升级，把主要精力放在了如何发展多元外交打破美国的孤立和封锁这样积极而又迂回的对抗方式上，而不是强硬地与其进行对抗。

正是由于以上内外政策的调整，古巴在"双重封锁"的压力下，不仅没有美国所期望的快速倒台，还扩大了生存的内外空间，这为古巴打破美国的封锁创造了重要条件。

（二）对外开放时期的古美关系

到 1993 年中，古巴的国内形势有了新的变化：一方面，经过政府在政治思想、社会保障、外交等方面的努力，古巴政治局势基本稳固下来，外交环境也有所改善，这使古巴政府认为实行对外开放的条件已经具备；另一方面，古巴经济虽然开始有所恢复但总体上还是受到了巨大冲击，加上 1993 年连遭各种灾害，古巴经济在 1993 年中进入极为严峻的阶段。为此，1993 年 7 月 26 日，卡斯特罗在纪念攻打蒙卡达兵营 40 周年大会上的讲话提出，"古巴党和政府面临着革命崩溃的抉择，与其自我灭亡，不如冒改革风险"[①]，并在讲话中首次宣布持有美元合法化等重大改革措施。这标志着古巴真正进入改革开放的新阶段。在这一阶段，古巴更希望与美国的关系能够有所改善，因为这关系到古巴生存发展最重要的问题——经济封锁问题。由于自肯尼迪总统之后，凡是美国民主党执政时

---

① 杨明辉、周永瑞：《解码卡斯特罗》，工人出版社，2010，第 183 页。

期，古美关系就处于一个相对缓和的时期，且自里根执政以来，美国迈阿密反古巴组织主要是对共和党有着重要影响。所以，从1993年开始卡斯特罗把美国民主党人克林顿的上台看作是古美关系改善的契机。

在1993年1月克林顿入主白宫后不久，卡斯特罗就向其抛出了橄榄枝，他向美国媒体传递对新美国总统的善意："我的印象是克林顿是个爱好和平的人，我还觉得他是一个有道德的人。"① 这是卡斯特罗对美国领导人极为难得的评价。与此同时，美国也意识到，古巴在极端困难的情况下不仅政权经受住了"考验"，还在一定程度上开放了市场——尽管只是一小部分，更重要的是冷战后的古巴已经不对美国构成战略上的威胁，最终，强调对外扩张民主和市场的克林顿决定采取改善美古关系的政策。1993年7月，美国国务院移民专家同古巴的官员就移民问题举行了会谈，同年9月，负责古巴事务的美国国务院官员访问了古巴，同古巴政府就双边关系问题进行了官方接触。对于克林顿政府做出的这些姿态，卡斯特罗给予积极的回应，多次公开表示，克林顿政府不同于以往的美国政府，其对古美关系持一种更谨慎小心的态度，古巴愿意同美国讨论两国之间的任何分歧。

1994年古美双方在移民问题上展开了合作。在1994年7月至8月里古巴发生了多起劫船偷渡美国事件并由此发生了暴力冲突。由于在劫船偷渡事件发生的日子里，美国的反古巴电台大肆进行蛊惑人心的宣传，所以，卡斯特罗指责美国是这些政治暴力事件的罪魁祸首，如果美国继续鼓励、纵容非法移民，古巴政府将"不再成为美国的边疆卫士"，不再阻拦那些想乘船筏去美国的古巴人。②

---

① 程映虹：《菲德尔·卡斯特罗：20世纪最后的革命家》，外文出版社，1999，第415～416页。

② 杨明辉、周永瑞：《解码卡斯特罗》，工人出版社，2010，第191页。

随后，为能够就移民问题与克林顿展开谈判，卡斯特罗政府放松古巴边界沿海巡逻，一时间成千上万的古巴人乘各种各样的渡海工具前往美国，这一景象被美国媒体称为"筏民潮"。汹涌的"筏民潮"给美国的经济和社会造成了前所未有的冲击，这使得一向对古巴非法移民网开一面并给以特殊优待的美国政府不得不改弦易辙。1994 年 8 月 18 日，克林顿宣布，美国不再接受古巴筏民，并同意与古巴就移民问题在纽约进行谈判。同年 9 月，古美就制止非法移民问题达成一致：双方共同采取措施以保证两国之间的移民能安全、合法和有秩序的进行。其中美国方面，每年允许 2 万名古巴人合法进入美国，这个数额不包括美国公民在古巴的直系亲属；对于目前已申请但一直未拿到美国签证的 4000 至 6000 古巴人，将于第二年批准入境，美国将不再允许非法移民进入美国。古巴政府方面，采取劝说等有效方式来阻止非法移民出境，并安排接收在 1994 年 8 月 19 日后到达美国或美国领土以外的避难地自愿返回祖国的古巴人。最终"筏民潮"由于两国达成的协议而解决。虽然克林顿认为，两国达成移民协议的结果是对美国有利的，但卡斯特罗看来，"协议本身就是对（美国）封锁和敌视古巴政策的局部打击"①。

由于克林顿应对"筏民潮"的处理不符合美国佛罗里达州的反卡斯特罗古巴移民的意愿，于是出于竞选连任的需要，克林顿在与古巴达成移民协议的第二天（1994 年 8 月 20 日）宣布了一项对古巴实行新制裁措施的声明，以照顾反古巴政府的古巴裔选民的情绪。具体内容为：禁止美籍古巴人将现金汇到古巴，限制美国飞往古巴的飞机航班，加强和扩大对古巴的广播宣传，美国将继续向联合国和其他国际组织控告古巴"违反人权"等。这使得古美间的

---

① 徐世澄：《帝国霸权与拉丁美洲——战后美国对拉美的干涉》，世界知识出版社，2002，第 262 页。

关系没有因为移民问题的和解而随之改善。

　　然而克林顿政府对古巴始终奉行的是一种双重战略。在克林顿出于竞选需要向佛罗里达州的古巴选民作出"必要"姿态后，其对古政策又发生了微妙变化。1995年美国副国务卿彼得·塔恩诺夫与古美双边问题的权威人士、古巴国民会议主席里卡多·阿拉尔孔进行了秘密会谈，探讨美古缓和紧张局势的可能。同年7月，美国国会收到了要求对古巴加强经济封锁的《赫尔姆斯－伯顿法案》（简称《赫－伯法》）。对于这项法案，克林顿政府的态度是，它会使古巴人更敌视美国，延缓古巴的民主化进程，美国对古巴的政策应以鼓励古巴的和平民主变革为目标。因此总统对于这一法案行使了否决权。

　　就在古美关系实际上朝乐观方向发展的时候，一个突然事件打破了局面。1996年2月24日，美国的"海盗飞机"由于多次从佛罗里达进入古巴领空，在古巴空军几次警告和阻拦无效后，被古巴空军击落了其中的两架。这一事件使得即将面临选举的克林顿受到了空前的"责难"。在这种压力下，1996年2月26日，克林顿在白宫新闻发布会上宣布，将就这一事件对古巴实施一系列的报复性制裁措施，其中一项重要的措施就是同意国会通过的《赫－伯法》并于同年5月29日开始实施。《赫－伯法》的主要内容是：（1）加强对古巴的国际制裁，提出16项反古措施，包括反对古巴加入国际货币基金组织和世界银行，反对古巴重返美洲国家组织等。（2）支持建立"自由和独立"的古巴。提出在古巴建立"民主选举的政府"，提出古巴政府、社会组织和政治组织形式的28条标准，并把它们作为与古巴建立外交关系、解除经济封锁和开始归还关塔那摩基地谈判的前提。（3）保护美国国民在古巴的财产权。美国国民（包括美籍古巴人）与被古巴政府没收财产有牵连的外国人都有权向美国法庭起诉，有权要求得到相当于被没收财产3倍的赔偿。（4）美国政府有权拒绝向与被没收的美国财产有牵连的外国人、其亲属及代表发放签证，或有权将他们驱逐出境。[①] 可以说，这一法案是对1992年布什签署的《托里切利法案》的继承和发扬，两者目的都是加强对古巴的封锁，但前者更加极端，它把对古巴实行打击的范围扩大到几乎所有与古巴保持经贸关系，特别是保持投资关系的国家，是将美国的国内立法强加于国际社会，所以，《赫－伯法》的颁布比《托里切利法案》更多地招致了古巴和国际社会的反对和谴责。古巴政府指责它是"再次对古巴强行霸权主义和扩张主义"；强调"美国政府在采取这一行动时，表明它显然无视法律准则和国家共存的原则"[②]。同年12月24日，古巴全国人民政权代表大会通过了一项抵制美国《赫－伯法》的法案即《重申古巴尊严与主权法案》，宣称《赫－伯法》是行不通和没有法律作用的。虽然古巴的强烈谴责并没有影响《赫－伯法》的实施，但得到了国际社会的普遍支持和同情，尤其是加拿大、欧盟等美国盟友，对这一法案表示强烈反对，这使得克林顿在该法案实施不久后（7月16日），不得不宣布暂停执行其中有关美国人可起诉外国公司的规定。尽管《赫－伯法》在国际舞台上不仅没有获得市场，反倒让美国遭遇了尴尬，其盟国纷纷出台了抵制措施，但它依然达到了制裁古巴的目的，使经济改革取得初步成效的古巴再次遭遇了困境，使本来就一直处于紧张状态的古美关系进一步蒙上了阴影。

由于《赫－伯法》的通过最终增加了克林顿在佛罗里达州的选票，并取得连任，而卡斯特罗宁愿克林顿连任，也不愿意面对共和党的敌意，所以，卡斯特罗政府面对《赫－伯法》除了对美国进行严厉的声讨外，也没有采取过激的行动。克林顿政府在连任确保后，于1997年1月向国会提交了一份"帮助古巴向民主过渡"

---

① Cuban Liberty and Democratic Solidarity (LIBERTAD) Act of 1996，http：//thomas. loc. gov.
② 徐世澄：《帝国霸权与拉丁美洲——战后美国对拉美的干涉》，世界知识出版社，2002，第215页。

的报告，该报告提出，由美国国家发展署拟定的一份文件建议金融机构和国际组织准备 40 亿 ~ 80 亿美元用于在"后革命时代"的古巴投资，而且不要求卡斯特罗下台，但对古巴的经济援助和重新谈判关塔那摩军事基地协议要以古巴政府实行政治多元化的进展、接受国际货币基金组织的处方和释放政治犯等为条件。① 虽然这一"过渡计划"遭到古巴政府明确拒绝，但它的提出也预示了美国想与古巴政府弥合裂痕的决心。

1998 年 1 月，被誉为"罗马教皇中最反共的教皇"约翰·保罗二世应卡斯特罗的邀请对古巴进行了历史性的访问。② 卡斯特罗邀请教皇访问古巴的主要目的是想借助教皇在国际上的地位和影响，改善古巴的国际形象和对外关系，以打破美国的经济封锁和争取广泛的国际支持。教皇也因为古巴已经放松了对古巴天主教的活动限制，抱着引导古巴有更多的自由和向"民主化"发展的希望应邀访问。所以，这次访问在当时引起了世界广泛的瞩目，很多美国天主教徒也利用这次机会包机随教皇来到了古巴。

在整个欧美深有影响和威望的罗马教皇在到达古巴后发表的第一个讲话就谴责了美国的经济封锁，称其是"不公正的，从道义上说，是不能接受的"，并敦促美国政府取消这种不公正的制裁，主张在华盛顿和哈瓦那之间建立外交对话，呼吁"愿具有巨大潜力的古巴向世界开放，也愿全世界向古巴开放"③。所以，教皇的这次访问是古巴外交上的一个胜利，它不仅没有引发古巴社会主义

---

① U. S. Would Help Cuba Shift to Democracy Once Castro is Gone a Report Outlines the Administration's Intentions. The Cost is Estimated at $ 4 Billion to $ 8 Billion (1997 – 01 – 28), http：//articles. philly. com/1997 – 01 – 28/news/25560006_ 1_ cuban-people-helms-burton-act-democratic-transition.

② 约翰·保罗二世在罗马教皇中具有强烈的政治色彩，他的神职生涯贯穿着一个世俗的政治目的即用教会的精神去配合西方的政治、经济和军事战略，全力促进苏联集团的崩溃。

③ 徐世澄：《卡斯特罗评传》，人民出版社，2008，第 335 页。

政权的倒台，反而引导西方世界改变对古巴的制度和其政府的看法，让西方世界认识到古巴愿意开放的意愿，并进一步带来古巴与其他西方国家关系的改善和经贸往来的加强。

面对这种情况，克林顿政府决定适当放松对古巴的制裁。1998年3月20日，克林顿发表声明，允许美国运载人道主义物资的飞机直航古巴；允许美籍古巴人向他们在古巴的亲属汇款，每人每年至多可汇款1200美元；加快向古巴出口药物的审批过程；要求国会通过向古巴销售粮食的立法。这是自1962年以来美国第一次在封锁古巴的政策上作出退让。尽管只是一小步，其经济意义并不大，美国也表示，部分取消对古巴的制裁是对罗马教皇呼吁的反应，并不意味着美国政府对古巴政策的改变。但卡斯特罗认为这样的举措具有象征性，它将有助于古美两国关系朝着良好的方向发展，并再次要求美国完全取消经济封锁。

虽然克林顿政府已经在封锁古巴问题上做出了历史性的退让，但美国的一些商会和国会议员对克林顿政府作出的姿态并不满意，他们向国会提出，政府应该在缓和经济封锁上做得更多，甚至一些美国企业如卡特彼勒公司、德士古石油公司、美孚石油公司等跨国公司派代表前往古巴，着手调研在美国取消封锁后在古巴投资的可能性。除了国内利益集团的呼吁，古巴自身的外交进展也加深了克林顿政府进一步调整对古政策的政治考量。1998年4月古巴外长访问西班牙，西班牙宣布任命驻古巴的新大使，古西关系从此正常化。当月，加拿大总理也访问了古巴，进一步巩固了古加双边的经贸关系，并呼吁美国放弃孤立、封锁古巴的政策。

在以上压力下，克林顿对古巴又做出进一步和解的姿态，1998年5月6日，克林顿在白宫的记者招待会上声称，"由于美国同古巴血脉相承，古巴是美国的近邻，所有美国人都愿意与古巴和解"，同时他称赞了古巴社会主义建设所取得的一些成就如医疗制度和教育制度，并希望古巴"融入由西半球其他国家组成的世界中"。但也强调，美国不能接受"古巴政府某些违背民主的政策"①。同一天，美国国防部发表报告，指出古巴已不再对美国和拉美地区的其他国家构成"军事威胁"，其军队"除保卫领土和政治制度外，无卷入军事活动的动机"，只具备最小的常规作战能力，而且古巴大多数军人目前在从事农业生产。② 随着这份报告的提出，美国的对古政策开始松动。首先，美国与古巴之间的航空联系首先得以恢复。1996 年 6 月，美国航空管理局允许古巴客机过境飞往加拿大的蒙特利尔和多伦多，美国将提供正常的空中导航服务，7 月恢复了美古两国中断两年的直飞商业航班。其次，美国放松了对古巴的制裁。1999 年 1 月 5 日，克林顿宣布：减少美国公民向古巴亲属或非政府组织邮寄现金金额的限制；允许向古巴非政府机构和私营实体出售美国食品和农作物；扩大美古两国民间交往和体育往来；允许与古巴直接通邮；允许包机飞往哈瓦那以外的古巴城市等。

　　事实上，克林顿政府已认识到，在古巴形势和世界形势发生变化的情况下，美国继续采取对古巴实行封锁的政策，既会给无辜人民造成很大伤害，也会损害美国企业界、工人和对外政策的利益。只是由于古巴问题一直是极敏感的政治问题，所以采取的是保守、谨慎的政策。但这些远远不能阻止美国在古巴市场的机会被他人从鼻子底下"攫走"。所以，在美国国内，要求政府改变对古政策、放弃制裁的呼声没有因为克林顿政府的政策调整而减弱，反而日益高涨，甚至包括来自一些一直对古巴政府持敌视态度的组织和个人。1999 年 7 月，300 多名古巴裔美国人在华盛顿集会，要求美国结束对古巴的禁运，呼吁通过对话恢复同古巴的正常交往。8 月美

① 美联社 1998 年 5 月 6 日电；潘锐：《冷战后的美国外交政策：从老布什到小布什》，时事出版社，2004，第 199 页。

② 赵学功：《当代美国外交》，社会科学文献出版社，2001，第 333 页。

国最大的工会组织劳联－产联通过决议，呼吁结束对古巴的制裁。与此同时，美国的政要、企业主和其他民间团体也纷纷访问古巴，与古巴领导人进行接触。就连对美国总统大选有重要影响的佛罗里达的美国裔古巴人，由于在1999年"小埃连事件"中无视美国法律，激起了美国民众的普遍不满，削弱了他们在美国社会的影响力，从而为对岸的卡斯特罗赢得一分。在这种形势下，美古之间的坚冰很难不发生融化。

1999年6月，美国与古巴反毒官员签署了一项双方加强合作的协议，以打击毒品走私活动；同时还简化了美国官员访问古巴的手续，在古巴开设办事处。8月，美国参议院取消了对古巴的食品和药品的限制。2000年7月20日，美国国会众议院通过了解除对古巴的食品和药品的禁运以及允许美国公民自由前往古巴的两项提案。在此之前，美国国会还派遣两名经济学家赴古巴，对美国经济封锁给古巴造成的影响进行调查。到2000年底，美国国会议员已提出20多项各种议案，要求缓和对古巴的经济封锁。这些表明，美国的立法机构也已经开始反省美国的对古政策。

尽管克林顿政府对古巴的封锁政策逐渐作出了一些调整，古美关系在这一时期有所松动，但并不意味着美国政府放弃对古巴的敌视政策，彻底废除对古巴的封锁。美国政府的最终目标依然是改变古巴的政治体制。1999年1月，在克林顿政府宣布放松对古巴的制裁的同时明确表示，实施这些措施并不意味美国将改善与古巴的关系，在可预见的将来，对古巴的禁运政策将继续实施。2000年1月美国政府公布的《新世纪的国家安全战略》就规定，美国"仍然致力于推动古巴以和平方式向民主过渡"①。

---

① The White House, A National Security Strategy for a New Century, December 1999, 39, http：//clinton4. nara. gov/media/pdf/nssr－1299. pdf.

　　对于克林顿政府政策的调整，古巴政府在表示欢迎的同时，也清楚地认识到这些不过是美国政府对古政策的"不变中的小变"，美国难以真正放弃敌视古巴的政策。在 1999 年 1 月 5 日克林顿宣布放松对古巴的经济封锁后，古巴政府就公开做出了这样的表示，"美国的这些政策并不意味着它改变了对我们国家的政策，因为它们目的是颠覆（古巴）革命，使严厉的封锁不受触动"，这些政策反而是美国"反古战争的一个新的阶段"，古巴不会以放弃民族尊严和损害国家利益为代价同美国做交易，绝不接受西方的民主制，"走社会主义道路，这是古巴人民的唯一选择"[①]。

　　1999 年 8 月，古巴被正式吸纳为拉美一体化协会的成员。同年 9 月，古巴以该组织成员国的身份出席了第一届欧盟－拉美首脑会议。这次会议通过了不指名谴责美国对古巴实施封锁的《里约热内卢声明》，会议期间卡斯特罗还会晤了德国、法国、西班牙、意大利等欧盟的国家领导人。这些表明，古巴的外交环境在 90 年代以来已经得到很大的改善，美国企图孤立古巴的政策是失败的。

　　总之，在这一阶段，由于古巴的逐渐开放以及克林顿政府的外交政策调整，古美关系的总体发展是趋于缓和，不论是民间层面还是政府层面都较过去有所松动，虽然由于双方长期的对峙以及美国不能从根本上放弃敌视古巴的政策，两国关系没有取得突破性变化，但其发展前景似乎较为乐观。

（三）反恐形势下的古美关系

　　2001 年 1 月以新保守势力为基础的小布什政府上台。在小布什任内古美关系呈现出两个方面的发展态势：一方面是美国政府的

---

　　①　赵学功：《当代美国外交》，社会科学文献出版社，2001，第 336 页。

"高姿态"与古美间裂痕的增大；另一方面是古巴政府的"低姿态"与古美非政治接触的扩大。

第一，美国的"高姿态"与古美间裂痕的增大。

由于小布什的当选与迈阿密反古集团的支持有密切关系且政府班子的精干人马多数是新保守主义派，所以其政府主张强硬的对古政策。在上台的当月，小布什就任命了古巴裔美国人奥托·赖克——迈阿密反古集团的重要成员为国务院负责拉美事务的助理国务卿，这被古巴看作是"美国将进一步强化反对古巴的政策"的重要信号。①

在小布什政府执政初期，由于古巴已经不是美国全球战略中的重点且双方关系在克林顿时期已经趋于缓和，加上"9·11"事件后，古巴政府旗帜鲜明地谴责了恐怖主义，并在救援和反恐等问题上主动表示愿意与美合作，所以小布什政府没有对克林顿时期的对古政策进行重大调整。古美两国关系在小布什政府执政初期仍维持在缓和状态，但随着"9·11"后小布什政府对"非我族类"国家的敌视态度不断增强，古美关系很快重新走向紧张。

首先，作为这一时期古美关系的主导者美国，其对古巴批评的姿态越来越高。2002年5月6日，美国副国务卿伯尔顿宣称，古巴利用其先进的生物技术和基因工程中心研制并扩散生化武器，并将生物武器技术扩散到一些对美国不友好的"无赖国家"。尽管随后前总统卡特在访问古巴期间参观了古巴的生物技术和基因工程中心，并宣称这一指控是无理和别有用心的，但美国政府仍坚称古巴正在研制生化武器，强调美国对古巴的强硬政策不会因卡特之行而改变。当月20日，在美国国内反古分子庆祝古巴独立100周年的集会上，小布什第一次比较全面地阐述了对古巴的政策：除非古巴

---

① 宋晓平：《布什政府对古巴政策的走向》，《拉丁美洲研究》2001年第8期，第16页。

举行自由和公正的选举，释放所有政治犯，允许反对派合法活动和建党，经过改革实现经济自由，否则美国将继续并加强对古巴的封锁和颠覆活动。并强调，"只有当古巴拥有一个完全民主的新政府……才有可能实现同古巴关系的正常化"①。在总统讲话的第二日，美国国务院公布了《全球恐怖主义形势报告》，报告将古巴与伊朗、伊拉克、利比亚、朝鲜、叙利亚和苏丹一起称为是"支持恐怖主义的国家"②。美国政府把古巴贴上"邪恶国家"的标签意味着今后对古巴采取任何措施都有着"正义"的理由。"9·11"后的种种迹象表明，美国将会对古巴进行更加粗暴的干涉、挑衅和颠覆。

其次，作为这一时期古美关系被动的一方，古巴在内外政策上采取了"反危机"策略。在对内政策上，古巴一方面加强了意识形态方面的宣传教育，号召人民对各种形式的侵略提高警惕；另一方面在经济结构上进行改革，调整制糖工业计划和制定鼓励发展小农经济的政策，以求尽快摆脱经济困境。在对外政策上，古巴一方面严正警告美国敌对势力，古巴将对各种干涉、颠覆和侵略行为坚决进行回击；另一方面积极开展医疗外交，通过对外提供医疗帮助和援助来拓宽古巴的外交空间。

面对古巴政府积极的应对措施，小布什政府除了继续加强对古巴进行经济封锁和制裁外，还公开支持古巴国内外反对派对古巴现政府的颠覆和破坏活动。2003年10月，小布什政府专门成立了旨在推翻古巴现政府的"援助自由古巴委员会"，并指示其制定"加快古巴向民主过渡"的战略计划，甚至把推翻古巴现政权，建立"民主过渡政府"后的政治和经济安排也提上了日程。2004年5月

---

① 李晓岗：《"9·11"后美国的单边主义与世界》，天津人民出版社，2007，第241页。
② U. S. Department of States, "Patterns of Global Terrorism 2001", May 2002: 63, http://www.state.gov/documents/organization/10319.pdf.

6日，小布什政府公布了美国"援助自由古巴委员会"的第一份报告，报告提出为加快"古巴向民主过渡"美国政府所要采取的新措施，以及在推翻古巴现政权后美国政府需要实施的多项任务。①这份报告的公布将美国的反古活动提到一个新的水平。

在这份公开的具有明显推翻古巴现政府意图的报告发表后的第二日（2004年5月7日），古巴政府发表了对其严厉谴责的声明。声明称，这是一项企图吞并古巴的计划，企图尽一切可能加深古巴的困境，不仅是对古巴人权的严重侵犯，也是对古巴政府的悍然挑衅，它严重违背了国际法准则。同年10月25日，卡斯特罗宣布，从2004年11月8日起中止美元在古巴市场上的流通，取而代之的是一种新的古巴通货比索（与美元等值），以反击美国不断加强的封锁和制裁。从表面上看，卡斯特罗的这一做法与他1993年所宣布的实行市场开放的发展方针相矛盾，但实际上两者实施的目的是一致的。1993年古巴以私人持有美元合法化为标志的市场开放是为了打破美国的封锁，而2004年以来，美国不断加强对古巴的封锁，并向外国银行施压，阻止古巴将收入的美元存于海外，正是为了反抗这种封锁，卡斯特罗才采取了中止美元流通的对策，恢复国家对美元的控制。所以，古巴政府不论是将美元流通合法化还是中止美元流通，都是与对抗美国的封锁分不开的。

2006年7月5日，美国"援助自由古巴委员会"又向国家安全委员会提交了一份题为《对古巴人民的承诺》的长篇报告，该报告随后由美国国务院正式公布。这份报告抨击了古巴现行的政治制度，认为美国应当认识并尊重"古巴人民对民主的追求"，帮助古巴脱离"专制统治"。报告的主要内容包括：主张美国政府给予

①　Colin L. Powell，"Commission for Assistance to a Free Cuba Report to the President May 2004"，http：//pdf. usaid. gov/pdf_ docs/PCAAB192. pdf.

反古势力以资金支持，在未来两年内建立一项针对古巴的、总数为8000万美元的"民主基金"，加强对古巴的经济封锁以及建立一个国际联盟以支持古巴的转型。此外，报告还将对古巴的颠覆活动的具体实施时间定在了卡斯特罗去世后，认为一旦卡斯特罗去世，美国政府将立即协助古巴反政府势力迅速在古巴建立"过渡政府"，新政府一旦建立，美国政府在几个星期内派遣"顾问团"进驻古巴，协助古巴过渡政府建立并巩固"民主秩序"。在报告提交的当月底，卡斯特罗因病暂时移交政权，将自己所担任的古共中央第一书记、古巴革命武装力量总司令、国务委员会主席兼部长会议主席的职务暂时移交给其弟劳尔·卡斯特罗。面对古巴政府的这一变化，美国立即采取了行动，呼吁古巴人民"为岛上的民主改革而努力"，"促进古巴向多党制选举的民主制度转变"。① 古巴政府对此表示，这是美国政府领导人明目张胆地对古巴进行挑衅和对古巴内政的粗暴干涉。

　　总之，在小布什政府时期尤其是"9·11"之后，由于美国的强硬政策古美关系总体上是再度走向紧张。但与此同时，为打破美国的封锁、扩大与美国的接触，古巴政府付出了积极的外交努力，这使得古美关系在某些方面出现了松动。

　　第二，古巴政府的积极努力与古美非政治接触的扩大。

　　"9·11事件"发生后，古巴政府随即旗帜鲜明地对这种恐怖主义行为进行谴责："无论是由于历史原因还是出于道德原则，古巴政府强烈谴责袭击事件并对所造成的痛苦的、不可原谅的生命损失向美国人民表示最深切的哀悼"，"古巴人民向美国人民表示声

---

① CRS Report for Congress, July 2006 Commission for Assistance to a Free Cuba Report. U. S. Reaction to Fidel's Ceding of Power, http：//fpc. state. gov/documents/organization/94107. pdf.

援"。① 同时，古巴政府还表示愿意向美国提供医护救助、血浆和其他所有可能需要的帮助，以及向美国受袭击行动影响的飞机提供中转方便。正是古巴政府在"9·11事件"后对美国的声援和积极提供帮助的友好态度，使得美国政府对古巴的敌视态度有所和缓，两国的关系在一些方面（主要是经贸方面）偏出了敌对的"主基调"。

2001年11月古巴遭受了飓风灾害，美国政府破例向古巴递交外交照会表示慰问，并表示愿意提供人道主义援助。这是在40年的古美关系中从未出现过的。古巴对此表示感谢并主动提出由古巴国营公司用美元现金购买美国的食品和药品，美国同意。12月16日，载有价值3000万美元的美国食品和粮食的货船抵达哈瓦那，这是1962年美国对古巴实施禁运以来，两国之间第一次直接通商。尽管美国国务院负责拉美事务的临时助理国务卿力诺·古铁雷斯强调，美国对古巴的禁运政策并没有改变，但此后两国之间的直接贸易不断扩大。据官方统计，从2001年12月开始到2004年8月，古巴向美国购买的食品价值总计9.6亿美元，古巴在美国出口中的地位从倒数第1位上升到第39位。② 然而两国实际上的贸易往来远不止这些，从克林顿政府开始，就已经有越来越多的美国企业不顾政府的禁令在与古巴进行秘密接触。这也意味着对古巴经济封锁政策的破产。

2002年1月3日，卡斯特罗会见了到访古巴的两名共和党参议员，在会晤中，卡斯特罗重申古巴将同美国在扫毒方面进一步展开合作，并指出古巴不反对美国使用关塔那摩基地关押塔利班和"基地"组织战俘，以表示古巴政府在反恐问题上对美国的合作态

---

① 徐世澄：《卡斯特罗评传》，人民出版社，2008，第302页。
② 毛相麟：《古巴社会主义研究》，社会科学文献出版社，2005，第266页。

度。当月 11 日，古巴政府正式发表声明，古巴不会对美国将塔利班及"基地"组织部分战俘移送到关塔那摩基地设置障碍，虽然关塔那摩基地是古巴领土的一部分，是美国剥夺了古巴对它的管辖权，但古巴不会对美国移送战俘的行动进行阻挠。在此项声明发表之前，美国已经向古巴政府通报了其准备将塔利班和"基地"组织的部分战俘进行转移的决定和详细方案，古巴政府的这份声明标志着"9·11"后古美两国在安全问题上展开了首次合作。尽管"9·11"之后，美国政府在政治言辞上仍然大肆攻击古巴，但在安全问题上，由于两国靠得太近且美国一直把古巴视为自己的"安全隐患"，所以不敢"冒险"地将古巴推开，毕竟 40 年前正是美国的冒险政策将卡斯特罗推向了社会主义阵营。所以，在美国看来，与古巴在安全问题上进行接触与合作是防止古巴变成另外一个"恐怖基地"的明智之举。

除了在以上方面古美两国进行了接触与合作外，更具突破性的是，2002 年 5 月 12 日美国前总统吉米·卡特对古巴进行为期 6 天的访问。这是自 1959 年古巴革命胜利以来美国最高级别的前政界人士对古巴进行的访问。尽管访问是非官方性的，但它传递出这样一个信息，即美国主张对古巴采取强硬政策的共和党政府，其强硬态度并不像言辞中表达中的那么激烈，至少对于民间的接触是允许甚至是鼓励的。这对古美两国的经贸往来及民间交往与合作是个积极信号。

美国前总统的访问是由卡斯特罗主动提出来的，他希望达到三个目的：一是进一步增强美国国内要求取消对古巴经济封锁和贸易禁运的呼声，以促使两国关系尽快正常化；二是向世界展示古巴在尊重人权、发展医疗卫生、公共教育方面的成就，以反驳美国在人权问题上对古巴的指责，并消除一些国家在人权问题上对古巴的误解；三是驳斥在访问前夕美国国务院的一些高官无端指责古巴正在研制和扩散生化武器的谎言。在卡斯特罗看来，"品行端正"的前总统吉米·卡特是可以帮助古巴打破同美国政府坚冰的最具影响力的美国人物。所以这次访问被卡斯特罗政府视为古巴在外交和对外宣传方面取得的重要胜利。

小布什批准了卡特的古巴之行，并希望他能够在人权、自由和民主选举以及推行多党制等方面向古巴施压。虽然卡特明确表示，他不会充当美古之间的调停人，但他希望通过此次访问能够寻求取消美国政府对古巴的禁运和取消对美国公民到古巴旅游禁令的可能性。在这次访问之行中，卡特一方面呼吁美国取消对古巴的封锁，主张美国身为大国在改善两国关系方面应采取主动，并建议成立一个由著名人士组成的委员会，以推动两国关系的发展；另一方面也对古巴政府没有实施宪法中有关言论自由和结社自由的规定，以及不准组建反对党运动等方面提出了批评。对于这次访问，卡特认为基本上达到了预期的三个目的，即广泛地同古巴人民进行接触和交流，同卡斯特罗等古巴领导人会见，同古巴的宗教人士和持不同政见者会见，从而设法使两国的关系有所改善。但同时他也认为，美古关系的改善需要时间，此次访问不可能给美古关系带来实质性变化。

卡特在离开古巴前举行了记者招待会，通过大批的外国记者向全世界展示了近十年来古巴改革开放所取得的成就和在维护人权、发展文教、科技、卫生等方面的进步，并公开称赞这些成就是"令人难以置信的"[1]。卡特的古巴之行让美国和世界更加了解了面临外部"封锁"、内部"强人政治"的古巴的真实发展情况，尽管它并不能改变美国对古巴的强硬政策，但它对古巴国际形象的改善以及美国取消对古巴的封锁和恢复两国正常关系起了一定的促进作

---

[1] 徐世澄：《卡斯特罗评传》，人民出版社，2008，第297~298页。

用。毕竟古巴在很多方面取得的成绩是值得肯定的，且在世界形势和古巴形势发生变化的情况下，继续实行敌视、封锁的政策会与越来越多的美国利益集团的利益不相符。所以，有的美国报刊把卡特的这次古巴访问称为"破冰之旅"，只是由于美古之间的冰块太厚，一时不会解冻。但从政治意义上来讲，古美之间的这次接触对两国关系的改善是十分有限的。

2006 年 7 月底菲德尔·卡斯特罗因病暂时将权力移交给其弟劳尔·卡斯特罗，并由于健康原因一直没有复职。2008 年 2 月 18 日，菲德尔·卡斯特罗正式辞职。当月 24 日，在第 7 届古巴全国人民政权代表大会上，劳尔·卡斯特罗当选并就任古巴国务委员会主席和部长会议主席，正式接替执政长达 49 年的菲德尔·卡斯特罗，从此古巴进入了劳尔·卡斯特罗的时代。古美间的对抗是从菲德尔·卡斯特罗任职古巴领导人开始，但并没有随着菲德尔的卸任而结束。两国虽早已意识到封锁和敌对的不合时宜，并共同抱有恢复双边关系的愿望，但直至 2014 年 12 月，两国关系才开始有了实质性进展，双方就双边外交关系的正常化开始了积极的对话和磋商。

第三章

卡斯特罗与古美关系演变

在卡斯特罗政府时期，卡斯特罗个人的政治理念及其政府所实行的移民政策、反经济封锁政策、外交政策是影响古美关系发展的重要因素，但由于古巴是古美对抗中处于弱势的一方，这些因素在很多时候决定不了古美关系的发展趋向，且要随着国际形势的变化、美国对古巴政策的变化而变化。

一 卡斯特罗的思想理念演变

（一）上台前的思想理念

卡斯特罗在上台前，其思想理念经历了从强调古巴通过议会斗争到强调古巴通过武装斗争独立走上现代化道路的转变，这种思想理念的转变最终在卡斯特罗上台后引起了古巴对美国政策的调整。

就如卡斯特罗所说，"由于我阶级出身的关系"，"我在中学毕业时，在政治上就是一个文盲"。[1] 卡斯特罗是在进入大学后开始逐渐具有政治觉悟和政治经验的，但是大学时代的卡斯特罗所关注的问题集中于社会政治和道德问题，而非社会彻底变革的问题，所进行的政治反抗活动都基于个人价值的思维。尽管如此，始终有两

---

[1] 菲德尔·卡斯特罗：《卡斯特罗言论集》第二册，人民出版社，1963，第239～240页。

方面的因素潜移默化地影响着卡斯特罗的思想和理念，即对经典著作的阅读和对古巴黑暗现状的目睹，这些使卡斯特罗对于古巴社会藏污纳垢的根源、现状及未来逐渐有了深刻的认识和思考，思想也变得更加激进。

早在少年时期，卡斯特罗就阅读了有关古巴独立战争的书籍和何塞·马蒂的著作，特别是马蒂的著作对其产生了较深的影响，卡斯特罗一生的人道主义思想、民族主义思想和国际主义（美洲主义）思想都建立在马蒂思想基础之上。① 中学毕业后，卡斯特罗又接触了卢梭、狄德罗的作品以及一些有关法国大革命和拿破仑战争的书籍，这些著作使他开始有了从道德主义理想过渡到唯物主义的意识，以及以"暴力革命"来实现社会进步和民主的观念。进入大学后，从"封闭环境"走出的卡斯特罗由于看到了越来越多的社会黑暗，思想意识变得更加激进，特别是对古巴社会政治经济的疑问使他开始接触批判现有社会制度以及革新现有社会制度的政治理论著作，如马克思的《共产党宣言》《路易·波拿巴的雾月十八日》《哥达纲领批判》，列宁的《国家与革命》《帝国主义是资本主义的最高阶段》等。这些著作对人类历史的重大事件、发展方向和未来可能走的道路所作出的理性、明确、系统的阐释，给极富正义感和乌托邦思想的卡斯特罗一种巨大的确定感。虽然到大学毕业时，卡斯特罗还不是一个马克思主义者，对马克思主义著作的理解也是有限甚至是肤浅的，但是这些经典著作使他对马蒂思想及当时古巴现实的理解更加深刻，并确立了"对外反帝反殖，对内暴力推翻政权"的民族民主思想。

1951 年已经大学毕业的卡斯特罗进入古巴正统党（人民党）

---

① 何塞·马蒂（1853～1895），古巴民族英雄、思想家，是古巴反抗西班牙殖民统治的解放斗争的组织者。其生前写下的最后遗言是，通过古巴的独立及时防止美国的力量向拉丁美洲渗透。

的国会议员名单。尽管卡斯特罗对政党在毫无诚信的政治体系下通过议会选举夺取政权不抱希望，但他希望有一个政治空间能够阐述他的观点，进入议会对他来说可以作为一个起点，"从而使我可以开创一个革命的讲坛……一旦进入议会，我就会背弃党的纪律，提出一份纲领，而这份纲领实际上将把后来我们的蒙卡达卡斯特罗所提出的蒙卡达纲领和革命后变为法律的那些措施都一并包括在内"①。1952年3月巴蒂斯塔政权上台，解散了议会和政党，停止选举，在古巴恢复了独裁统治，并把古巴重新纳入美国的轨道。在巴蒂斯塔独裁统治期间，美国各种代表团在古巴成立包括美国中央情报局指导下的行动机构和美国黑手党控制的机构，他们通过包罗政客和警察在内的巨大网络，将自身的利益刻在了古巴政府的纲领中。在这种不能要求政治权利、没有希望的社会现实下，卡斯特罗坚定了"目前是革命，而不是政治时刻"②的信念，并开始制定一条富有进攻性的革命路线，即组织武装斗争和制定革命纲领。

第一，关于武装斗争。

卡斯特罗的想法是：通过各种斗争方式与独裁政府进行对抗，但把武装斗争作为主要方式，武装的队伍由一切真心想在古巴重建政治民主和树立社会正义的古巴人组成，它不属于任何政党③；武装斗争的步骤是先组织力量攻占一个重要的军营，然后发动整个地区的武装起义，并号召进行总罢工，把斗争推向全国，如果这一行动不能奏效，则到山区和农村开展游击战争，直到全国胜利，即以一个小马达带动大马达。

---

① Lee Lockwood, *Castro's Cuba, Cuba's Fidel*, New York: Macmillan, 1967, p. 140.
② 〔巴〕克劳迪娅·福利娅蒂：《卡斯特罗传》，翁怡兰等译，世界知识出版社，2003，第128~147页。
③ Daniel James, *Cuba: the First Soviet Satellite in the Americas*, New York: Avon Book Division, Hearst Corp., 1961, p. 528.

第二，关于革命纲领。

卡斯特罗最初领导的武装斗争是以《蒙卡达宣言》为指导的，即革命是以马蒂思想为基础的武装革命，它"不接受外国的羁绊，也不迎合政治家的影响和口味"，并将"尊重自由公民和没有背叛民族感情士兵的高尚品德……尊重坚定不移地将古巴带入富裕和经济发展计划中的决心……尊重对品德、荣誉和人类尊严的热爱和信念"。[①] 之后起义失败，卡斯特罗等人被捕，在审讯的法庭上卡斯特罗陈述了《历史将宣判我无罪》的长篇自我辩护词。《历史将宣判我无罪》是一份将《蒙卡达宣言》进一步完善的革命宣言书，它提出了古巴革命第一阶段的基本纲领，通过土改、国有化、教育和住房改革等措施，来解决古巴土地、工业化、住房、失业、教育和健康等六大社会问题。这为卡斯特罗执政后实行民主改革打开了大门。虽然《蒙卡达宣言》和《历史将宣判我无罪》是卡斯特罗最早提出的激进的纲领性文件，但其内容并没超出传统的古巴左翼政党的思想范畴，更没有对美国进行抨击，只是强调革命的独立性、拒绝外国干涉。正因为如此，卡斯特罗的起义活动包括后来其领导的游击战，不仅没有受到美国的足够敌视，还获得古巴国内更多的支持以及美国政府和民众的不少同情。

1956年11月，卡斯特罗发表了吹响反巴蒂斯塔政权的号角的《"七·二六运动"宣言》。该宣言提出：（1）反独裁民主革命的目的是，要用古巴青年的力量去完成古巴民族一再被耽误和阻挠的历史任务，消灭殖民地心态、外国经济控制、政治腐败和军人统治这些被"共和国"外表所掩盖的社会罪恶。（2）革命的意识形态是民主主义、民族主义和社会正义。其中民主主义内容引用的是林肯

---

① 〔巴〕克劳迪娅·福利娅蒂：《卡斯特罗传》，翁怡兰等译，世界知识出版社，2003，第160页。

的"民有、民治、民享"主张以及古巴近代史上的民权主张，对于民族主义强调要改变外国对古巴经济命脉的控制，对于社会正义强调要确保每个人的政治、社会、经济和文化上的人权。《"七·二六运动"宣言》是具有人道主义色彩的激进民族主义宣言，它是卡斯特罗当时思想理念较为真实的写照：既有对西方资本主义制度的称赞，也有对其的批评和谴责。它谴责资本主义制度的理由是，其必不可免地会导致财富在少数人手里的集中和对多数人的压迫，因此它"赞成一种计划经济制度，它将把国家从单一经济、租借地、垄断特权、大庄园制以及其他殖民地经济的形式中解放出来，或者是这样一种经济制度，即使每个古巴人有机会享受发达国家的公民正在享受的物质福利和个人尊严"①。而这些思想日后的付诸实施，很难不引发古巴与美国的冲突。

1957 年卡斯特罗发表了呼吁一切反巴蒂斯塔的力量联合起来的《马埃斯特腊山宣言》，这份宣言被认为是卡斯特罗在内战最激烈期间（游击战期间）发表的比较成熟的观点。宣言声称，革命斗争只坚持一个条件即真正自由的、民主、公平的选举，并要求由一个临时、中立的政府来主持选举；为了给这样一个政府奠定基础，提议成立一个公民革命阵线，由所有反对党派的团体代表组成；在武装革命期间，拒绝任何外国的调停或干涉，要求停止向古巴输送一切武器，拒绝以任何形式的军政府来代替巴蒂斯塔。此外，临时政府保证实行的十点纲领，包括保障新闻自由、言论出版自由以及宪法应保障的一切个人权利和政治权利，加快工业化进程，创造新的就业机会等。可以看出，这份宣言并没有像以前卡斯特罗所发表的言论那样激进，比较温和，它并没有提出大规模的国

---

① Sheldon B. Liss, *Fidel！Castro's Political and Social Thought*, Boulder, San Francisco, Oxford：Westview Press, 1994, p.11.

有化内容，而是企图弥合那些希望以和平选举的方式推翻独裁政府和那些相信只能用暴力推翻独裁政府的人之间的裂痕。后来格瓦拉对发表这一宣言的解释是："这种方案我们并不满意，但这是必要的；这在当时是进步的。等它成为革命发展的阻碍物时，它就不能再存在下去了……这项宣言对我们来说，只是旅途中的一次小憩，我们必须继续完成我们在战场上打败敌人这个根本任务。"①

随着古巴社会危机不断加深以及《马埃斯特腊山宣言》影响的扩大，反巴蒂斯塔独裁政权的联合阵线最终在古巴国内形成（此前这种联合一直存在于海外）。鉴于古巴革命态势的发展，美国决定与反独裁政权的革命组织的城市机构进行接触，并取消对巴蒂斯塔的支持——至少表面上与独裁者拉开距离。尽管如此，卡斯特罗没有放弃游击战是推动革命动力的想法，甚至还希望得到美国政府不对古巴革命进行直接军事干预的表示。但结果令他失望，美国不仅没有做出这样明确的表示，反而在1957年11月与流亡美国的温和反政府派达成共识：革命后的古巴临时政府接受美洲国家组织和联合国的监管，且巴蒂斯塔还能够以非正式的途径获得美国运来的武器。这激起了卡斯特罗对美国的强烈不满。在一次卡斯特罗的游击队遭遇巴蒂斯塔政府军（军事装备是由美国提供）猛烈进攻后，卡斯特罗做出这样的表示："我发誓美国人将为此付出高昂的代价。当战争结束时，我的另一次规模更大、实践更长的战争将开始：我将进行一次反对他们的战争。我知道，这才是我的真正归宿。"②

经过5年的反独裁斗争，个人斗争经验的成熟以及对国内政治形势认识的加深让卡斯特罗日益明确了在古巴这样的社会进行政治

① 〔英〕休·托马斯：《卡斯特罗和古巴》（上册），斯禾译，人民出版社，1975，第220页。

② 〔美〕富兰·利兹：《卡斯特罗》，李玉良等译，青岛出版社，2008，第41页。

合作的脆弱性和摆脱美国干涉的困难，由此他得出掌握全国武装重要性的结论，并坚定了日后与温和反政府派（资产阶级改良派）分裂、在新政府中清除其政治路线的决心。而这两方面正是革命胜利后造成和加速古美关系恶化的重要原因。因此，当1958年巴蒂斯塔政权出现必败的态势后，卡斯特罗宣布，其领导的军队不会停止前进，将在各条战线继续打击敌人，只要革命，不接受政变，也拒绝美国方面作出的任何安排。到1958年底卡斯特罗领导的武装革命队伍攻破和降服了全国所有正式武装力量。这为日后卡斯特罗在临时政府中排除其他政治力量，将改良政府转为革命政府理念的实现打下了基础。就如当时古巴的一个温和激进知识分子对卡斯特罗的武装革命所作出的评价："如果卡斯特罗在战斗中不幸死亡，令人可怕的是古巴的现状将不会改变，除非是表面的。"[①] 卡斯特罗所带来的这种变化意味着一个新古巴的建立，这将不可避免地引起古美关系的重新调整。

（二）上台后的思想理念

1. 关于民主改革

当1959年1月2日古巴反巴蒂斯塔的革命宣告胜利时菲德尔·卡斯特罗才32岁，其队伍的其他领导人也很少有人超过30岁，血气方刚的年龄、激进的民主主义思想，毫无执政经验但却拥有丰富的革命斗争经验，使得他们在革命胜利后革命热情仍继续高涨，他们渴望革命继续进行，以彻底消灭旧的国家机器，建立一个新古巴，而不仅仅是换一班政府人马来继续运作旧的机制。

民主革命胜利后，卡斯特罗在成立的临时政府中担任要职，在

---

① 〔巴〕克劳迪娅·福利娅蒂：《卡斯特罗传》，翁怡兰等译，世界知识出版社，2003，第316页。

他看来首先应做的是兑现战争时期许下的诺言——清除旧政府、旧警察和旧军队的势力。因为临时政府本身就是由反对暴政而斗争的政治集团的代表组成，开展铲除旧政府势力的工作不仅不会破坏团结，还会为实践《"七·二六运动"宣言》的纲领打开大门。由于卡斯特罗掌握着全国最大的军权，这使他在领导清理旧政府、旧警察和旧军队的活动中，有能力又开展其他活动，包括没收独裁政府财产，降低电费、电话费、医疗费、房租，颁布城市改革法等。这些除旧布新工作的开展一方面让卡斯特罗获得了民众的高度支持，另一方面招致了政府中的资产阶级改良派和美国对激进改革路线的质疑和批评，尤其是美国担心古巴的"中立主义政府"会转变成"左翼政府"，甚至出现了要求恢复"普拉特修正案"的呼声。两种截然相反结果的出现，使卡斯特罗等革命领导人获得启发：摆脱"普拉特修正案"所赋予古巴的民主制，创建属于古巴人民自己的民主制，而非西式代议制民主，这种民主它能够加强政府和人民的联系和认同，能够"在受到这个国家的大多数人支持的、为了他们的利益而进行的工作和战斗中直接地得到表达"。[1] 在这种理念激发下，卡斯特罗对内通过推迟议会选举、清除了政府中的亲西方民主势力，对外向美国表明了态度，"我想跟美国保持最好的关系，但是我不能对那个国家采取卑躬屈膝的态度，我没有把自己卖给美国，我也不接受他们的命令"[2]。总之，卡斯特罗认为，古巴政治的独立不仅是推翻亲美的独裁政府，还要摆脱美国式的民主，建立属于古巴人自己的民主。

　　虽然强调独立建立古巴民主制的卡斯特罗最初对美国的态度只是"防范"而非"强烈反对"，但就如在古巴革命期间采访过卡斯

---

① Fidel Castro, Michael Taber, *Fidel Castro Speeches Vol. 2 1960 – 1982*, New York：Pathfinder Press, 1983, pp. 25 – 27.

② 陶竦：《完美的人：切·格瓦拉传》，海南出版社，2002，第 207 页。

特罗的一位美国记者所说"以菲德尔为化身的革命首先是宣布对美国独立"①。卡斯特罗坚信"没有经济独立，便没有政治的独立"②，而一直以来古巴经济不独立的象征是美国对其土地和公共事业的垄断，所以卡斯特罗对美国的"防范"态度将引起"反美"的一些举动。

值得强调的是，尽管卡斯特罗在政治上是一个激进主义者，但在上台初期卡斯特罗对古巴经济发展道路的设想并不像其政治思想那样激进，他希望古巴走一种混合经济发展道路，即对社会有重大影响的企业和行业实行国有化，其他大多数的生产资料还是私有制（小生产者私有制）。1959 年 5 月 17 日《土地改革法》的颁布和实施就充分体现了卡斯特罗的这一思想。该法案的主要内容是没收大庄园主和美国人占有的土地 16.2 万卡，对无地和少地的个体农民，政府无偿分给每户 2 卡的土地。如果他们耕种的土地超过 2 卡但不到 5 卡，则他们可无偿得到 2 卡的土地，而超出的部分可以分期购买。③ 尽管该法案规定了将没收的土地无偿分配给穷苦农民，但在法案实施过程中，对于征得的大部分庄园，政府并没有将其分配给农民，而是直接组成国营农场和农牧业生产合作社，从而使古巴40% 的土地成为国有，消灭了大庄园制和外国资本土地占有制，完成了农村中的民主改革。对此卡斯特罗的解释是："我们并不想把制糖业搞乱。我们没收的最后土地是大型甘蔗种植园，那是最大的大庄园。而在这些大庄园中，有的农业或牧业发展得不错，我们怎么能把它们分成几百个小庄园呢？于是我们保留了大的生产单位，

---

① 〔巴〕克劳迪娅·福利娅蒂：《卡斯特罗传》，翁怡兰等译，世界知识出版社，2003，第368 页。

② 〔古〕萨洛蒙·苏希·萨尔法蒂编《卡斯特罗语录》，宋晓平等译，社会科学文献出版社，2010，第 131 页。

③ 〔古〕埃内斯托·切·格瓦拉：《古巴革命战争回忆录》，复旦大学历史系拉丁美洲研究室译，人民出版社，1975，第 277 ~ 278 页。

并没有把它们分配给农民。"①

《土地改革法》的实施遭到美国强烈反对。对此卡斯特罗的看法是：只要古巴坚持独立，外国的投资者就应该按照古巴主权发展的要求行事。而美国的企业一直在古巴历史上拥有大型的糖厂和广阔的土地，"除了迟早将它们国有化以外，没有其他的选择"。只是我们将这个过程加快了，"这不是因为我们想要加快，或者是要造成与美国的冲突。问题是，不管比较激进也好不太激进也好，第一部《土地改革法》对于一个其企业占据了古巴最好甘蔗地的国家来说，是绝对不能接受的"②。

卡斯特罗预料到土地改革会招致美国的反对，所以在土地法案颁布的同时也告知美国，将会对美国在古巴土地改革中遭受的损失给予适当补偿，即 20 年的债券赔偿，年息 4.5%。但美国对这一赔偿方案予以拒绝，表示如得不到迅速、合理的赔偿，将通过其他适当的国际行动解决，同时关于古巴共产主义的题目在美国报纸中开始越来越多地出现。③ 面对美国的各种威胁和指责，卡斯特罗认为这是对古巴的讹诈，以便在冷战的氛围下，挑起古巴国内发生政变或者美国亲自导演政变。原因有三点：首先，古巴的土地改革远不如 1945 年美国占领日本时所进行的土地改革激进——美国当时在日本消灭了大庄园，把小块土地给了许多日本的贫穷农民，且古巴提出的赔偿美国债券的利息远高于当时美国给予日本债券的利息，只是在日本大庄园不属于美国大公司，而在古巴大庄园属于美

---

① 参见〔古〕菲德尔·卡斯特罗、〔法〕伊格纳西奥·拉莫内：《卡斯特罗访谈传记：我的一生》，中国社会科学院拉丁美洲研究所译，中国社会科学出版社，2008，第 215、218 页。

② 〔古〕菲德尔·卡斯特罗、〔法〕伊格纳西奥·拉莫内：《卡斯特罗访谈传记：我的一生》，中国社会科学院拉丁美洲研究所译，中国社会科学出版社，2008，第 217 页。

③ Maurice Zeitlin, Robert Scheer, *Cuba: Tragedy in Our Hemisphere*, New York: Grove Press, Inc., 1963, p. 319.

国的公司，所以美国不允许古巴进行土改。其次，古巴当时不可能进行"迅速""适当"的赔偿，国库已经让前任独裁者掏空并且将大部分资金转移到美国，尽管古巴对此进行了温和的说明，但得到的是美国措辞强硬的警告和威胁。最后，卡斯特罗已经多次宣称其领导的"运动"是民主的、人道主义的，但美国还是将他领导的运动与共产主义联系在一起，并大加指责。这在卡斯特罗看来是美国故意在拉美国际孤立其政权，并在古巴制造事端，挑起反革命者的政变。

基于以上三点，自1959年6月美国第一次照会古巴后，卡斯特罗对美国的态度日益强硬，并在一次次与美国你来我往的较量中，将美国在古巴的资本一步步地没收征用，到1960年10月，古巴将所有美国在古巴的资本都收为国有。至此，卡斯特罗宣布，革命政府在20个月中已完成了蒙卡达纲领即民主革命纲领，"革命的第一阶段已告完成，革命现在进入第二个阶段"①。总之，卡斯特罗的激进民主改革成为"美国与古巴关系结束的开始"②。

2. 关于选择社会主义革命

革命胜利后，深受民族主义和资本主义民主革命思想影响的卡斯特罗又重新阅读了法国大革命书籍，思想变得更加激进。他一方面主张在古巴建立具有资本主义色彩的人民社会主义，即"自由、民主、正义、和平、面包"的社会，③另一方面强调要吸取法国大革命的教训，警惕反革命势力借助外国势力破坏革命。综合这两方面内容的考虑，卡斯特罗在计划民主改革的同时，也试图去改善同

① 〔古〕菲德尔·卡斯特罗：《卡斯特罗言论集》（第一册），人民出版社，1963，第298、291页。
② Donna Rich. Kaplowitz, *Anatomy of a Failed Embargo: U. S. Sanctions Against Cuba*, Boulder and London: Lynne Rienner Pulishers, 1998, p. 36.
③ 钱根禄、范建中、陶卫平：《当代国外社会主义瞭望》，南京大学出版社，1987，第55页。

"北方巨人"的关系，从而为古巴谋求一个相对和平安静的发展空间。

1959年4月中旬卡斯特罗对美国的访问就是突出的表现。为了打消美国政府一直以来对自己政治立场的疑虑，卡斯特罗在这次访问中没有带上劳尔、格瓦拉等身边强硬派的反美人物，而是带领了70名资产阶级温和派的民主人士。在为期11天的访问中，卡斯特罗在与美国各方要人的谈话、采访以及各类报告中都表现出坦诚的进步民主人士形象，"我们希望古巴建立真正的民主，没有法西斯主义、庇隆主义和共产主义的痕迹"。当被问及如果美国与苏联发生战争时古巴可能采取的立场，卡斯特罗表示古巴将持中立立场，且心是向着西方的。甚至在回国后，卡斯特罗仍一再表示："古巴革命是完全民主主义的，与共产主义没有任何关系。因为这个革命不仅要给人民粮食还要给他们自由"，"古巴革命既不是资本主义，也不是共产主义，而是橄榄绿色的人道主义"。[1]

以上说明，卡斯特罗等革命派领导人作为进步的、纯粹的民族主义者，在革命胜利初期，他们没有明确选择走资本主义道路还是社会主义道路，而是希望走"人道主义"的第三条道路，即不与两极中的任何一极结盟，以避免外来干涉，按照革命者的理想建立平等、公正的民主社会。但也如格瓦拉在这一时期的采访中所表示的，古巴的人道主义民主革命为实现"人民民主"的目的是走机会主义路线："假如您认为我们所做的有利于人民的事情是共产主义的表现的话，那么您就算我们是共产党好了，假如您问我们是不是属于人民社会党（古巴的共产党），那么，我们回答说'不是'"。[2]

尽管在1959年古巴宣布《土地改革法》之后，卡斯特罗等领

---

① 〔美〕罗伯特·李:《卡斯特罗传》，长江文艺出版社，1998，第206页。
② 陶竦:《完美的人：切·格瓦拉传》，海南出版社，2002，第227页。

导人强调古巴并不持"反美"态度，但美国认为，古巴政府将会对美国坚持"不让步"的原则，扰乱美国在该地区的计划，并很可能会转变成共产主义政府。所以，卡斯特罗表现出的"尽量与美国合作"的态度没有得到美国决策者的认同，甚至访美之后卡斯特罗呼吁寻求美国对拉美的发展提供援助，也被美国视为挑战。最终卡斯特罗得出：美国只是关心他和他的政府是不是共产主义的，并不关心古巴的国内情况，而且美国强硬的态度也在警示古巴，古巴寻找发展道路的自由是要受到美国限制的。这使卡斯特罗坚定了他将民族主义与意义深远的经济和社会改革齐头并进的决心。卡斯特罗回国后不久开始实施一系列"革命性"的变革，虽然这些变革没有超出卡斯特罗公开承诺的范围，但其真正的落实前所未有地损害了美国的利益和霸权。这些变革在美国看来是古巴政府正在走向赤化。于是从 1959 年下半年开始，美国针对古巴实施了一系列报复性的措施，希望以此消除卡斯特罗对其他拉美国家的影响，并最终促成其政府垮台。正是美国的这些行动使卡斯特罗"与西方在一起"的愿望逐渐发生了变化。从 1959 年下半年至1960 年，卡斯特罗政府与拉美其他国家的改良民主主义力量组成了一个拉丁美洲民主集团，这个集团不仅反对独裁力量，还反对美国霸权主义，要求美国与拉美国家建立平等的政治、经济关系。而在 1959 年 3 月的时候，卡斯特罗还对访问古巴的哥斯达黎加总统发出警告"不要过分反帝"。①

卡斯特罗的快速转变加剧了美国的担心，即古巴已经从之前美国的仆从国转变为激进的反美国家，为此美国政府开始对古巴采取经济封锁和外交孤立政策。这些政策的实施虽然没有压倒卡斯特

---

① 〔委〕D. 博爱斯内尔：《拉丁美洲国家关系简史》，殷恒民译，商务印书馆，1990，第229 页。

罗，而是加强了卡斯特罗在国内的地位，但对古巴的经济打击相当大。卡斯特罗很清楚，古巴经不起美国的封锁和制裁，只要一两年，古巴经济就可以被摧毁，革命政权随即被颠覆，所以古巴需要寻求外援。于是在1960年2月苏联贸易代表团访问古巴后，卡斯特罗政府作出了"这是古巴和苏联进行政治和经济合作的极好机会"的反应。[①] 此后随着古美关系的冷却，古巴与苏联的关系日益升温。1961年4月美国对古巴进行的"秘密"武装侵略成为压倒目前还没有脱离西方阵营的古巴的最后一根稻草。至此，卡斯特罗断定：古巴唯一还能选择的就是向美国证明，经济制裁、外交孤立、武装侵略并不会让古巴"窒息"，相反，成为"苏联集团"的一员而不再是美国的附庸，会让古巴生存得更好；虽然这种证明需要用"对遥远苏联的依赖"替代"对近在咫尺美国的依赖"来实现，但在冷战的环境下，只有苏联能在加强古巴安全方面发挥决定性作用，依赖苏联是最有效对抗美国压力的方式。

总之，卡斯特罗等革命领导人将古巴民主革命转化为社会主义革命是实用主义选择。卡斯特罗对这种选择的原因作了三方面归纳：第一，美国的"逼迫"。"当生活教给我们的经验愈多，当我们不是口头上，而是从我们人民血肉所付的代价中对帝国主义的本性了解得愈透彻，当我们不得不更好地对付帝国主义，当我们更多地了解到帝国主义在全世界所执行的政策……这一切首先更促进我们在感情上成为一个马克思主义者，使我们更加认清和发现马克思主义理论所包含的真理。"[②] 第二，对当时国际条件的利用。"那个时候，还有另一个强有力的一极，我们把锚抛向那个正是从一项伟

---

① Aleksandr Fursenko, Timothy Naftali, *Khrushchev's Cold War: The Inside Story of an American Adversary*, New York: W. W. Norton, 1997, p. 297.

② 〔古〕菲德尔·卡斯特罗：《卡斯特罗言论集》（第二册），人民出版社，1963，第246页。

大的社会革命中产生的一极（社会主义），面对我们面前的那只庞然大物（美国），这一极是我们非常有用的。"① "假如古巴革命是在像当前的一个时刻获得胜利的话（指的是冷战后的时代），那是不能维持下来的。"②第三，卡斯特罗个人的选择。在古巴民主革命转向社会主义革命后的几年，有人问卡斯特罗，要不是苏联，他在古巴将怎么办。卡斯特罗回答："我会同国内的资产阶级鬼混上十年，可是结果还是一样。"因为"通过革命本身，我们首先积累了大量的经验，通过革命本身，我们自己日益革命化"③。将革命继续深化已经被卡斯特罗等激进的民主主义革命者看作是使命。总之，以上三方面因素共同促成了古巴的社会主义选择。

3. 关于安置苏联导弹

古巴将民族民主革命转变为社会主义民主革命的选择，一方面使其获得了"新生"，告别了长期依附、屈服于美国的历史，并打破"在拉美反帝必败"的神话；但另一方面也让它成为东西方冷战的重要战场和两大国力量角逐的筹码，其未来的发展面临着巨大的风险和压力，古巴选择社会主义制度不久发生的"古巴导弹危机"就是最好的说明。

在卡斯特罗宣布古巴革命转入社会主义阶段后，肯尼迪政府对卡斯特罗政权采取了极端敌视的态度，除了直接动用军事力量入侵外，还采用了包括暗杀在内的一切可能公开和隐蔽的方法。面临严峻的外部形势，卡斯特罗认为，阻止美国入侵的最好办法是苏联公开宣布对古巴的进攻就是对苏联的进攻。虽然有着这样的考虑，但

---

① 〔古〕菲德尔·卡斯特罗：《全球化与现代资本主义》，社会科学文献出版社，2000，第90页。

② 梁宏主编《变革中的越南朝鲜古巴》，海天出版社，2010，第201~202页。

③ 杨明辉、周永瑞：《解码卡斯特罗》，工人出版社，2010，第134页；〔古〕菲德尔·卡斯特罗：《卡斯特罗言论集》（第二册），人民出版社，1963，第239页。

当对苏联提出安置导弹向古巴提供"防护"的要求时，卡斯特罗还是有所犹豫的。一是因为接受苏联的导弹等于是将古巴变成苏联的军事基地，会损害卡斯特罗政权在拉美地区的革命形象。二是因为此举非常冒险，它能够引发一场真正的危机，"我们很可能是和美帝国主义摊牌的第一个受害者"①。在卡斯特罗看来，苏联的常规力量能够为古巴提供更为有效安全的保护。尽管如此，考虑到苏联目前对于古巴援助的重要性，卡斯特罗最终决定，"在美国侵略我们国家时，我们指望苏联和社会主义阵营的全力支援，而在苏联和社会主义阵营需要我们时，如果我们拒绝冒政治和危险的风险，那么是我们前后不一。"② 所以，卡斯特罗向苏联表示，为了加强整个社会主义国家的力量，古巴同意接受苏联提供的所有导弹，如果苏联愿意的话，哪怕是 1000 枚。③

显然，在安置苏联导弹问题上，卡斯特罗等古巴领导人更多的是将自己看做苏联和社会主义阵营的施惠者，而不是苏联的附庸。④ 20 世纪 80 年代末、90 年代初，卡斯特罗多次公开表示，从一开始古巴就将苏联安置导弹的建议看做是一个战略行动，古巴接受此建议是为了推进所谓的力量均势，部署导弹对于古巴的防御并非是必要的。而古巴之所以当时不太担心美国发现导弹后的反应，主要是因为当时过于相信苏联的宣传，即苏联在导弹技术方面比美

---

① Carlos Lechuga, *Cuba and the Missile Crisis*, Melbourne & New York: Ocean Press, 2001, p. 25.

② Bruce J. Allyn, James G. Blight, David A. Welch, *Back to the Brink: Proceedings of the Moscow Conference on the Cuban Missile Crisis, January 27 - 28, 1989*, Lanham: University Press of America, 1992, p. 51.

③ 〔古〕菲德尔·卡斯特罗、〔法〕伊格纳西奥·拉莫内：《卡斯特罗访谈传记：我的一生》，中国社会科学院拉丁美洲研究所译，中国社会科学出版社，2008，第 243 页。

④ Raymond L. Garthoff, *Reflections on the Cuban Missile Crisis*, Washington, D. C.: Brookings Institution, 1989, p. 18.

国强。如果他知道了真实情况，他会谨慎行事的。① 最终在美国的威慑下，苏联在没有与古巴领导人沟通的情况下单方面撤出了导弹，对于这一结果卡斯特罗等领导人"怒不可遏"，深深感到了一种被出卖和被愚弄的屈辱。卡斯特罗后来表示，"如果他是谈判的一方，他将坚持美国归还关塔那摩、停止经济封锁这些最低要求，而不是仅仅保证不入侵。"② "我们不反对找一个解决方案，因为避免一场冲突是重要的。但是赫鲁晓夫必须对美国人说'还应该和古巴人讨论一下'。那时候缺少镇定和坚定，这件事影响我们与苏联的关系好多年。"③

总之，古巴导弹危机中的一系列事件，最终使卡斯特罗深刻认识到：古巴的命运已被划定在国际权力平衡的框架之内，且苏联不会为了古巴去冒一场全球性战争的危险。因此，古巴应避免与美国发生正面军事对抗，且为防止将来某一时刻两个超级大国为了实现彼此之间利益的均衡再次出卖古巴的利益，古巴不应再处于两大阵营之间的等距离处，而应"寻求可供选择进行调整的空间"④。

4. 关于反对新自由主义全球化

（1）对于全球化的认识

卡斯特罗认为，全球化是客观的历史进程，它是"人类历史现阶段正在发生的最重要和最有决定意义的问题之一"；目前"世界在快速的全球化……金融、资本流动、投资和贸易迅速地扩及全

① 张小明：《冷战及其遗产》，上海人民出版社，1998，第56页。
② James G. Blight, Bruce J. Allyn, David A. Welch, *Cuba on the Brink: Castro, the Missile Crisis, and the Soviet Collapse*, New York: Pantheon Books, 1993, p. 215.
③ 〔古〕菲德尔·卡斯特罗、〔法〕伊格纳西奥·拉莫内：《卡斯特罗访谈传记：我的一生》，中国社会科学院拉丁美洲研究所译，中国社会科学出版社，2008，第247页。
④ 〔意〕安格鲁·特兰托：《卡斯特罗和古巴》，杨晓霞译，生活·读书·新知三联书店，2006，第45页。

世界，这是人类社会发展、生产力发展以及技术、邮电和运输发展
的无情的法则"，这是"一个不可逆转的过程"。在全球化的时代，
任何国家和人民都无法单独解决各自的问题。所以，他号召拉美国
家要加入全球化的进程中去："只要这个世界在前进，除了世界全
球化，没有其他的办法。没有出路，没有选择……机会是会被错过
的；但是如果你们放弃了机遇，那你们就得不到原谅"[①]。但卡斯
特罗也强调，今天的全球化是"被禁锢在新自由主义的紧箍咒里，
其趋向不是发展的全球化，而是贫穷的全球化"，"这种全球化是
富国进行统治的工具，是加深各种不平等并使其永远化的因素，是
发达国家之间为了控制现今和未来的市场而激烈竞争的舞台"。因
此，"我们不反对全球化（抽象意义的全球化即全球化本身——作
者注），不可能反对，这是历史规律；我们反对新自由主义全球化
（今天全球化的具体形式——作者注），有人想把新自由主义强加
给世界，它是持续不下去的，是必将垮台的"[②]。

　　总之，卡斯特罗关于全球化的理念是，全球化本身是不可逆转
的，拉美国家应参与全球化的进程，但今天的全球化非全球资源共
享、财富共赢的全球化，拉美国家并没有在今天的全球化中受益，
而是臣服在全球化帝国的金权政体下，资源和财富被掠夺，自身却
无力反抗。

　　（2）对新自由主义全球化的批判

　　拉丁美洲是新自由主义最早的试验场，也是新自由主义的重
灾区，尤其是在冷战后，新自由主义全球化的严重弊端和负面效
应在拉美日益加深。基于这样的发展现实，卡斯特罗对新自由主

---

①　〔古〕菲德尔·卡斯特罗：《全球化与现代资本主义》，王玫等译，社会科学文献出版
　　社，2000，第323、56、80页。

②　〔古〕菲德尔·卡斯特罗：《全球化与现代资本主义》，王玫等译，社会科学文献出版
　　社，2000，第306页。

义全球化给第三世界和全世界带来的困难和灾难进行了多方面的批判。

第一，新自由主义全球化是在不公正的条件下进行的。在今天的全球化过程中，大家是"同一条船上的乘客，然而，乘客们履行的条件是极其不平等的"①。西方发达国家在全球化处于强势和支配的地位：它们掌握制定和实施的规则、控制进程和利益分配的主动权，尤其是美国充分利用其在全球化中的主导地位和特有的经济、技术和人才优势，以及所控制的各国际经济组织为本国利益服务。② 发展中国家则在全球化处于被动和从属的地位：由于经济发展水平低下，它们在国际贸易、国际金融、国际投资、科技开发和创新等方面都处于劣势，根本无法在相同的国际规则上同发达国家竞争，但却被迫遵守有悖于自身利益的国际规则，继续在美国是最大庄家的世界里，扮演着输家的角色。

第二，新自由主义全球化加剧了全世界的两极分化。新自由主义全球化的推动者是美国，而在"那里378个富翁拥有的钱等于26亿人挣一年的钱……这就是新自由主义全球化所许诺的东西：少数国家越来越富，其余国家越来越穷，在各国内部，少数人越来越富，多数人越来越穷。这个差别在各国之间和各国内部都在扩大"③。所以，卡斯特罗认为新自由主义的全球化是对第三世界的再殖民化，它意味着差别，社会不公全球化，贫困全球化，这样的全球化是不能持续的，它面临灾难性崩溃的危险。

第三，新自由主义全球化加剧了世界经济秩序的不稳定。全球

---

① 〔古〕菲德尔·卡斯特罗：《全球化与现代资本主义》，王玫等译，社会科学文献出版社，2000，第105页。
② 刘金源、潘美娟：《从新自由主义全球化到社会主义全球化》，《拉丁美洲研究》2005年第8期，第64页。
③ 〔古〕菲德尔·卡斯特罗：《全球化与现代资本主义》，王玫等译，社会科学文献出版社，2000，第302页。

化的一个重要方面是资本市场全球化，随着资本市场的全球化，全球经济的投机性和风险性越来越大，所以今天的全球化是"一场不可避免的深重的经济危机……威胁着我们所有的人。在一个已经变成赌场的世界上，每天在进行着数额达 1.5 万亿美元与世界经济无丝毫关系的投机交易"①。同时，卡斯特罗特别强调，大量国际游资的存在，对经济基础发展比较脆弱的发展中国家来说，只能是造成严重的后果，东南亚金融危机和阿根廷金融危机的爆发充分证明了这一点，如果不对现行经济秩序进行巨大而深刻的改革，发展中国家是不可能有出路的。

第四，新自由主义全球化加剧了全球性的环境灾难。卡斯特罗认为，随着全球化的不断加深，"生态环境遭到无情的、几乎不可逆转的破坏；不可恢复的重要资源正在迅速被浪费和消耗……气候的变化已经带来了不可预言的、明显的后果"②。关于如何处理新自由主义全球化与环境日益遭到破坏的关系，他认为，"保护环境的一切努力与那个强加给世界的邪恶经济体系、那个冷酷的新自由主义全球化是互不相容的"；"国际货币基金组织以其强加的条件牺牲了几十亿人的健康、教育和社会安全。它以残酷的方式，利用强势货币和第三世界的弱势货币之间的自由买卖，每年从第三世界掠夺大量钱财"；世界贸易组织"迫使穷国用常常占财政支出总额50％的巨额资金来偿付债务——在目前情况下根本无法还清；用掠夺人才、几乎完全垄断的知识产权和滥用地球的自然资源和能源，来断送穷国的工农业发展，使他们除了供给原料和廉价劳动力以外

---

① 〔古〕菲德尔·卡斯特罗：《全球化与现代资本主义》，王玫等译，社会科学文献出版社，2000，第 340 页。

② 〔古〕菲德尔·卡斯特罗：《全球化与现代资本主义》，王玫等译，社会科学文献出版社，2000，第 54 页。

别无出路"。①

第五，新自由主义全球化对发展中国家的主权造成冲击和损害。在新自由主义全球化中，美国等发达国家极力倡导发展中国家取消对经济的干预和管制，卡斯特罗认为，这样做的后果只能是"一个独立越来越少的世界，许多国家的主权越来越少，因为所能剩下的唯一主权性的东西是那个帝国（美国——作者注）强加其规则和条件的主权意识"。为此，他提倡加强第三世界国家的团结，"联合起来我们就是一股力量。联合起来我们的声音就不会听不到，联合起来就必须依靠我们自己"②。同时卡斯特罗强调，应以不结盟运动的方式进行今天的第三世界的联合，"过去我们努力在两个超级大国的斗争中谋求一个应有的地位，今天我们面临单极霸权主义的危险，要生存下去唯一可能的、可忍受和可接受的方式是使世界多极化，使大家都获得和平、自由、发展和进步"③。

从以上关于卡斯特罗反对新自由主义全球化思想的总结，不难看出，卡斯特罗所反对的新自由主义全球化实质上就是反对以美国为代表的资本主义制度。其重要意义在于，号召全世界尤其是广大发展中国家关注当今全球化的负面效应，质问和思考今天在"华盛顿共识"推动下的全球化它是不是复辟早起资本主义的原始私有化，从而去"反对美国强加的单一模式，反对美国的霸权主义和单边主义，维护发展中国家的经济独立和政治独立"，并寻找能够代替当今新自由主义全球化的发展模式。④

---

① 〔古〕菲德尔·卡斯特罗、〔法〕伊格纳西奥·拉莫内：《卡斯特罗访谈传记：我的一生》，中国社会科学院拉丁美洲研究所译，中国社会科学出版社，2008，第355页。

② 〔古〕菲德尔·卡斯特罗：《全球化与现代资本主义》，王玫等译，社会科学文献出版社，2000，第223、216页。

③ 〔古〕菲德尔·卡斯特罗：《2003年2月25日在第十三届不结盟运动首脑会议闭幕式上的讲话》，载徐世澄著《卡斯特罗评传》，人民出版社，2008，第346页。

④ 刘金源、潘美娟：《从新自由主义全球化到社会主义全球化》，《拉丁美洲研究》2005年第4期，第73页。

二 卡斯特罗政府的移民政策演变

卡斯特罗政府的移民政策是影响古美两国关系发展的重要因素之一。其发展内容主要分为两方面：对将要移民于海外（主要是美国）的古巴人的政策和对已经流向海外的侨民政策。

（一）对国内欲离开者的政策

自1959年古巴革命胜利以来，卡斯特罗政府对国内欲离开者的政策经历了四个阶段的演变。

1. 第一阶段，1959～1965年

这一阶段卡斯特罗政府主要打击的是前独裁政权的官僚和资本家以及这一时期其他反对革命政权的中上层人士，这些人对古巴革命政权的不满是缘于革命胜利后政府的内部纷争以及国有化改革。

（1）对政府政见不同者的打击

古巴革命后的第一项工作是对前政府的右翼势力进行审判。虽然审判采取公开的形式，卡斯特罗想借此向世界证明古巴革命审判的公正，但造成的外部影响是糟糕的，美国政界和新闻界将其称为"浴血暴行"和竞技表演。在他们的同情下，最终古巴流亡者的反政府计划得到了美国政府的支持。但不久后卡斯特罗发现了美国对古巴反政府势力的支持，为避免古巴革命重蹈覆辙，卡斯特罗加大了清除国内革命"蛀虫"的工作，扩大了政治审判的范围，甚至与前政府有关的人都受到了审判，且审判很多是处于道德审判而非法律审判。随着这种政治工作的扩大以及所造成的民主选举被一再地推迟，这使得古巴的司法部门及其他反对派与卡斯特罗的政治理念发生了分歧，并对政府的运作失去了信心。但由于他们本身力量较为分散，在政府中不能对掌握民众舆论和武装部队的卡斯特罗进行有效制衡，于是纷纷提出辞职。

对于卡斯特罗而言，政见不同者的退出有利于革命政权的稳固。因为这些人很多在美国的眼里是"真正的改革家"，他们的存在妨碍卡斯特罗激进主义路线的执行；并且他们常指责卡斯特罗身边的人具有共产主义倾向，这在卡斯特罗看来是一种政治讹诈，以便挑起美国的干预。所以，卡斯特罗对于他们的退出，不仅没有拒绝，还不断以经济上的国有化继续对他们施加压力。最终他们由于在古巴失去了发展空间，不得不选择离开，其中大部分迁往美国。从1961年底以后，古巴就不再存在任何有效的反对政府的组织。资本主义自由派的政治沉船以及其他各种政府反对派的销声匿迹，使得美国认为难以再与古巴政府进行沟通和达成谅解。

（2）对于反对国有化改革者的打击

随着古巴政府中资产阶级自由派力量的流失，古巴的各项改革更加激进。在1959年6月的土地改革之后，土地改革委员会逐渐掌控了咖啡、食糖、大米以及工农业开发银行、经济和社会发展银行等所有独立自主的旧经济机构，最终国家控制了包括制糖业在内的全国的主要资本和设备，这使得在古巴能靠租金收入和企业经营利润生活的人明显减少。与此同时，由于1960～1962年间古巴社会一直处于一种被入侵的紧张状态，政府对经济实行类似"军事共产主义"方式的管理，对很多私人财产实行了征用，现在他们只能在支持革命和反对革命间进行"二选一"。这些使很多在国有化改革中遭受损失的古巴人失去了经济发展的空间。

卡斯特罗对他们的态度是，随时可以离开古巴且政府不进行人数限制，唯一条件是离开古巴必须放弃国内的所有资产。尽管如此，由于这些人有着较高的文化水平和专业技术，且肯尼迪政府在上台后启动了"古巴移民工程"，承诺美国无条件对古巴移民提供物质援助和就业帮助，这使他们很快能在美国开始新的生活，所以，在这一阶段大批古巴中上等阶级人士选择放弃现政权跑向美国。而这些中产阶级和技术人员的离开使得古巴失去了大部分的经济精英，它加重了古巴在美国制裁和封锁下的经济困境，使得古巴日后在经济建设上如卡斯特罗所说的"我们知道我们需要什么，但不知道怎样去得到它"①，由此导致古巴只能在领导人的信念和理想的指导下，以及苏联的援助和"经济指导建议"下进行经济建设。

（3）"彼得·潘"行动②

古巴革命胜利之初，卡斯特罗建立了"革命指导学校"，招收12岁以上的儿童接受革命教育，将他们培养成未来的革命干部，而接受教育的地点设在卡斯特罗曾经打游击战的马埃斯特腊山区，卡斯特罗认为只有艰苦的环境才能培养新人，学生和家长隔绝，过集体军事化生活。面对这种"新"的革命教育模式，以及对此心存顾虑的中产阶级家长，美国宣布取消儿童申请签证必须有父母同行的规定，古巴儿童可以单独申请美国的签证。于是，很多父母以各种名义和方式为自己的孩子申请单独去美国的签证。在随后的一年多时间里，至少有1.4万名古巴儿童被秘密地输送美国。这些儿童到美国后有的住在亲友家，大部分在由美国慈善机构和政府抚养一段时间后，被美国家庭收养。虽然"彼得·潘"儿童不是反古巴政权的力量，但是美国却利用他们来打击古巴政权。

由于以上几方面的政策和做法，从1959年1月1日到1962年古巴导弹危机发生前，大约有248070人离开古巴跑向美国③，且他

---

① 〔美〕西奥多·德雷珀:《卡斯特罗主义理论和实践》，北京编译社译，世界知识出版社资料室，1966，第200页。
② Miguel Gonzales-Pando, *The Cuban Americans*, Westport, Connecticut: Greenwood Press, 1998, p.21.
③ 钱皓:《美国西裔移民——古巴、墨西哥移民历程及双重认同》，社会科学文献出版社，2002，第49页。

们大部分接受过良好教育，有专业技能，有的还带走了巨额资产——在审判政治犯之前离开古巴的前政府的官员和资本家在逃离时携带了大量资金且大部分是公款，因此这一阶段的古巴移民被美国社会视为输入进来的"黄金移民"。同时，他们的离开也为卡斯特罗在没有使用暴力的情况下快速地将古巴革命由民主主义阶段转入社会主义阶段创造了重要条件——造成古巴资产阶级的消失。

总之，在1959年至1965年离开古巴的人大多数（除了由于"彼得·潘"而进入美国的）都是出于对现政权的反对，他们属于原古巴社会的精英，流亡美国后，他们坚信卡斯特罗政权不会长远，流亡只是暂时的。所以他们希望（尤其是原古巴政府中的流亡者）在美国的支持或干预下，能够东山再起，有朝一日重回古巴。在"回国梦"的驱使下，他们在美国建立了各种反古巴政权的政治组织，并得到美国中情局的暗中支持，正是他们不断对古巴国内发起的各种破坏和恐怖活动，被卡斯特罗视为美国侵略古巴的信号，在吉隆滩登陆事件后，古巴正式宣布选择社会主义道路。从此古美对抗被正式推向冷战轨道。

2. 第二阶段，1965~1973年

在古巴导弹危机结束后的两年，由于古美关系逐渐走向稳定，古巴把主要精力放在了国内建设上，到60年代中期，古巴制定了新的发展战略，强调扩大工农业生产，限制消费品生产。由于生活用品供应不足古巴开始推行定量供应制度，这使得因不满生活日益困难而希望离开古巴的人日益增多。据当时古巴政府估计，希望移民的人有15万左右。[①] 考虑到此前美国一直通过"同古巴相约"的电台节目鼓励古巴的各项技术专业人员逃离古巴到美国的"自由世界"，且15万人的离境也不会给古巴国内带来大的动荡，相

---

① 李晓岗：《移民政策与美国外交》，世界知识出版社，2004，第67页。

反还能减少国内的不满，于是，卡斯特罗决定让他们离开，以此打击美国企图在古巴制造不满的移民政策。

1965 年 9 月 28 日，卡斯特罗宣布开放卡马里奥卡港，任何想离境的人，只要有其在海外的亲戚接应都可离开。在这一政策宣布后的几天，数千名古巴人通过卡马里奥卡港进入美国。① 美国对此措手不及，为了有秩序地输入和接纳古巴人，只好与古巴政府进行了谈判，最终双方在移民问题上展开了一次合作：在美国的迈阿密和古巴的巴拉罗德之间建立一条空运航线，运送希望到美国的古巴人，交通运输费用由美国提供。由于这次合作规定了古巴负责确定优先离境者，所以，古巴重新规定了离境者的条件：禁止 15～26 岁的青年男子出国；禁止犯有"反革命罪"的人出国，但愿意考虑用这些人交换在中南美洲国家犯有"反革命罪"的古巴籍政治犯；禁止一些有重要才能的人和技术人员出国，除非他们所在的企业找到了可替代他们工作的人才行。这种限制政策的出台，就如卡斯特罗所说，"这个革命的社会正在整顿其身……人们有权自由地决定是否属于这个社会"，"准确地说，我们不驱逐任何人；不准确地说，我们不愿发动阻止人们出国的运动"。②

在该政策实施不到一年后，卡斯特罗宣布停止对申请离境者的登记工作。因为，古巴人在提出赴美申请后要等好几个月才能得到美国的答复，这在卡斯特罗看来是美国在故意限制古巴赴美的人数，以增加古巴国内的反政府力量。同一年，美国颁布了《古巴适调法》，该法案让各种非移民身份来到美国的古巴人迅速获得永久居民身份。在古美双方"宽松"的政策下，大量的小业主、劳

---

① Guillermo J. Grenier, Lisandro Pérez, Nancy Foner, *The Legacy of Exile*: *Cubans in the United States*, Boston: Allyn and Bacon, 2003, p. 23.

② Christopher Mitchell, ed., *Western Hemisphere Immigration and United States Foreign Policy*, University Park, Pennsylvania: Pennsylvania State University Press, 1992, p. 54.

工阶层以及一些从事专业性工作的人离开了古巴。从 1965 年到 1973 年，古美间运送离境者的航班飞行 2800 多次，25 万多人离开古巴，被运往美国。[①] 这样的结果削弱了古巴国内反政府力量，大量对政权不满者的输出以及美国《古巴适调法》使很多古巴移民将流亡政治事业搁置在一边，开始新的生活。同时也在一定程度上破坏古巴革命的凝聚力，美国对古巴移民的慷慨，加大了部分古巴人对本国制度的不满。

1966 年至 1970 年古巴经济经历一个非常困难的时期，很多技术工人、小业主、商人纷纷外流，这使古巴担心空运继续下去导致的人才流失会加重经济的恶化，1971 年 8 月，古巴政府宣布，对已经登记要求出国的人进行审理后将停止美国的航班。1973 年 4 月正式终止了古美间的空中航班，很多没走成但不放弃离开古巴的人只能通过第三国或偷渡的方式到达美国。通过这样的方式，1973～1979 年又有 3.8 万古巴人离开前往美国。[②]

3. 第三阶段，20 世纪 80 年代

20 世纪 70 年代后期古美关系趋于缓和，很多美国的古巴侨民回国探亲、旅游。"他们衣着光鲜、事业成功、生活殷实"，这给物资贫乏的古巴民众较大的触动，并由此引发了一场"大逃亡"。[③] 1980 年 4 月，先后有 1 万左右的古巴人进入秘鲁大使馆申请避难，秘鲁向联合国和美洲国家组织请求援助。这是自古巴革命胜利以来最严重的一起寻求政治避难事件。卡斯特罗认为，这是美国人制造的阴谋，美国应该对此承担责任。当月卡斯特罗就宣布，古巴关闭

---

① David W. Haines, ed., *Refugees in the United States: A Reference Handbook*, Westport: Greenwood Press, 1985, p. 83.

② 钱皓：《美国西裔移民——古巴、墨西哥移民历程及双重认同》，社会科学文献出版社，2002，第 51 页。

③ 顾婷婷：《1959 年以来美国古巴移民研究》，华东师范大学硕士学位论文，2008，第 7 页。

机场，中断移民运输，并宣布开放马里埃尔港口，任何愿意离开古巴的人只要有其亲属接应都可离开。对于这些移民，卡特表示，美国是"地球上最慷慨的国家……我们应坚持这一承诺（接受移民）"①。于是，短短几个月的时间有数万古巴人来到美国。

这次移民与以往输入的移民不同：他们中的大多数是教育背景苍白的劳工阶层，黑人和混血人占总人数的一半，同时，很多在古巴监狱里的押犯、精神病患者和有同性恋嫌疑的人集中送上美国前来接站的航船。这些人被称为"美国历史上最丑陋的移民代表"②。古巴这样的政策最终使美国不得不改变了之前的态度，主动与古巴进行谈判，1984 年 6 月，古美达成协议：古巴同意美国将逃离古巴的 2746 名精神病患者和罪犯遣送回国，美国同意在 1985 年签发3000 个签证给政治犯及其家属，2 万个签证给普通古巴人。③

总之，古巴这一阶段的移民政策是将古巴社会不需要且对古巴社会构成危害或潜在危害的人流向美国，这对美国社会造成了重大的冲击，最后在国内舆论的压力下，美国不得不在移民问题上与古巴进行和解。虽然 1985 年由于美国开设反古的"马蒂电台"，古巴政府终止了执行古美移民协议，但到 1987 年 10 月又重新恢复。

4. 第四阶段，1994 年"筏民潮"以后

20 世纪 80 年代末 90 年代初苏东剧变，古巴失去了战略上的同盟，由此经济上遭到"双重封锁"。在这种政治松动、经济下滑的情况下，古巴又开始出现"大逃亡"现象，加上美国反古电台

---

① *Public Papers of the Presidents of the United States*：*Jimmy Caiter*，1980，Vol. 3，Washington，D. C.：Government Printing Offcice，1981，p. 2153.
② 钱皓：《美国西裔移民——古巴、墨西哥移民历程及双重认同》，社会科学文献出版社，2002，第 55 页。
③ Maria Cristina Garcia，*Havana USA：Cuba Exiles and Cuban Ameicans in South Florida*，*1959 - 1994*，Berkeley：University of California Press，1996，p. 74.

的鼓动，1994 年 7 月古巴发生了由偷渡引起的暴动。对此，卡斯特罗表示，如果美国不迅速采取有效的措施结束对非法入境的鼓励，古巴将"不再是美国边疆的卫士"，将那些"反动分子、无业游民和社会残渣"输入美国，剩下古巴"坚强的人民"。① 随后，古巴政府兑现了"承诺"，不再在两国的边界处设立关卡，一时间引发了大量古巴的"反动分子、无业游民和社会残渣"等非法移民涌入美国。这些非法移民的涌入使美国政府背上了沉重的包袱，同年 8 月 18 日，克林顿宣布，美国从翌日起将不再接受这些非法移民。

对于美国的反应，卡斯特罗一方面指责美国的移民政策以及美国封锁给古巴造成的困难是造成"筏民潮"的主要根源；另一方面表示希望能与美国通过谈判来商讨解决移民问题，试图以一种间接的方式寻求减轻经济封锁。同年 9 月古美就移民问题展开了谈判并达成协议，美国每年至少允许 2 万名古巴人合法进入美国，古巴将禁止非法移民出境。虽然协议的方案没有提及减轻对古巴的经济封锁问题，但古巴认为，协议本身就是对美国封锁和敌视古巴政策的局部打击，是古巴对美政策的一种胜利。

古美双方在 1994 年达成的移民协议至今一直有效，但由于古巴经济的困难以及美国一直都没有废除《古巴适调法》，每年还是有不少古巴人会想方设法偷渡到美国，这为古美间再在移民问题上发生纷争埋下了隐患。1999 年的"埃连事件"就是一个典型例子。"埃连事件"的最终解决是古美再次进行合作的结果，虽然《古巴适调法》并没有因此取消，但"埃连事件"的解决是自 1961 年吉隆滩登陆事件以来，古美之间第一次出现"不断

---

① Christopher Mitchell, ed., *Western Hemisphere Immigration and United States Foreign Policy*, University Park, Pennsylvania: Pennsylvania State University Press, 1992, pp. 56 – 57.

加强合作而不是相互怀疑"的气氛。这种友好的氛围有利于古美关系的松动，并在一定程度上促使美国政府反省对古巴的政策。

综上所述，在 1959 年古巴民主革命胜利后，随着卡斯特罗的掌权，古巴出现了大规模的移民潮，并且古巴政府在各个阶段的移民潮中都发挥了重要作用。与很多国家不同的是，古巴政府在移民政策上并不隐瞒国内的政治困难和经济困难，且努力促进对国内政治、经济情况不满的人的输出，以此达到净化国内政治环境、维护国内稳定，抗击（回击）美国外交攻势的目的。为了实现这两方面目的，在某些阶段古巴政府甚至不惜以牺牲经济的发展为代价。总之，古巴国内的发展情况和古美关系的发展情况始终是影响卡斯特罗政府移民政策演变的两大因素。

不难发现，古美两国在处理古巴移民的问题上，基本上每个阶段都是古巴政府掌握着主动权，哪些人可以离开古巴，何时离开都是由古巴说了算，而美国则在移民问题的处理上处于被动地位，移民政策成为古巴在外交上回击美国的有效手段，但同时它也给古巴自身的发展以及古美关系的发展带来了很大的弊端。首先，在古巴移民政策的前两个发展阶段，由于古巴输出的都是社会的政治精英、经济精英，所以他们的流失不仅让古巴失去了重要的资金、技术人才和管理人才，日后他们还成为古美关系缓和的重要障碍。其次，在古巴移民政策的后两个发展阶段，尽管输出的是古巴社会不需要的社会下层人员，但是由于他们主要是为了生存而奔赴美国的，美国对他们的接收，鼓动了更多的古巴人想离开古巴，这反而在一定程度上对古巴政权的稳定起了破坏作用。最后，古巴作为一个受美国敌视的"非民主"国家，其将大量对政权"不利"者向外输出的做法，为美国攻击和羞辱古巴政府创造了条件，古巴移民一直被美国看做是"用脚来表态"的特殊群体。

（二）对海外古巴移民的政策

古巴政府对海外古巴移民政策可分为两个发展阶段。

第一阶段，1959 年至 1978 年。

由于这一阶段古巴移民的大多数都对卡斯特罗政权持反对态度，美国充分利用他们来反对卡斯特罗政府，因此古巴政府同他们的关系是紧张、敌对的状态。在古巴导弹危机发生以前，古巴的政治流亡移民在美国的支持和纵容下，组织和实行对古巴的破坏和入侵活动，这使得古巴政府将他们视为古巴的"侵略者"。在进入 20 世纪 70 年代后，美国政府根据战略调整的需要对古巴的敌对政策明显减少，同时根据《古巴适调法》大多数古巴移民取得美国公民身份，他们中很多人开始逐渐放弃"回国梦"。这样的现实使一些顽固的反古流亡分子感到绝望，他们开始用"最极端的方式来表达自己的不满"①。1976 年一伙流亡分子炸毁了一架古巴客机，导致 73 名古巴人死亡。这样的恐怖主义行为最终没有让古巴政府改变对在美国古巴移民的态度。总之，在古巴革命胜利后的近 20 年的时间里，古巴政府始终把所有的在美国的古巴移民看做是"国家的叛徒""反革命者"，并禁止他们回国探亲。

第二阶段，1978 年至今。

这一阶段古巴政府对海外移民的态度逐渐开始调整。20 世纪 70 年代，古巴革命胜利初期来到美国的移民的第二代移民长大成人，尽管他们与父辈一样反对卡斯特罗政权，但由于他们是在美国的制度下成长为美国公民的，没有父辈们在古巴的"经历"，他们没有"回国梦"，所以他们不像父辈那样极端仇恨卡斯特罗政权，

---

① Maria Cristina Garcia, *Havana USA: Cuba Exiles and Cuban Americans in South Florida, 1959 - 1994*, Berkeley: University of California Press, 1996, p. 140.

更倾向于通过外交途径和平解决古巴问题。同时在 60 年代中期以后进入美国的第二代移民，由于他们进入美国主要是为了自己的经济利益或实现自己的梦想，也不愿意从事反古的政治事业，加上 1976 年古巴流亡分子制造的恐怖主义事件遭到美国社会的严厉谴责，最终在卡特上台后，随着古美双方对话的增多，卡斯特罗政府开始不再将在美国的古巴人看成铁板一块，开始试图与他们进行接触和交流。1978 年 11 ~ 12 月，卡斯特罗邀请 74 名古巴移民回国，并亲自与他们进行了交谈，讨论了有关移民回国探亲等，并取得了积极成果。自 1979 年起，古巴开始允许旅美古巴侨民回国探亲，允许他们在国内的直系亲属赴美国同亲属团聚。20 世纪 90 年代后，由于古巴经济的开放触动了一些古巴流亡组织，他们也提出了结束古巴封锁的希望，在这种情况下，卡斯特罗邀请一些海外移民到古巴进行访问。1994 年 200 多名流亡海外的古巴移民回到哈瓦那参加"民族与移民"的聚会，卡斯特罗接见了他们，并对他们不顾反对派的威胁和压力回到古巴表示了赞扬。1995 年流亡美国的古巴人获得古巴政府的许可在古巴进行投资。

总之，在 1978 年以前，卡斯特罗政府将所有流亡海外的移民看做是"国家的叛徒""革命的蛀虫"，古巴只能将他们埋葬，禁止他们回国。1978 年后，在卡特政府和古巴政府都为双边关系的改善作出积极努力的情况下，古巴开始允许旅美古巴侨民回国探亲。冷战后，由于古巴放弃了"除了革命没有解决饥饿问题的方法"的发展方式，所以也不再将 80 年代以前进入美国古巴移民全部看做"不受欢迎的人"，允许并鼓励他们中的温和派回国访问，并放松了各种回国的条件，希望通过与他们的接触和交流，触动他们对母国的情感，以借助他们在美国的政治和经济力量，增大美国国内要求解除古巴封锁的呼声和力量。

三 卡斯特罗政府的反封锁政策演变

（一）冷战时期的反封锁政策

冷战时期古巴的反封锁政策主要体现在两方面：一是经济上"依苏抗美"，二是外交上不放弃与美国"对话"。

第一，经济上"依苏抗美"。

古巴最初接近苏联是由于美国经济上的制裁。1959 年 10 月，作为对古巴没收美国在古巴投资的报复，美国宣布减少对古巴蔗糖进口的配额，由于蔗糖一直是古巴的主要支柱且主要出口对象是美国，所以卡斯特罗等领导人展开了"寻找"新的蔗糖购买国的活动。很快这种"寻找"活动有了结果：一直关注古巴革命胜利后发展动向的苏联，在 1960 年 2 月以开展科学文化活动交流的名义与古巴进行了接触，并与古巴签订了贸易协定，承诺 5 年内从古巴购买 500 万吨的蔗糖且价格高出此前美国给古巴的价格，同时向古巴政府提供 1 亿美元贷款以购买苏联的机器设备。紧随苏联之后，其他社会主义国家也纷纷与古巴签订了援助性贸易协定。由于一直以来古巴 90% 以上的工厂和运输系统使用的设备都是从美国进口，现在有了其他国家大规模提供"建立基础工业"的保证，这使得一直将美国对古巴的援助看做是一种奴役的古巴领导人，对古巴未来的经济发展产生了一种"乐观"的判断：古巴是不会被美帝国主义者在经济上封锁住的，古巴可以从社会主义国家和"中立主义"国家得到所需要的一切东西；美国对古巴进行制裁不会带来严重后果，反倒是美国可能会因自己的行动受到比古巴还要大的损失。出于这种判断，卡斯特罗等领导人对于美国的态度日益强硬。

1960 年 10 月美国宣布对古巴实行全面的贸易封锁：除了药品

和食品外，禁止向古巴出口任何商品。这使此前还作出"乐观"判断的卡斯特罗等领导人认定，美国在向古巴发动"经济和政治侵略"，目的是"侵略古巴和阻挠古巴革命的发展和进程"，[①] 于是展开了可能遭受美国入侵的战斗准备。

值的强调的是，在美国 1960 年 10 月向古巴实施禁运前，卡斯特罗等古巴领导人只是指责美国的投资和势力会阻碍古巴走向真正的独立和繁荣，以及美国由于古巴土地改革而对古巴采取的敌视政策，而非谴责美国是在企图消灭他们的国家。但在 1960 年 10 月美国对古巴实行全面的贸易禁运后，由于苏联向古巴作出保证，"如果古巴政府在出售食糖方面有困难，苏联愿意向古巴提供一切所需的，以支持古巴反对美国的经济封锁"[②]，于是卡斯特罗等古巴领导人认定，为了确保古巴目前和未来在抗击美国方面不再孤立无援，古巴不仅需要通过苏联的援助力量对付美国短期内的封锁，还需要通过在制度上"弃美从苏"走发展工业化和农业多样化的道路来彻底摆脱美国的封锁。

在美国对古巴实行全面贸易封锁的第二个月，卡斯特罗向苏联明确表示，除了进行社会主义建设，没有别的道路可走。甚至他还表示了将前往苏联，花几个月的时间来研究苏联的社会主义建设的意愿。只是由于当时的古巴面临的首要危险是美国随时可能发动的入侵，所以卡斯特罗等古巴领导人没有同苏联对社会主义经济建设的问题作进一步的讨论，只是凭借领导人的信仰和兴趣以及从苏联等社会主义国家取得的援助，就开展了古巴"加速工业化"的计划。对于苏联来说，虽然它急于在拉美建立一个势力扩张的据点，甚至在与古巴建立联系后想迅速地取代美国过去在古巴的地位，但

---

① 赵学功:《十月风云：古巴导弹危机研究》，天津人民出版社，2009，第 13 页。

② "Increased Soviet Support for Cuba. Department of States", *FRUS, 1958 - 1960*, Vol. Ⅵ, Washing, DC: United States Government Printing office, 1991, p. 997.

对于吸纳古巴这样一个距离美国仅 200 多英里，距离苏联最近也达 7000 英里的国家加入社会主义阵营，还是持犹豫态度，没有对卡斯特罗政府加入社会主义阵营的请求给予正面回应。直到 1961 年 4 月古巴在吉隆滩登陆事件中取得胜利后，卡斯特罗直接宣称，古巴革命是社会主义性质的。这意味着古巴不仅彻底告别了资本主义发展方式，从此还有了用 "社会主义国际主义" 的原则要求苏联援助其对抗 "帝国主义" 的资格。

在古巴宣称其革命为社会主义性质之后，美国进一步加大了对古巴的制裁和封锁，最终在 1962 年 10 月古巴导弹危机爆发前，美国把对古巴贸易禁运和经济封锁的范围扩大到美洲国家组织成员国和欧洲其他国家。虽然美国政府不确定这种经济上扼杀古巴的方式能否导致卡斯特罗垮台，但坚持认为经济封锁的影响一方面可以削弱卡斯特罗政权，另一方面可以将支撑整个古巴经济的全部重担压在苏联身上。据统计，在 1959 年古巴只有出口的 2.2%、进口的 0.3% 是与社会主义国家进行的，到了 1961 年，古巴与社会主义国家之间的贸易已占其对外贸易的 70% 以上。在 1962 年的前 6 个月，苏联与古巴之间的贸易达 3.5 亿美元。古巴同社会主义国家之间的贸易占其出口的 82%、进口的 85%。古巴贸易的重心已经由原来的美国转向了苏联。①

古巴导弹危机结束后，古巴在经济上与美国决裂的影响开始显现，尤其体现在工业方面：一方面，古巴现有的机器设备（大部分是 1959 年前从美国进口的）很多已经损坏或进入保修期，而懂得维修和使用技术和管理的人员大部分已经离开古巴，致使古巴原

① Thomas G. Paterson, *Kennedy's Quest for Victory: American Foreign Policy, 1961 - 1963*, New York: Oxford University Press, 1989, p. 139; Donna Rich Kaplowitz, *Anatomy of a Failed Embargo: U. S. Sanctions Against Cuba*, Boulder and London: Lynne Rienner Publishes, 1988, p. 37.

有的工业大部分设备不能使用；另一方面，苏联等社会主义国家向古巴提供的工业设备和原来从美国进口的并不配套。这些使得古巴的工业生产很难维持，本想在经济上走上独立的古巴只能更加依赖于工业品的进口。最终面临美国不断加强的封锁，古巴不得不从遥远的东半球进口原料和制成品，这样的高成本使古巴出现了国际收支危机，只有向苏联大量的贷款，才能维持经济的运作。所以尽管导弹危机教育了古巴领导人苏联是靠不住的，但面临美国封锁下的困境，古巴不得不依赖苏联的外援。

1963 年和 1964 年卡斯特罗两次访问苏联，在两次访问中，苏联承诺了向古巴提供新的援助，但坚称只有古巴恢复以食糖为基础的经济，苏联才可能同其建立更合理的经济关系，成为其重要的贸易伙伴。这使卡斯特罗得出结论：古巴要迅速实现工业化的发展道路是不可能的，通过成为苏联集团"国际分工"的一部分来抵抗美国的封锁才是更加现实的选择，它要比古巴成为美国"国际分工"的一部分好得多。于是古巴重新回到发展食糖的道路上，不再害怕单一制经济，甚至认为，"只有进一步发展单一制才能克服这一制度"①。

1964 年 5 月，美国宣布将对古巴实施封锁的范围扩大到药品和食品，并于同年 7 月将这一制裁古巴的决议强加给美洲国家组织的其他国家。面对这种极为残酷的封锁，古巴政府再次产生了较强的危机感，请求苏联为此增加在古巴的军队部署，但苏联予以拒绝。苏联的态度坚定了古巴政府关于向拉美大陆"输出革命"的想法，即通过加强古巴的区域力量来对抗美国，而非依靠苏联的力量。

---

① 《卡斯特罗的演说》（1965 年 1 月 2 日），〔美〕理查德·尼克松：《六次危机》，黄兴等译，商务印书馆，1999，第 163 页。

就如卡斯特罗所说，"他们把封锁国际化了，我们要把游击战国际化。"① 古巴从 1966 年开始推销革命、争取盟友，开展对抗美国封锁的"输出革命"活动。虽然古巴的这一活动与苏联的全球战略相冲突，但苏联不愿对其采取强硬的政策，于是选择了一种间接迫使卡斯特罗向右转的方式。在古巴进行"大陆革命"期间，苏联扩大了与其他拉美国家的贸易交往，甚至对某些国家包括右翼执政国家提供了短期贷款，目的是减弱这些国家对共产主义的敌视，以打破美国所控制的美洲国家组织对古巴的贸易封锁，从而减轻苏联援助古巴的负担。古巴尽管对苏联的这种做法表示不满，但最终还是成为这一政策的受益者。在古巴放弃发动"大陆革命"后，很多拉美国家也随之放弃了对古巴进行封锁的态度，这使得美国封锁古巴的行动受到约束。尤其在 1975 年的美洲国家组织会议上，美国在其他拉美国家的压力下，取消了对古巴的集体制裁，使每个拉美国家以后都可自由地与古巴进行双边会谈。

同时，在"大陆革命"失败后，卡斯特罗也认识到，古巴命运的发展是和经济复兴连在一起而非输出革命；在美国封锁的条件下，经济的复兴只有通过与唯一能向古巴提供大量的贸易援助和资金援助的苏联保持良好的关系才能实现。于是在 20 世纪 60 年代末古巴重新回到了"依苏抗美"的发展路线，1968 年苏联入侵捷克斯洛伐克，古巴选择站在苏联的一边就是最好的说明。对于古巴的选择，苏联也给予了其最需要的回报，除了签订有利于古巴的贸易协定外，1972 年还将古巴正式吸纳进苏联领导的"经互会"，这是苏联为古巴对抗美国的封锁作出的最大"努力"。但这种"努力"也最大化地加强了古巴对苏联经济的依赖，古巴作为苏联集团

---

① 〔古〕菲德尔·卡斯特罗、〔法〕伊格纳西奥·拉莫内：《卡斯特罗访谈传记：我的一生》，中国社会科学院拉丁美洲研究所译，中国社会科学出版社，2008，第 262 页。

"国际分工"的原料提供者和初级品的生产者，自身缺乏实现第二产业腾飞的经济结构和技术，一旦离开了苏联的援助和贸易关系，其经济将面临难以想象的困境。苏联解体后，古巴在经济上遭遇了"双重封锁"充分说明了冷战时期古巴的"依苏抗美"的反封锁策略并没有使古巴真正具有抗封锁的能力。

第二，外交上不放弃与美国"对话"。

在经济上"依苏抗美"是冷战时期古巴对抗美国封锁的主要途径，但同时古巴也始终不放弃在外交上争取与美国对话的机会，力争促使美国放弃对古巴的敌视政策。卡斯特罗政府最初与苏联靠近就是希望据此向美国施加压力，以改善古巴在与美国谈判中的地位，并不是出于同美国走上对立道路的目的。尽管在此之后直到冷战结束，古巴在对抗美国方面有强大苏联的支援，但古美间的力量对比始终是严重不平衡的。所以，在与美国对抗的过程中，古巴始终没有放弃通过各种和平的途径与其进行对话，冷战结束后更是如此。

吉隆滩登陆事件结束后，虽然卡斯特罗宣称古巴革命为社会主义革命，即宣告古巴与美国发展道路彻底告别，但他也随即表示，古巴愿意就调整古美两国关系问题同美国进行谈判，古巴对同美国进行斗争并无兴趣。1961 年 8 月泛美经济和社会理事会在乌拉圭召开，卡斯特罗派格瓦拉作为古巴的参会代表，并让他在大会上向美国传递古巴希望能够在贸易问题上与美国有所往来的暗示："一个国家有买就有卖，一个国家有卖就有买，要保障自由，就必须保持买卖平衡。想死的国家就会只和一个国家做买卖，想活的国家就不会只和一个国家做买卖。"① 只是古巴的这些主动和解的姿态，都没有得到美国的回应。

---

① 〔玻〕雷希纳尔多·乌斯塔里斯·阿尔塞：《切·格瓦拉》，刘长申译，中国青年出版社，2010，第 174 页。

古巴导弹危机后，卡斯特罗一方面向"经济停滞"宣战，同苏联签订了重要的贸易协定；另一方面也深刻意识到与苏联"友谊"的不牢固性，所以多次表示古巴愿意讨论同美国关系的正常化。但在肯尼迪执政后期和约翰逊执政时期，美国出于全球战略的需要，加强了对古巴的封锁和制裁。这使得古巴最终在拉美输出游击战失败后，重新走上依赖苏联发展的道路。

直到70年代中期，美国全球战略的调整和"水门事件"的后续影响以及古巴所面临的新经济困境，为古巴重新考虑与美国进行"对话"以放松对古巴的封锁创造了条件。1974年受世界石油危机冲击，苏联对古巴提供的石油大幅减少——此前古巴一直靠在国际市场上出售自己没有用完的、由苏联援助的石油来赚取美元，这使古巴在加深同苏东集团的经济联系的同时，也开始试图同美国在封锁问题上达成一定的"和解"，毕竟福特总统在1974年8月上台后就向卡斯特罗传递了缓和两国关系的精神。所以在这一时期卡斯特罗做出了迎合美国的姿态：1975年8月9日，卡斯特罗通过瑞士外交代表归还了美国在1972年向古巴支付的200万美元的赎回非法劫机者的赎金。随后，福特总统修改对古巴的禁运法，允许美国在国外的公司与古巴交易，取消对古巴发生贸易往来的国家进行罚款，允许去古巴的贸易船只在美国港口补给。对此卡斯特罗认为，这已经是放松封锁的积极步骤，古巴准备与美国进行进一步认真的讨论，尽管实质上的封锁依然存在。

但在福特随后的任期里，古美间的进一步"对话"并没有实现。出于参加总统竞选的考虑，进一步松动对古封锁可能会成为竞选中的麻烦因素，福特总统不仅没有采取任何接近古巴的举措，甚至猛烈抨击了古巴干预安哥拉内战的行动。与之不同的是，美国民主党候选人卡特在竞选中秘密向卡斯特罗传递了口信：如果在竞选中取胜，希望美古恢复外交关系。根据此前的经验，美国总统大选的结果会对古美关系的发展产生重要的影响，这使卡斯特罗把政治预测放在了第一位，如果卡特当选，他将采取更加积极的态度与美国进行对话。

1977 年卡特成为新一任美国总统给卡斯特罗带来了放松封锁的希望，借此他向卡特政府提出美国在古巴的旅游、镍生产、烟草和其他农产品（蔗糖已经与苏东集团有契约）方面进行投资的可能。卡特政府也做出了积极回应：首先取消了对美国公民到古巴旅游的禁令，之后在几次双方就矛盾问题展开的谈判中，美国回避了一直要求的对古巴革命胜利初期国有化的美国企业进行赔偿的问题。作为"回报"，卡斯特罗在 1978 年 11 月释放了近千名在美国有亲属的政治犯。虽然在 1979 年古美间的对话再次陷入了僵局，但出于对"卡特连任以及由此古美间能进一步和解"的希望，卡斯特罗还是做出了努力：1980 年 9 月制止了马里埃尔移民潮（此前是放任的态度），以不给卡特争取连任制造问题。然而最终共和党的强硬派人物里根在竞选中取得胜利，这使得美国进一步放松对古巴封锁的可能不复存在。里根上台后终止了卡特政府大部分的有建设性的对古政策，并进一步加强了美国对古巴的封锁。

总之，自 1960 年下半年古美关系破裂以后，封锁和反封锁就成为古美关系发展的主要内容，封锁成为古巴发展的主要障碍。为此，古巴根据当时的国际环境以及自身的现实条件——与美国特殊的地理、历史关系及力量对比的悬殊，古巴采取了双重反封锁战略，即经济上"倚苏抗美"，外交上不放弃与美国进行对话，增强自己对抗力量的同时也试图减少对抗，最终目的是减少或消除封锁。

（二）后冷战时期的反封锁政策

冷战结束后，古巴在经济上再也得不到苏联、东欧国家提供的援助和经贸上的优惠，这使得美国不仅没有放弃甚至加强了对古巴的封锁，面对这样的双重"封锁"，古巴在以下三个方面进行了政策调整。

第一，实行对外开放。

冷战后经济上的"双重封锁"让古巴面临着生死存亡的考验，这使古巴深刻地认识到"芸豆比大炮更重要"。为保证生存和打破封锁，古巴调整了经济发展政策，对内进行经济改革，对外实行部分开放，利用国外资金、技术和生产、管理经验恢复和发展经济。在对外开放上主要采取的措施有：

（1）大力吸引外资。1991 年古巴在古共四大上宣布，在坚持独立自主和社会主义经济体制的原则下，对外实行开放政策，并且把对外开放、引进外资作为古巴发展经济的战略性措施之一。1995 年和 1996 年古巴政府分别颁布了《外国投资法》和《自由区和工业园区法》，在法律上确立了外资、合资和联营企业的地位，承认了古外合资企业是古巴经济中的一种企业所有制形式，并制定和健全了相关的优惠政策。根据这两个法律，古巴开放了除国防、教育和卫生保健外的几乎所有经济部门，并重点在旅游、蔗糖、通讯、镍、石油等产业上吸引外国投资。

（2）改革外贸体制，发展外向型经济。为改变过去单纯同苏东国家往来的单一外贸体制，古巴政府取消了国家对外贸行业的垄断，扩大涉外企业权利，鼓励企业面向国际市场，以逐步建立起独立经营、自负盈亏的外向型企业。此外，为达到世界贸易组织的要求，1996 年古巴颁布了新的海关法和关税法，大幅度降低了进口关税，低于大多数拉美国家的关税水平。

（3）实行美元合法化。1993 年 8 月，古巴政府颁布《第 144 号法令》，规定古巴居民持有和使用外汇合法化。采取这一措施的目的是将一部分私人手中和市场上非法流通的美元收回到国家手中，并刺激美元流入古巴国内，以缓解外汇紧张的局面。1994 年和 1995 年，古巴先后实行了外汇券制度和允许自由兑换外币的规定。这些政策的实施不仅有利于古巴与外汇关系密切的对外贸易部门和金融部门的发展，也有助于古巴融入世界经济体系。

（4）整顿经济秩序，改善投资环境。1991 年至 1993 年古巴经济全面恶化，货币贬值严重，财经秩序混乱。为扭转这一局面，古巴政府从 1994 年起建立了统一的税收制度，扩大增税范围和提高部分税率，以消除过量的流动资金，努力实现合理的非官方汇率和货币体制。在此基础上，政府又进行了银行体系改革，按银行的不同职能细化，使其与对外开放的形势相适应，便于外资的运作与国际市场接轨。

（5）利用自己的优势，积极开展与拉美和加勒比国家的贸易和合作。利用古巴在蔗糖、渔业、旅游、卫生、体育和文化等方面的优势，以创始成员国的身份加入了加勒比国家联盟，推动本地区旅游、加工业和农业方面的一体化进程，力图通过发展小区域的一体化经济组织，为自己在国际贸易中赢得有利的地位。

以上政策的实施，不仅稳定了古巴的经济秩序，使古巴经受住了"双重封锁"的考验，也向外界表明了古巴向世界开放的心愿，尽管只是部分的开放，但它为古巴的反封锁赢得了有利的地位。

第二，发展与美国西方盟友的经贸关系。

通过以上改革和开放的政策古巴具备了宽松稳定的投资环境，同时由于古巴市场刚刚从封闭转为开放，发展空间较大，很多西方国家的企业也对到古巴投资表示出了极大的热情，他们不顾美国的压力，纷纷到古巴进行访问和考察。对于古巴来说，与这些美国的西方盟友建立经济关系和外交关系，不仅有利于古巴在经济上有进一步的突破，更能对美国的封锁政策造成有力的冲击，使美国在古巴问题上更加孤立。为此，卡斯特罗积极地利用一切机会与这些国家进行接触和对话，力求与它们展开经贸合作，以打破外交"隔离"。

1995 年 3 月卡斯特罗应邀对法国进行访问，这标志着西方国家对古巴"隔离政策的结束"，此后卡斯特罗又相继访问了意大利、梵蒂冈、西班牙、丹麦、瑞士、葡萄牙等西欧国家，并受邀参加了其中一些国家举行的重要国际会议。通过这些接触和对话，这些西方国家不仅放弃了对古巴的"隔离"，还成为古巴的重要贸易伙伴和主要投资者，使美国在古巴问题上变得越来越孤立。1996 年 10 月，欧盟发表声明，反对美国采取任何超越国界的、有悖于国际组织规则的措施，强调"保持政治对话和促进经济关系的发展是促进古巴重返国际社会的最合适的途径"[①]。1999 年 9 月卡斯特罗出席第一届欧盟－拉美首脑会议，在这次会议上欧盟和拉美国家的首脑在《里约热内卢声明》中一致表示，坚决拒绝单方面、具有治外法权性质的、违反国际法和自由贸易准则的措施，即以不点名的方式谴责了美国对古巴的封锁法案。这标志着古巴反"封锁"政策的胜利。美国自冷战结束后几次对古巴封锁政策的重要调整都和其西方盟友的压力有关，可见，发展与美国西方盟友的经贸合作是古巴反封锁的重要途径。

第三，发展与美国的民间外交。

冷战后由于苏联阵营的消失，古美间的力量对比更加悬殊，古巴不得不调整了对抗美国的策略：一方面积极主动地寻求古美关系的改善，另一方面也不抱不切实际的幻想，对美国的敌视政策进行必要的、有利、有节的斗争，尽量不激化矛盾。在这种策略下，古巴十分重视开展与美国的民间外交，力图通过扩大民间交往使美国人更了解古巴的国内情况，消除对古巴的一些偏见和疑虑，以增强

---

① 赵学功：《当代美国外交》，社会科学文献出版社，2001，第 330 页。

美国国内要求放松或取消对古巴封锁的呼声，促使古美关系早日正常化。1999年3月美国职业棒球队访问古巴，受到卡斯特罗的热情接见。此后卡斯特罗又相继邀请美国的企业界、学术界、文艺界、宗教界和其他各种民间友好团体（包括海外侨民）代表到古巴进行访问。这些组织和个人在访问中或访问后都对美国封锁古巴的政策提出批评，并呼吁政府尽早结束这种不人道、损害古巴和美国双方利益的政策。虽然他们不能充当美古关系的调停人，但随着他们的呼声越来越大，对政府的影响也在不断增大。2002年前总统卡特访问古巴，就有媒体指出，卡特是"作为一个强大的游说集团的使者前往古巴的，这个集团的成员主要是主张取消禁运的美国企业家、国会评论员和宗教人士"①。在卡特访问期间，美国的一家新闻电视台做了民意测验，结果显示，有70%的美国民众认为政府应解除对古巴的封锁。② 无疑，古美间的民间接触是今天促进古美两国政府进行和解的重要因素之一。

四　卡斯特罗政府的外交政策演变

卡斯特罗执政时期的古巴外交政策分为两个发展阶段：第一阶段为冷战时期推行"倚苏抗美"和"推进世界革命"外交战略阶段，第二阶段为冷战后推行"全方位"的和平外交战略阶段。这两个时期的外交战略让身为小国的古巴在国际政治舞台上扮演了与自身发展水平不相称的角色，使国际社会上"小国、弱国无外交"的传统看法遭到挑战。但这种"光辉成绩"的取得归因于这样的

---

① 陈世润、杨少华：《论苏东剧变后古巴的对外政策》，《南昌大学学报（人社版）》2003年第6期，第34页。

② 成林：《"坚冰"何时打破——卡特访古与古美关系》，《当代世界》2002年第7期，第34页。

历史事实，即古巴自 1959 年反独裁民主革命胜利以来面临的头等任务就是挫败美国的封锁和孤立。由于古巴是资源单一的小国，所以其外部发展战略只能是依靠与美国相抗衡的大国或其他国际力量，而这样的发展战略必然会对古美关系的发展产生深刻的影响。

（一）冷战时期"一边倒"的激进外交政策

古巴民主革命胜利之初，古巴临时政府在对外政策上尽量避免倾向性，走中立主义道路，在这种情况下古美两国至少表面上仍保持着友好关系，但 1959 年 6 月以后，由于古巴政府实行土改等国有化措施触犯了美国资本在古巴的利益，美国开始采取敌视古巴的政策，并由此导致古美间矛盾和对抗的升级，直至断交。此后，美国的封锁和孤立成为古巴发展的主要障碍，古巴内外政策的制定也都以突破这一障碍为出发点。

第一，依苏抗美的"一边倒"外交政策。

1959 年古巴反独裁民主革命胜利后，卡斯特罗将民主革命继续深入，这在政治上和经济上都损害了美国在古巴的利益，于是美国开始对其政权施加各种压力，古美关系也由此日趋紧张。这种态势的出现使两极中的另一极——竭力与美国争夺亚非拉广大中间地带的苏联乘虚而入，及时向古巴挥动橄榄枝。1960 年苏联与古巴签订一项经济协议，此后苏联在经济、政治上不断加强对古巴的支持。正是苏联的这次经济援助使美国政府认为卡斯特罗倒向社会主义一边的大势已定，开始对其实行经济的、外交的和战略的全面制裁，甚至不惜发动战争。与此同时，美国的态度和政策使卡斯特罗政府将苏联等社会主义国家的援助视为避免遭受美国扼杀的唯一途径。出于抗击美国、维护民族独立的需要，在 1964 年古苏关系稳定后（古巴导弹危机结束后古苏关系一度冷淡），古巴把"加强与苏东国家的团结与合作"作为对外政策的核心、古巴突破美国封锁和孤立的战略发展依托。这使苏联集团的国家不仅成为古巴政治上的盟友，也成为经济上的重要伙伴。

1972 年古巴确立了依靠"经互会"的支援建设社会主义的战略方针，成为苏东集团的"经互会"成员。[①] 从此，苏东国家尤其是苏联的支援成为古巴经济的生命线。1976 年古巴在宪法中规定"古巴是世界社会主义大家庭的组成部分"，明确把"苏联和社会主义大家庭的存在"作为古巴生存的根本条件，从而进一步巩固了"与苏联牢不可破的历史性结盟"。[②] 正是采取了以上这些战略方针，古巴能够在长期被美国封锁和禁运的情况下，从东欧国家尤其是苏联那得到大量的经济、军事援助。在古巴很难找到一个没有苏联援助的经济部门，古巴几乎全部的国防费用和 95% 的发展费用都来自于此。[③]

虽然"依苏抗美"的外交战略对古巴能够在美国的封锁与孤立下继续生存，并成为世界上对美国最强硬的国家起了决定性作用，但也给古巴的发展带来了诸多不利。主要体现在三个方面：首先，古巴对苏联的依靠使得美国试图以加强对古巴封锁的方式来加重苏联的负担，而当苏联对古巴承担的义务过于沉重时，苏联对古巴的反美支持就会减弱，这使古巴的生存和发展面临更大的压力。其次，对古巴的国际形象造成一定的负面影响，使其在政治上变得更加孤立。由于古巴在经济上对苏联存在严重依赖，所以在很多重大国际事务上不得不支持和追随苏联，哪怕这样的支持会损害自己

---

① "经互会"全名经济互助会，是苏东社会主义国家成立的一个经济组织，该组织的成员国商定各国努力生产本国最有能力生产的产品。古巴在加入"经互会"后是唯一的非东欧国家成员。

② 徐世澄：《古巴》，社会科学文献出版社，2003，第 271 页；张登文：《苏东剧变后古巴对外政策的调整与思考》，《中国特色社会主义研究》2010 年第 4 期，第 51 页。

③ Joseph S. Tulchin & Lilian Bobesa, eds. , *Changes in Cuban Society since the Nineties*, Woodrow Wilson International Center for Scholars, 2005, p. 87.

或其他国家的利益。比如，1968 年古巴支持苏联入侵捷克斯洛伐克遭到了国际社会的谴责，1980 年古巴在联合国大会上对关于谴责苏联侵略阿富汗的决议投反对票，从而失去进入安理会的机会等，这些都给美国在国际上扩大反古宣传提供了机会。最后，古巴在经济上严重依赖苏东国家导致古巴在苏东剧变后失去了发展战略依托，内外发展面临双重困境，从而给美国进一步打压古巴、拖垮卡斯特罗政权带来更多的机会。

第二，支援第三世界革命的激进外交政策。

在选择走社会主义道路后，古巴领导人认为，既然"我们时代的特点是资本主义向社会主义过渡"，而社会主义不会自动到来，那么革命的社会阶级就应该采取自觉的行动，使这一过渡的可能性变为现实。[①] 在这一政治理念的指导下，"支援第三世界的反帝国主义斗争和无产阶级革命"成为古巴外交政策的一个重要目标，特别是从 20 世纪 60 年代中期以后，这一战略目标在古巴的外交政策表现日益明显。其原因主要有：一是古巴从"古巴导弹危机"中认识到自身的命运是被划定在了美苏两大集团间权力竞争的框架之内，自身的利益随时可能在某个时候由于两大阵营之间关系的紧张或缓和而被出卖；二是美国在与苏联保持"和平共处"的同时武装侵略了第三世界的国家越南和加勒比的多米尼加，让古巴产生了美国可能会再次入侵古巴的危机感。所以古巴坚信，在争取苏联的支持和帮助的同时，也应努力去扩大自己的生存空间，应在全世界范围内加强与美国的对抗，即通过向第三世界国家提供武装援助迫使美国在几条战线上同时作战，以此使美国在世界舞台上由攻势转为守势，而古巴则作为世界革命的发动者和推动者由守势转为攻势。为此，古巴在实践上主要进行了

---

① 毛相麟：《古巴社会主义研究》，社会科学文献出版社，2005，第 246 页。

两方面的努力。

一方面，积极地参加联合国、"不结盟运动"、"七十七国集团"等组织的活动，举办一系列地区、国际性会议如1966年在哈瓦那召开的亚非拉三大洲反帝国主义团结大会等，以反对殖民主义、种族主义和一切形式的外来统治，推动第三世界革命的进行。其目的是扩大古巴在国际上的影响，赢得其他国家的信任和尊重，以粉碎美国孤立古巴的政治图谋。正是这样的目的和行动，使古巴领导人经常喊出一些激进口号，比如"当我们提到'民族'的时候，我们并不是说所有古巴人的民族，而仅仅是指革命的古巴人的民族；当我们说古巴革命的时候，我们是在说拉美革命；当我们说拉美革命的时候，我们是在说世界范围的革命：亚、非、欧的革命"[1]。

另一方面，积极地向第三世界国家的左翼组织和政府提供大量的武装支持、资金援助，以及输出医生、教师、技术人员来支援它们进行古巴式的革命或实行社会主义政策。其中对古巴外交发展影响最大的是20世纪60年代中后期古巴在拉美大陆进行"输出革命"的游击战实践。古巴采取这种激进政策的考虑是：通过对拉美大陆积极地宣传"大陆革命"理论并亲自在一些地区领导和发动反右翼政府的游击战，在美国"后院"创造出更多的越南，迫使美国同时在多条战线上作战，从而在战略上处于劣势。然而，这种"输出革命"的行动不仅不被拉美其他国家的政府所接受，也没有得到这些国家共产党的热情回应，他们反倒把卡斯特罗视为极端的改良主义者和教派主义者。[2] 最终，随着1967年格瓦拉在玻利维亚的遇难，古巴在拉美"输出革命"的激进主义计划破产。

---

[1] 程映虹：《菲德尔·卡斯特罗：20世纪最后的革命家》，外文出版社，1999，第256页。
[2] 〔意〕安格鲁·特兰托：《卡斯特罗和古巴》，杨晓霞译，生活·读书·新知三联书店，2006，第63页。

卡斯特罗等领导人也由此认识到，短期内世界舞台将不可能出现重大的变化，而且古巴作为一个被围困的小岛国不可能通过花较长的时间等待拉丁美洲革命胜利来打倒美帝国主义。

从 1967 年后古巴政府改变了对拉美国家的外交政策。一方面，不再公开宣传"游击中心"和"大陆革命"的理论，由直接"输出革命"的做法变成口头声明的支持，并对一些进步的军事政权表示赞扬。这样的转变使得拉美一些国家同古巴恢复了外交和经贸关系，古巴也由此改变了与西半球国家隔绝的状态，甚至古美关系在随后的 70 年代也因此出现松动。另一方面，古巴也没有彻底放弃推进第三世界革命的战略，古巴政府继续向中美洲国家提供武器和军事顾问并将武装"输出革命"的政策重点运用到非洲。20 世纪 70 年代中期至 80 年代后期，古巴派遣了数万正规部队和作战部队到安哥拉、埃塞俄比亚等非洲国家支持那里的人民解放运动。这样的付出既让古巴获得一定的回报，比如 1979 年的不结盟国家最高级会议古巴成为东道主，但也破坏了古美关系缓和的进程。

（二）冷战后"全方位"的和平外交政策

20 世纪 80 年代末 90 年代初东欧剧变、苏联解体，这标志着古巴失去了"依苏抗美"的发展战略依托，陷入内外交困的局面。为了打破这种状况，扩大生存空间，古巴大幅度地调整了内外政策。其中在外交上，古巴不仅放弃了原来以意识形态和社会制度异同划线的做法，强调"革命不能输出，也不能输入"[①]，还把推行"全方位的经济外交"作为发展战略，试图通过积极地实行全方位、和平、务实的外交，扩大同世界各国、国际和地区组织的经济交往与合作，以打破美国的封锁和孤立。

---

① 毛相麟：《古巴社会主义研究》，社会科学文献出版社，2005，第 268 页。

（1）重返"拉美大家庭"

苏东剧变后的古巴面临"双重经济封锁"，重建对外关系特别是与其他国家和地区的经济关系成为古巴发展的当务之急。由于古巴从地理和历史上一直都是"拉美大家庭"中的一员，同很多的拉美国家有着共同的历史和文化，且当 20 世纪 70 年代古巴不再将拉美作为其输出革命的主要对象时，很多拉美国家不顾美国的反对与古巴逐步恢复了外交关系，所以，当冷战结束后，重返"拉美大家庭"，加强与拉美国家的支持和合作，被古巴视为外交重点。而古巴积极与拉美国家修好，增进相互之间的理解和信任，发展和巩固彼此之间的合作，这些必然会对美国在拉美地区推行孤立和封锁古巴的政策形成有力的牵制，使古巴的发展环境得到明显的改善。

（2）积极开展与西方国家的经济外交

充分利用其他西方国家与美国的矛盾，与它们展开经贸合作，寻求最大化的经济利益，这是冷战后古巴全方位、务实外交的一个重点。冷战结束后，意识形态上的对抗已经不再是国际舞台上的主旋律，国家利益、民族利益成为各国发展首要考虑的内容，欧盟、加拿大、日本等地区、国家根据自身经济利益的需要，逐渐开始对美国封锁古巴持反对的立场。这为古巴与它们发展关系创造了条件：古巴开始在互利的基础上积极发展和巩固与这些国家的关系，并扩大与它们的经贸科技等合作范围。最终美国的西方盟友加拿大和欧盟成为古巴最主要的投资者和贸易伙伴。这使得美国坚持封锁和制裁古巴的政策不仅没有孤立古巴，反而孤立了自己，对美国调整对古巴的政策造成了一定压力。但不容忽视的是，绝大多数西方国家虽然对美国经济封锁古巴持反对的态度，可它们在政治上坚持西方的民主价值观，它们与古巴的关系也随时都有可能受到某些政治因素的干扰，这也为美国制造它们之间的矛盾提供了条件。

（3）维持同昔日盟友的关系

尽管苏东剧变使得古巴与原苏东国家之间的政治、经济和军事关系都不复存在了，但为了进一步借助国际力量牵制美国，古巴还是尽力缓和了因冷战终结而造成的与原苏东国家关系的冷淡状态，努力寻求与这些曾经的盟友形成一种平等互利基础上的新型合作关系。同时，古巴恢复和发展了与中国、越南等社会主义国家的关系，以求得更多的社会主义建设经验，以及政治支持和经济援助。

（4）改善同教会的关系

在拉美国家（包括古巴）和很多西方国家，天主教有着重要影响力，因此改善同教会的关系可以改善古巴的国际形象和对外关系。在1992年古共四大上，古巴共产党对党章进行了修改，允许有宗教信仰的人士加入古巴共产党。1996年卡斯特罗同在整个西方有着重要影响力的梵蒂冈教皇约翰·保罗二世进行了历史性的会晤，在这次访问中，教皇谴责了美国的经济封锁，并敦促美国取消这种残酷的制裁。这有助于深受梵蒂冈政治、经济和意识形态思想影响的西方国家改变对古巴政府的看法，由此加强对美国解除封锁的呼吁。

（5）仍在一定程度上坚持国际主义原则

苏东剧变后，不仅国际形势发生变化，古巴自身的生存也面临着巨大的危机，为此，古巴领导人多次表示，革命要靠本国人民自己来进行，古巴不会再对外国的革命运动给予军事支援。同时，为了进一步改善古巴的生存环境，使美国在孤立和封锁古巴上承受越来越大的国际压力，古巴仍坚持国际主义原则进行对外支援，但支援的内容和形式已不同于过去，主要是从道义、思想、政治、经济、人才等方面对外提供支援；如及时向遭受灾害、瘟疫等袭击的国家提供人道主义援助，免费为广大亚非拉国家培养各类人才，以及继续派出医生、教师等专业技术人员支援他国的建设等。这些对外支援有效地拓宽了古巴的外交空间，尤其是医疗支援还给古巴带来了贸易、贷款和投资等方面的双边和多边援助，如古巴与委内瑞拉共同推动的"石油换医生计划"。美国西半球事务理事会的胡连·M.范希尔弗认为，医疗外交已经成为当今古巴外交政策的基石，"是对美国的一个威胁"。①

毋庸置疑，每一个民族国家外交政策的实质都是维护自己国家的利益，且当国家的外部形势发生变化时，国家利益随着国际形势的改变而发生改变，所以外交战略也需要随之进行调整。自1959年卡斯特罗上台以来，古巴在维护民族利益上面临的首要障碍就是美国，古巴外交战略的选择在很大程度上是由古美关系的发展而决定。与此同时，古巴的外交战略选择也在一定程度上会影响古美关系的发展，至少它可以通过缩减或扩大古巴的外部活动空间而影响美国对古巴敌视政策的实施效果。通过本节的探讨，可以归纳出近半个世纪卡斯特罗政府外交战略的特点：第一，从划分敌友外交到全方位外交；第二，从结盟外交到不结盟外交；② 第三，从重视社会制度和意识形态的革命外交到强调国家利益的务实外交。正是由于进行了这样的调整和转变，古巴的外部生存空间才逐渐扩大，从而减弱了美国敌视古巴政策的实施效果。

---

① Mauricio A. Font, *A Changing Cuba in a Changing World*, New York：Bildner Center for Western Hemisphere Studies, 2008, p.275.

② 虽然古巴早在1961年就参加了不结盟运动，但实际上在苏东剧变前，古巴同苏东集团一直存在着同盟关系。古巴是在冷战结束后，才真正实行不结盟的外交战略。

第四章
美国因素和美古关系演变

美国作为古美对抗中的强势一方，对古巴的敌视是美古关系恶化的重要因素。美国对古巴的政策长期以来主要受三方面因素制约：一是冷战时期和后冷战时期美国的全球战略，二是美国总统的政治理念，三是冷战后美国的国内利益集团的利益诉求。受这些因素影响，美国不仅确立了反古巴的立法，还采取了经济制裁、外交孤立、暗杀行动等多种反古巴的行动。

一　美国的全球战略

（一）冷战时期的"遏制战略"

所谓"遏制战略"是指采取战争之外的一切手段"遏制"苏联和所谓共产主义扩张，促使苏联内部发生变化，瓦解苏联集团，最终赢得冷战的胜利。它是二战后在美苏同盟关系破裂、由合作转向冷战的大背景下，杜鲁门政府根据乔治·凯南提出的对苏联遏制思想和政策建议制定，并在1950年确立为美国的全球战略。从1950年到1991年苏联解体，"遏制战略"共经历了三个发展阶段即全面遏制阶段（1950～1969）、缓和遏制阶段（1969～1979）、全球性遏制阶段（1980～1991）。对于冷战时期拉美后院中唯一加入苏联集团的古巴，美国对其的政策演变自然与这三个发展阶段是一致的。

第一，全面遏制阶段（1950～1969）。

1950 年 4 月杜鲁门政府在国家安全委员会 68 号文件《美国国家安全目标与计划》（NSC68）中正式将"遏制战略"确定为美国冷战时期的全球战略。虽然这一战略是根据凯南的对苏遏制思想制定的，但它又不同于凯南所主张的"选择性遏制"，它是将目光集中在对美国具有至关重要意义的地缘政治和地缘经济的地区，强调的是"全面遏制"，即认为如果美国不在全世界建立起牢固的反共战线，美国将遭到苏联的挑战并最终全面崩溃。之后随着朝鲜战争的爆发（1950 年 6 月），杜鲁门主张的"遏制战略"日益被美国人所接受。

1953 年在竞选期间指责杜鲁门政府"遏制战略"过于消极的艾森豪威尔上台后，提出了强调核威慑作用的"新面貌战略"，即通过大力发展核武器，声言要用核武器进行大规模报复来遏制苏联的扩张。虽然艾森豪威尔强调"新面貌战略"的创新，但本质上它还是遏制战略，与 NSC68 提出的"创造一种让美国制度得以生存和繁荣的国际环境"的战略目标是一致的。[①] 在艾森豪威尔全面实施"新面貌战略"不久，苏联领导层发生变化，赫鲁晓夫上台改变了对西方强硬对抗的路线，提出不同社会制度的国家可以和平共处，并采取了斡旋结束朝鲜战争、与西德建交等实际行动。与此同时，第三世界的民族解放运动日渐蓬勃高涨，社会主义阵营的力量空前壮大，社会主义的影响不断加大。这些变化使得美国一方面与苏联的对抗趋于稳定，暂时不再把苏联看成最直接、最紧迫的威胁；另一方面对"国际共产主义"的仇恨和恐惧日益加深，尤其

---

① "U. S. Objectives and Programs of National Security", *FRUS*, *1950*, Vol. 1, National Security Affairs; Foreign Economic Policy, 1977, p. 252.

是其在第三世界的影响。在这种背景下，艾森豪威尔提出了加强全面遏制的"多米诺骨牌理论"，它要求"每一个非共产党国家，不论它地处偏远或在经济上微不足道，都必须抵抗任何形式的叛乱，哪怕它是极端民族主义的"①。也就是说，为了"遏制"苏联，艾森豪威尔政府不仅仅反对共产主义，还坚持反对革命、反对民族主义。

正是在这种对外战略指导下，美国在第三世界的政策具有明显愿意与反共独裁政权结成同盟的意向，对于那些民主政权非但不予以支持，还在它们"触犯"美国"利益"时，以"反共"的借口打击或消灭它们。特别是在拉美地区，美国的这种双向政策发挥得淋漓尽致：虽然在拉美地区共产主义的威胁不是很明显，但由于它是美国的战略后院，所以在这一地区倾向于采取共产主义态度的民主力量也被美国看成是一种威胁。当1953年古巴爆发反对巴蒂斯塔政权民主革命时，美国毫不犹豫地支持了"奉行一种强烈的反共产主义政策的诺言"的巴蒂斯塔政府②。直到1958年，巴蒂斯塔政权的败势已经难以挽回，为了阻止激进民主力量卡斯特罗领导的队伍掌权，美国建议巴蒂斯塔"让位给一个对他不友好但对我们（美国）所满意的看守政府……从而使菲德尔·卡斯特罗不能掌权"③。但遭到巴蒂斯塔的拒绝，所以美国放弃了对其的支持。

1959年1月古巴革命胜利后卡斯特罗成为古巴新政府中的重要成员。美国虽对此抱有成见，但仍认为新政府将会像古巴以往政权一样，投入美国的怀抱，所以很快承认它并确立了四个方面观察

---

① 〔美〕威廉·内斯特：《国际关系：21世纪的政治与经济》，姚远等译，北京大学出版社，2005，第243页。

② Lloyd J. Mecham, *A Survey of United States-Latin American History*, New York: Houghton Mifflin, 1970, p. 306.

③ 〔美〕戴维·霍罗威茨：《美国冷战时期的外交政策：从雅尔塔到越南》，上海市"五·七"干校六连翻译组译，上海人民出版社，1974，第191页。

卡斯特罗在新政府中的作用，即是否让共产党进入政府、政府对经济的控制是否会影响美国的利益、政府是否减少对泛美体系的支持以及在东西冷战中的态度。① 很快美国感到了失望，除了最后一个方面卡斯特罗谨慎表示过"心将留在西方阵营"，其他方面都走上了与美国希望相反的道路。于是信奉全面遏制的艾森豪威尔政府开始制定和实施反卡斯特罗的双向政策：公开政策是贸易禁运，企图以经济上的封锁扼杀古巴；隐蔽行动是支持中情局训练古巴流亡分子，以便将他们送回古巴推翻卡斯特罗政府。正是美国这种"推开古巴"的政策给了苏联可乘之机，苏联乘机拉拢古巴，古巴与苏联的关系日益亲密。1960 年 5 月古巴宣布同苏联恢复外交关系，此后美古关系开始朝决裂迈进。1961 年 1 月 2 日，即将卸任的艾森豪威尔宣布美国与古巴断交。

　　1960 年在新一轮总统大选中，民主党的候选人肯尼迪批评艾森豪威尔的遏制政策使共产党在第三世界大有收获，为此他提出上台后要实施"和平战略"的遏制政策，即"以军事实力为后盾，强调用和平的方式加强西方盟国的地位，对苏联等社会主义国家实行'和平演变'，加强对第三世界的渗透和扩张，确立美国在世界上的霸主地位"②。与前任相比，肯尼迪政府提出的采取遏制战略的手段更加灵活，突出了"箭"与"橄榄枝"两手抓的作用。鉴于卡斯特罗日渐向苏联靠拢的行为，肯尼迪认为，古巴成为"今日美国面临的最重要的问题"，"甚至比西柏林、台湾地区、朝鲜和中东加在一起还要大"③。所以，肯尼迪总统在正式上任后，一

① Alex R. Hybell, *How Leaders Reason: US Intervention in the Caribbean Basin and Latin America*, Oxford, UK: Cambridge, Mass., USA: B. Blackwell, 1990, p. 83.

② 刘金质：《冷战史》（上），世界知识出版社，2003，第 267 ~ 268 页。

③ Kent Beek, Necessary Lie, "Hidden Truths: Cuba in the 1960 Campaign", *Diplomatic History*, Winter 1984, 8 (1): 39; Robert Weisbot, *Maximum Danger: Kennedy, the Missile Crisis, and the Crisis of American Confidence*, Chicago: Ivan R. Dee, 2001, p. 33.

方面对古巴发动起"认真的攻势"，制订了一系列旨在推翻卡斯特罗政权的公开和隐蔽的经济、政治、军事、心理甚至暗杀行动计划，特别是隐蔽的政治和军事颠覆计划；[①] 另一方面对其他拉美国家抛出"橄榄枝"，建立了除古巴之外的"争取进步联盟"，试图通过对拉美国家的发展提供援助引导它们走上"现代化"道路，从而共同拒斥古巴的发展模式，达到孤立古巴的目的。

在肯尼迪政府"认真的攻势"下，卡斯特罗不仅宣布了"古巴革命为社会主义革命"，还冒险安置了苏联的导弹，从而将整个世界推向核战争的边缘，美古间的冲突由此达到顶点。面对导弹危机对和平世界的挑战，肯尼迪的"以和平方式进行遏制"的战略得到了真正的实施：美国以撤走土耳其的导弹和向苏联承诺不向古巴发动军事为代价，换取了苏联撤走古巴的导弹，并与苏联达成这样的共识，即"两个超级大国都把其事务安排得井井有条，既不会失手发生一场战争，也不会允许其他国家在它们共处其中的国际体系内制造混乱"[②]。这使美古关系在导弹危机过后开始走向稳定。

1963 年 11 月，原副总统约翰逊就任美国总统，约翰逊总统在继承肯尼迪遏制方略的同时，更强调军事反应，对第三世界的政策带有明显与对手一争高低的色彩。在约翰逊政府时期，美国扩大了越南战争，出兵了多米尼加，虽然这两项行动并不是针对古巴的，但对美古关系也产生了重要的影响：一方面弱化了这一时期的美古对抗，美国将更多的精力投入越南和多米尼加这两个国家；另一方面促使卡斯特罗政府再次产生了美国可能会武装干涉古巴的危机感，从 20 世纪 60 年代中期开始，卡斯特罗政府加强了在世界舞台

---

① Kent Beek, Necessary Lie, "Hidden Truths: Cuba in the 1960 Campaign", *Diplomatic History*, Winter 1984, 8 (1): 45.

② Charles W. Kegley, *The Long Postwar Peace: Contending Explanations and Projections*, New York: Harpercollins College, 1991, p. 34.

与美国的对抗，即通过向外"输出革命"以一种走中间路线的方式与美国进行抗衡，而这种受到苏联排斥的与美对抗方式，在当时的历史条件下是不可能取得成功的。

第二，缓和遏制阶段（1969~1979）。

1969年尼克松政府上台，由于在过去的五六十年代美国一直以"全面遏制"为旗号进行全球扩张，过分消耗了力量，而同时世界多极化趋势日渐加强，苏联实力地位在上升，在这种内外交困的形势下，尼克松政府提出了实施"缓和遏制"战略，即通过遏制苏联和中国并抑制激进的革命而造成地缘政治方面的力量平衡。"缓和遏制"的目的是在保持美国实力地位的基础上，通过与苏联对话、谈判、缓和关系，加强双方的交流，防止核战争的爆发，遏制苏联的扩张，促使苏联接受现存的国际秩序。与之前政府的遏制战略相比，尼克松政府提出的"缓和遏制"强调的是通过谈判进行遏制，而非从前的通过对抗进行遏制。

在这一战略调整下，尼克松政府对古巴政策也作出一些调整，在一些问题上表现出了一定的积极态度：两国在1973年就反劫机问题展开了合作，1974年1月，美国与拉美国家进行"新对话"第二轮会谈中同意邀请古巴参加第三轮"新对话"。美国对古巴政策的改变在很大程度上使得古巴这一时期的对外政策不再具有"挑衅性"，至少卡斯特罗表面上接受了苏联提出的"东西方缓和"战略。1974年8月，尼克松因"水门事件"辞职总统，接任者福特沿袭了尼克松的"缓和遏制"战略，并在古巴问题上进一步采取了松动政策，部分取消了禁运，甚至表示准备改善美古关系。但由于古巴1975~1976年出兵安哥拉，这一计划被福特政府搁置。

1977年上台的卡特政府在其执政的大部分时间里仍继续推行"缓和遏制"战略，但与前两任相比，卡特政府的缓和战略更特别强调人权，企图"在意识形态方面战胜苏联，扩大苏联东欧各国内部矛盾，促其内部发生变化，最终纳入美国的'世界秩序'之中"①。为此，卡特政府一方面要求古巴改善人权，另一方面也做出了谋求改善与古巴关系的姿态。但在卡特政府末期，苏联入侵阿富汗（1979 年 12 月），这使卡特政府结束了实施长达 10 年的"缓和遏制"，开始进入另一个"全面遏制"时代。而古巴也因被发现有苏联军队驻扎，重新被美国视为具有威胁性的政权，此后美古关系在美国新一轮的"全面遏制"战略下进一步恶化。

第三，全球性遏制阶段（1980~1991）。

1980 年 1 月卡特提出了将美国对苏联的遏制从强调道义力量转向强调实力的"卡特主义"，即"任何外部势力攫取控制波斯湾地区的企图，都将被看作是对美国根本利益的进攻。对于这种进攻，美国将使用包括军事力量在内的任何必要手段，予以击退"②。这为第二年上台的里根政府对苏采取更加强硬的政策奠定了基础。

1981 年上台的里根政府扩展了卡特政府晚期重建的全面遏制战略。里根认为，尽管卡特在执政晚期提出了"卡特主义"，但在整个卡特政府时期苏联的势力在全球范围内都有新的扩张，这种形势已难以挽回。所以他强调美国"要遏制苏联在全世界的势力和军事存在，将其推回去，并要增加苏联支持和利用代理人、恐怖分子及颠覆力量的代价"③。在这一战略下，里根政府对严重依赖苏联阵营援助的古巴采取了极端敌视政策：加强经济上的封锁，制定和实施各种政治颠覆甚至军事侵略的计划。在里根执政的 8 年，美

① 资中筠：《战后美国外交史——从杜鲁门到里根》（下），世界知识出版社，1994，第 788 页。

② Cecil V., Jr. Crabb, *The Doctrines of American Foreign Policy: Their Meaning, Role and Future*, Baton Rouge: Louisiana State University Press, 1982, p. 329.

③ National Security Decision Directive Number 32: U. S. National Security Strategy, May 20, 1982, http://www.fas.org/irp/offdocs/nsdd/nsdd-32.pdf.

古关系呈日趋紧张态势。

1989年老布什总统上台，这一时期由于苏联戈尔巴乔夫改革美苏关系开始走向缓和，在这种形势下老布什政府提出了"超越遏制"战略。而所谓的"超越遏制"并不是主张美国放弃遏制战略，而是强调在保持美国强大军事实力的基础上，在继续警惕和遏制苏联扩张的同时，利用苏联东欧正在变革之际，更多地综合运用经济、政治、文化、意识形态等各种手段，促进苏联和东欧国家发生和平演变，最终使它们被纳入资本主义世界体系。也就是说"超越遏制"战略没有脱离冷战的轨道，本质上仍是一个以军事手段为核心、以威胁为导向的遏制战略，只是突出了"和平演变"在遏制中的地位。在此战略的指导下，老布什政府加紧了对古巴的意识形态宣传，并在国会的强大压力下，对古巴实施了严厉的封锁政策，试图在短期内拖垮卡斯特罗政权。

（二）后冷战时期的全球战略

苏联解体后，美国外交失去了明确的外在威胁，但美国并没有因此失去全球战略目标。美国的全球战略目标是维护自己唯一超级大国的"领导地位"，只是在不同的总统执政时期，对外战略的侧重点和外交方式存在差异，而这些阶段性的变化同样会对美古关系的紧张与缓和产生重要影响。

冷战刚结束时，在任的老布什总统提出了建立"世界新秩序"的主张，但这一主张到他任职结束时仍是句空洞的口号，没有真正成为美国的发展战略。美国第一个后冷战时期的全球战略是在克林顿政府时期确立的。1995年2月，克林顿正式提交了题为"参与和扩展"的国家安全战略报告，将经济安全、国家安全和人权作为美国"三大外交支柱"，希望该战略能以"扩展民主和市场"取代"反共"共识，作为美国新的外交使命，以实现美国全球战略从"冷战轨道"向"后冷战轨道"的转变。由于"参与和扩展"战略的突出特点是美国不再有确定的战略对手和固定的安全威胁，这使美国国内各种利益集团的主张常常会对政府制定外交政策产生重要影响。克林顿政府对古巴的政策就是如此。尽管克林顿并不赞成加强对古巴的禁运，但在美国国会和古巴裔反古社团的压力下，还是做出了加大对古巴的制裁和封锁。

由于克林顿政府在第一任期内，在外交事务上强调推广民主的重要性和缩小"反民主国家"对民主国家进行威胁的能力，所以美古关系在这期间呈紧张对抗的状态。在进入第二任期后，克林顿政府对"参与和扩展"战略进行了调整，将"扩展"置于"参与"之下，注重通过在安全和经济领域的"参与"达到扩展民主的目的，把美国的利益、价值观和对外战略三者统一起来，以增加美国对外扩张的"合法性"。在这一思想指导下，克林顿政府在保持对古巴进行遏制的同时，也对古巴做出了一些和解的姿态，适当地放松了对古巴的制裁，并鼓励美古人民之间进行接触。总之，克林顿时期的美国全球战略基本上实现了由冷战时期的"威胁导向型"战略向"使命导向型"战略的转变，这种战略使得美国对古巴的政策目标完成了从推翻卡斯特罗政府向促进古巴"民主化、自由化"的转变。

2001年1月代表右倾保守势力的小布什政府上台，上台后不久，小布什政府就在外交上表现出咄咄逼人的强硬现实主义倾向，单边主义和意识形态色彩突出。特别是"9·11"事件后，小布什政府不仅将加强美国的国家安全列为其全球战略的首要目标，还将克林顿政府时期的"使命导向型"重归"威胁导向型"，明确将世界范围内的伊斯兰激进势力视为美国主要威胁。同时为了摆脱这种"严重的威胁"，小布什提出，"摧毁全球范围内的恐怖主义组织以及任何试图获得或使用大规模杀伤性武器及其制造材料的恐怖分子或支持恐怖分子的国家"是美国"最迫切的任务"。① 正是在这种"威胁导向型"战略的指引下，小布什政府指责古巴将其先进的生物技术扩散到一些对美国不友好的"无赖国家"，并将其贴上"支持恐怖主义的国家"的标签，这些做法使得美古关系再次出现波澜。总之，在小布什政府时期美国对古巴进行了更加粗暴的干涉、挑衅和颠覆，甚至在 2006 年卡斯特罗因病将政权暂时移交后，美国仍没有放弃这些行动，但由于古巴并不对美国构成战略威胁，其目标依旧是促进古巴建立"民主秩序"。

二　领导人的政治理念

美国总统作为国家对外政策的制定者和实施者，其政治理念对美国对卡斯特罗政府的认识以及美国与古巴的关系有着重要影响。本节考察了从卡斯特罗执政到卸任，美国总统对古巴的政策理念经历的三个演变阶段。

（一）从急于推翻古巴政府到允许其存在

1953 年艾森豪威尔上台时，正值美国对外政策刚刚完成从"局部性扩张"向"全球性扩张"转变并实施"全面遏制战略"的时期，这使他坚信，苏联在世界范围内任何一个地区的扩张都与美国的国家安全相关。由于这一时期第三世界的民族主义革命勃然兴起，而苏联明显增加对这些国家的援助，于是艾森豪威尔和其顾问们首先是将遏制第三世界的民族主义革命与遏制苏联共产主义的扩张联系在一起，认为民主主义革命对"美国人在国际

---

① 美国国土安全委员会：《国土安全国家战略（2007 年 10 月）》，杨辉主编《美国国家安全战略文件选编（2005～2008 年）》，军事译文出版社，2009，第 401 页。

关系中的支配地位和他们的富裕社会的现存秩序提出了挑战"①；其次是把资本主义的发展看成是对共产主义的重要威慑因素，尤其重视美国资本在外部的投资、市场及原料占有问题。

基于以上两方面的认识，艾森豪威尔在界定美国国家利益时，将美国价值观、自由制度的安全与美国经济利益紧密联系在一起，强调三者是相互依存的。而卡斯特罗上台后的一系列表现都不符合美国以上这几方面的利益，所以艾森豪威尔认为，古巴不会与美国保持友好关系，美国必须采取有力措施动摇卡斯特罗在古巴的地位并最终推翻他，以遏制古巴"激进主义"在拉美地区的蔓延，维护美国在该地区的政治和经济利益。如果美国不能有效地对付古巴，"我们将失去整个南美"②。最终艾森豪威尔政府得出的结论是，"根据我们的历史，应该是我们真正朋友"的政府正在走向赤化。③ 在卸任前夕，艾森豪威尔宣布美国与古巴断交，美古关系彻底破裂。

1961年1月民主党总统候选人约翰·F.肯尼迪上台。肯尼迪的民主党色彩非常浓厚，在外交思想上既继承了从杰斐逊到威尔逊的"理想主义"，也秉承了二战后美国以反共为核心的战略思想以及美国以"世界领袖"自居的"使命感"。在他看来，冷战是"两种对立的意识形态，即上帝多保佑的自由与残暴的、不信神的暴政之间争夺最高权力的斗争"④，他要保证美国从冷战的僵持状态和潜在的共产主义胜利转向美国的胜利。所以在1960年的总统大选

---

① 〔美〕托马斯·G.帕特：《美国外交政策》（下），李庆鱼译，中国社会科学出版社，1989，第686、688页。

② Stephen G. Rabe, *Eisenhower and Latin America: The Foreign Policy of Anti-Communism*, Chapel Hill: The University of North Carolina Press, 1988, p. 165.

③ Tad Szulc, Karl E. Meyer, *Cuban Invasion: The Chronicle of a Disaster*, New York: Ballantine; Browning of Pages edition, 1962, p. 39.

④ Richard J. Walton, *Cold War and Counterrevolution: The Foreign Policy of John F. Kennedy*, Baltimore: Penguin Books, 1972, p. 9.

中，肯尼迪提出，美国在古巴应该是取胜而不是放弃，"如果共和
党连卡斯特罗都对付不了，又如何能抵挡住赫鲁晓夫"①，并强调
上台后的首要任务就是"遏制古巴革命在拉美地区的蔓延"，孤立
古巴，对古巴发动"认真进行的攻势"。② 于是肯尼迪上台后对古
巴展开了一系列攻势，最终由此引发了古巴导弹危机，整个世界都
被拖到了核战争的边缘。

　　尽管肯尼迪上台后兑现了竞选时的诺言——对古巴迅速展开了
"攻势"，但同时肯尼迪也存在这样的冷战认识：共产主义意识形
态是客观存在的，不能以武力消灭，必须与之和平共处，尤其在核
时代，"核战争中没有胜利者"③。肯尼迪遏制思想的特点是强调美
国在与苏联的对抗中要保持接触和对话，尽力去了解对方的真实意
图，并且他认为，第三世界是最容易发生革命和最容易受共产主义
的诱惑，同时也是最容易受美国影响的地区。正是这样的认识使得
肯尼迪最后能够成功化解古巴导弹危机，并能在导弹危机后对美国
的对古政策进行反思。古巴导弹危机结束时，美国向苏联保证不被
古巴流亡分子用作入侵古巴的基地，即放弃以公开的军事入侵消灭
卡斯特罗政权。在此基础上，肯尼迪还承认了对古关系的失误而导
致古苏关系的"亲密"，美国对古巴政策应该更富于想象力和创造
力，而不是一味地进行"愚蠢的""不见成效的""一种心理安
慰"的打压。④ 1963 年中，肯尼迪在古巴问题上走了一条与美国政
府内大多数人不同的道路——他决心使美古关系正常化，但当肯尼

---

① Lester H. Brune, *The Cuba-Caribbean Missile Crisis of October* 1962, Claremont: Regina Books, 1966, p. 10.

② Kent Beek. Necessary Lie, "Hidden Truths: Cuba in the 1960 Campaign", *Diplomatic History*, Winter 1984, 8 (1): 45.

③ 资中筠：《战后美国外交史——从杜鲁门到里根》（上），世界知识出版社，1993，第362页。

④ James G. Blight and David A. Welch, *On the Brink: Americans and Soviets Reexamine the Cuban Missile Crisis*, New York: Hill & Wang, 1989, p. 249.

迪试探性地向卡斯特罗发出这一信号时，他被暗杀。结果美古关系并没有朝着肯尼迪努力的方向前进。

肯尼迪被暗杀后，副总统林恩·B. 约翰逊接任其职。约翰逊也与肯尼迪一样，保留了作为艾森豪威尔政府特征的那种"零和博弈游戏"的世界观，即认为共产主义在任何地方之所得皆为美国之所失，但受各种因素的制约，美国不得直接推翻卡斯特罗政权。约翰逊认为美国在古巴的最大教训就是未能将卡斯特罗政权扼杀在摇篮中，在拉美地区美国最主要的任务就是防止共产党政府的建立。他多次强调，"我最不想要的东西，也是美国人民最不想要的东西，就是在我们的大门口出现另一个古巴"①。1965 年 5 月 2 日，约翰逊发表"约翰逊主义"，提出"今后美国将单方面阻止任何共产主义政府在西半球掌权，将坚持变革和保卫'自由'国家"。②

虽然"约翰逊主义"不是针对古巴问题而提出，但它和古巴问题有着重要联系。一方面，它标志着美国已经不得已承认了古巴政权的存在；另一方面，它意味着卡斯特罗政权的存在，使得美国在拉美的政策"除了单纯的反共主义之外就没有比那更大的政治概念作依据了"③。同时"约翰逊主义"的提出使得卡斯特罗再次产生古巴在未来可能会遭受军事干预的危机感，这在一定程度上促使古巴向拉美武装"输出革命"。

（二）从提倡与古巴政府"对话"到再度"扼杀"

1969 年理查德·尼克松上台时正值美国处于内外交困之际，

---

① Crabb, Cecil V. Jr., *The Doctrines of American Foreign Policy*: *Their Meaning*, *Role*, *and Future*, Baton Rouge: Louisiana State University Press, 1982, p. 243.

② President Johnson's Statement of May 2, 1965, Department of State Bulletin, May 17, 1965, p. 745.

③ 〔美〕M. 贝克威茨：《美国对外政策的政治背景》，张禾译，商务印书馆，1979，第202 页。

这使得一向以反共著称的保守派的尼克松意识到，美国外交政策只有作出重大调整才能保住美国在世界的头等大国地位。于是，在与其观点一致的国家安全顾问基辛格的帮助下，尼克松提出，要以"国家利益"而非意识形态和道德来指导美国的外交政策。在这种外交思想主导下，尼克松政府决定在其"后院"减轻以往美国因强调与拉美地区的"特殊关系"而背负的包袱。加上这一时期古巴在拉美进行游击战已经失败的事实，最终尼克松政府认定，古巴的情况是拉丁美洲政治中的例外，古巴不能"输出革命"。[①] 于是在第一任期内，尼克松没有对卡斯特罗政府发起"攻势"，但也如他在上台伊始所宣布的"在我任总统期内，美国对卡斯特罗的政策是不会改变的"[②]，尼克松政府也并没有松动对卡斯特罗政府的敌视政策。

在尼克松的第二任期，即尼克松—福特政府时期，国务卿基辛格提出美国要通过与拉美进行团结合作的"新对话"来维护自己在这一地区的利益和地位。在这种以加强团结的精神来讨论有关拉丁美洲国家所有事务思想的指导下，尼克松—福特政府在古巴问题上，对拉美国家作出一些让步，放松了对古巴的制裁，并开始谋求改善与古巴的关系。如卡斯特罗所说，这是自古巴革命以来，古美关系最接近突破的时期。[③] 但由于同年年底古巴出兵安哥拉，美国政府搁置了改善与古巴关系的计划。

1977 年 1 月吉米·卡特入主白宫，卡特认为，目前美国对外政策的错误之一就是对第三世界的人民过于冷漠，美国必须对第三世界的民族主义甚至左派政权作出让步，因为第三世界的问题

---

① Pope G. Atkins, *Latin America in the International Political System*, New York: Free Press, 1977, p. 103.

② 徐世澄：《冲撞：卡斯特罗与美国总统》，东方出版社，1999，第 8 页。

③ 徐世澄：《卡斯特罗评传》，人民出版社，2008，第 293 页。

并不是由于共产主义的阴谋，而是由于根深蒂固的当地的经济、社会、种族和政治问题形成。因此，针对拉美"后院"，卡特提出"高度尊重拉丁美洲和加勒比地区每一个国家特性和主权"的新方针。① 在古巴问题上，卡特认同国务卿万斯和拉美关系委员会主席利诺维茨的观点，即美国孤立古巴的政策已经失败，美国对古巴所进行的封锁不仅受到大多数拉美国家的漠视，还迫使古巴与苏联的关系更为密切。出于这样的政治理念，卡特在执政初期采取了一些积极主动的政策以谋求与古巴关系的改善，其目的是"减少古巴向苏联提供军事设施和干涉别国内政的刺激"，即从内部瓦解苏联对古巴军事控制，以减少对美国的威胁。② 但1979年下半年美国发现古巴存在苏联的飞机和军队，卡特的"缓和理想"破灭，至此，从之前强调"发展南北关系"的理念重新回到强调"发展东西关系"的传统理念。美古关系也因此重新走向紧张对抗阶段。

1981年共和党保守派代表人物罗纳德·里根入主白宫。在里根看来，苏联是世界上一切不安宁的根源，美国应联合第三世界"有限推回"苏联的势力，以继续保持美国在第三世界的优势地位；而第三世界的拉美"后院"，它既是"美国同第三世界的关系的试金石"，也是"一个日益明显地同共产主义进行较量的战场"；③ 尤其中美洲和加勒比地区是对美国安全利益最重要的地区，是"我们通向外部世界的生命线"，而"苏联人和古巴人将利用一个共产党的中美洲作为攻击美国在其他拉美国家利益以及进而进

---

① 洪国起，王晓德：《冲突与合作——美国与拉丁美洲关系的历史考察》，山西高校联合出版社，1994，第312页。

② 洪国起，王晓德：《冲突与合作——美国与拉丁美洲关系的历史考察》，山西高校联合出版社，1994，第323页。

③ 〔美〕赫德里克·史密斯：《里根和里根总统》，潘东文等译，商务印书馆，1982，第113页。

攻美国本土的基地"。① 据此,里根认为,美国应在中美洲和加勒比地区主要采取压和打的态度,以抵制苏联和古巴在这一地区的影响。所以,相比前几任政府,里根政府对古巴采取了更加强硬的政策,卡斯特罗指责其"可以与希特勒相比"②。在里根政府时期,古美关系跌入到古巴导弹危机以来的最低点。

(三)从推动古巴政府倒台到促进其向"民主"平稳过渡

1989 年共和党人乔治·布什上台,此时正值苏东社会主义国家内部剧烈变动之际,在这种情况下,老布什总统提出了"超越遏制"战略,即在新的形势下美国更多地运用政治、经济、外交和心理等非军事手段,推进美国的经济模式、政治体制、意识形态和价值观念,促使社会主义国家发生根本的体制性变化。同时布什强调,东欧剧变后,人权外交将是美国建立世界新秩序的重要手段。在这样理念的指导下,老布什政府加强了对古巴政权的民主攻势,1990 年3 月,老布什批准迈阿密的反古电台"马蒂电台"向古巴全境宣传美国的"民主"和"自由",试图使古巴很快步东欧后尘。

尽管老布什对促进古巴政权向民主过渡抱有很大兴趣,但在世界政治格局发生深刻变化的背景下,由于古巴已经不再对美国构成战略威胁,老布什并不赞成对古巴采取更加严厉的封锁政策,但最后出于竞选的需要,签订了对古巴进行更严厉禁运的"托里切利法案"。而这样的施压并没有使古巴政府倒台,相反促使古巴积极调整了内外政策,打破了美国的孤立和封锁,保证了自身的生存。

---

① Dario V. Moreno, *U. S. Policy in Central America: The Endless Debate*, Florida: University Press of Florida, 1990, p. 86.

② 徐世澄:《卡斯特罗评传》,人民出版社,2008,第 299 页。

1993 年民主党人比尔·克林顿任职总统。与前任政府相比，克林顿政府在外交政策上更强调全球化观念，注重推广美国的民主价值观，推广民主和市场被其视为新的外交使命，尤其在自己的"后院"拉美地区。在这一外交理念指导下，克林顿政府强调美国对古巴的政策要从"反共主义"转变为"现实主义"，应根据古巴的变化采取更加灵活的政策。虽然在第一任期内，克林顿迫于国会的压力签署了此前他一直反对的、企图将对古巴的封锁国际化的《赫－伯法》，但他始终对古巴持双重战略，即在对古巴表示强硬态度的同时也与古巴政府在一些方面进行了接触与合作。

1996 年竞选连任成功后，克林顿在外交理念上更强调通过安全和经济领域的"参与"来扩展美国的民主，所以在第二任期里，克林顿政府对古巴政策表现更多的是，适当放松对古巴的制裁和封锁，并在一些方面扩大美古的民间交往，以帮助古巴平稳向民主过渡。克林顿甚至认为，古巴要实现这种过渡只能在卡斯特罗集团掌权的情况下发生，因为卡斯特罗集团掌握着全国的武装和受古巴大多数民众的支持。直到克林顿执政最后一年，克林顿政府在公布的《新世界的国家安全战略》中依然规定，美国将"继续致力推动古巴以和平的方式向民主过渡"[1]。

2001 年代表右倾保守势力的共和党人乔治·W. 布什（小布什）任职总统，小布什在外交上的核心信念是，"如果所有国家都在寻求本身的利益，如果强权能够超越一切，如果美国的优势是毫无疑问的，那么，美国的外交政策就不应去寻找共同政策。相反，即使其他国家最初进行抵制，美国的外交政策也应推动世界按照华盛顿所要求的方向前进。"[2] 由于小布什有着虔诚的宗教信仰，并

---

① The White House, A National Security Strategy for a New Century, December 1999：39, http：//clinton4. nara. gov/media/pdf/nssr－1299. pdf.

② 〔美〕江峡：《小布什传》，长江文艺出版社，2009，第 207 页。

将其个人的基督教信仰"当做引导国家的北极星"①，这使得"9·11"之后，小布什的"清教主义"思想在外交中更加凸显，其外交理念强调意识形态、硬性输出美国的价值观、改变独裁性政权、在实现目标的手段选择上美国享有绝对的行动自由等。

在这样外交理念的指导下，小布什政府强调对古巴采取强硬政策。从2001年起，小布什政府在历年公布的《全球恐怖主义形势报告》中，都将古巴列为"支持恐怖主义的国家"。同时通过加强对古巴的经济封锁和制裁，以及公开支持古巴国内外反对派对卡斯特罗政府的颠覆和破坏活动等强硬的方式对古巴施压，以促使其向"民主制度"发生转变。2004年5月小布什政府提出了为加快"古巴向民主过渡"美国政府所要采取的新措施（"援助自由古巴委员会"报告的内容），这些新措施囊括了除军事打击外的政治、经济、外交、意识形态宣传和民间交往等各个方面。这些政策的冷战遗风十分浓厚，不仅强调加强对古巴的意识形态宣传和渗透，甚至禁止居住在美国的古巴人给在古巴政府中任职的官员和古巴普通共产党员汇款，且新的政策包括建立专门性组织，让美国的反古巴运动获得体制依托。这些使小布什政府成为冷战后对古巴采取敌视政策最全面的一届政府，将美国的反古活动提到一个新的水平。

总之，在冷战结束后，美国总统的古巴政策理念经历了从希望古巴政府快速倒台到促进其逐渐向"民主制"过渡的转变。这种转变使得依旧对抗的美古关系朝着"潜在缓和"的大方向前进。

三　反古的制度安排

自1959年下半年美古关系恶化后，美国对古政策就一直围绕

---

① 〔美〕艾克敏：《布什总统的信仰历程》，王青山等译，中国社会科学出版社，2004，第250页。

着消除或遏制卡斯特罗政府。为了实现这一目标，美国甚至不惜花费大成本制定专门的法案或者修改现成的法案使美国的反古行动合理化、制度化。这些法案主要集中在美国对古巴移民的接纳和对古巴的经济制裁上。

（一）移民法案

二战结束后，美国的移民政策逐渐被纳入冷战轨道。1953 年美国在颁布的《1953 年移民救济法》中，将移民定义为"因遭受迫害或担心遭受迫害而离开共产党国家以及共产党控制下的国家和地区的人，因自然灾害或军事行动而流离失所的人，以及因生活必需或流放而急需援助的人"①，并把第一种移民列在各种移民的首位。在 1959 年 6 月美古关系恶化后，美国将这一政策用于古巴移民。从 1959 年 7 月到 1961 年 1 月美古断交前，美国安置了大量的古巴亲美流亡者，并授予他们移民身份。1961 年 1 月美古断交后，美国将来自古巴的移民视为"用脚来表态"的特殊群体，对其政策更加宽容。尤其是吉隆滩登陆失败后，美国表示将接收所有逃离古巴的人，以煽动更多的古巴人外流，破坏卡斯特罗政权的号召力。

1962 年 6 月，美国国会通过了肯尼迪政府提出的《1962 年移居和移民援助法》，使来到美国的古巴移民可以得到各项援助。1965 年 10 月国会又通过了约翰逊政府提出的将以意识形态为标准的移民准入政策制度化的《1965 年移民法修正案》，尽管该法案规定西半球的移民在总移民中所占比例很小，但约翰逊总统表示美国将不加限制地接纳新来的古巴移民，并"已指示国务院、司法部、卫生教育和福利部门迅速做好一切必要安排，以使那些希望寻求自

---

① Refugee Relief Act of 1953, Section 4, U. S. Statues at Large（1953），http：//www-rohan. sdsu. edu/dept/polsciwb/brianl/docs/1953RefugeeReliefAct. pdf.

由的古巴人有秩序地进入美利坚合众国"①。美国出台的这两个法案虽不是针对古巴问题提出，但作为稳定的制度安排，确实起到了促使大批古巴人离开古巴，破坏卡斯特罗政权凝聚力和号召力的作用。

作为回击，打击美国企图在古巴国内制造不满的移民政策和减少古巴国内的反对政权者，1965 年 9 月 28 日，卡斯特罗宣布开放卡马里奥卡港，允许希望离开古巴的人离境，且于同年 11 月与美国在移民问题上达成协议。在这样的背景下，从 1965 年 10 月大批古巴离境者涌入美国，这使得美国不得不考虑被允许进入的古巴人的合法身份问题。因为这批离境的古巴人主要是为了经济利益而非政治利益离开古巴，他们希望能凭借自己的资金和技术在美国过上稳定的生活，所以美国要想满足他们的愿望就需要对其临时入境者的身份进行调整。根据当时美国的法律，以非移民身份从美国的邻国进入美国的人要取得移民身份，必须离开美国再提出申请，但当时大量进入美国的古巴人如果到第三国提出赴美移民签证申请，美国在海外的领事馆没有足够的人手处理不在自己领事馆管辖区生活的人的申请。为此，美国政府决定以立法的方式为临时进入的古巴人开启"绿色通道"。1966 年，美国国会通过了由国务院提出的《古巴适调法》，该法案规定：被临时允准进入美国的古巴人享有移民身份，并准许在 1959 年 11 月起被临时允入的古巴人在美国境内申请永久居民身份。② 无疑，美国这种"敞开胸怀"、无保留接受古巴移民的做法是希望能够挑起更多的古巴人逃离自己的祖国，

① Public Papers of the Presidents of the United States. Lyndon B. Johnson, 1965, Vol. 2, 1966: 1039, http://quod. lib. umich. edu/p/ppotpus/4730960. 1965. 002/511? rgn = full + text; view = image.

② Christopher Mitchell, ed., *Western Hemisphere Immigration and United States Foreign Policy*, The Pennsylvania State University Press, 1992, p. 43.

从而证明卡斯特罗政权是没有希望、失败的。

1980 年 4 月卡斯特罗开放卡马里埃尔港的决定，使大批的马里埃尔古巴人渡船到美国，而他们中的大部分人都是罪犯和精神病患者。虽然他们的进入将给美国社会带来混乱，但为了大力推行人权外交、削弱古巴政权以及在竞选中赢得佛罗里达州古巴裔选民的支持，当时的总统卡特还是做出了接纳古巴非法移民的决定。1980 年 6 月 20 日，卡特宣布将建议国会通过立法给予古巴人一种新的身份，将其临时进入合法化。① 随后，美国国会通过了《1980 年移民教育援助法修正案》（《法赛尔—斯通修正案》），该法案虽然没有给 1980 年进入的古巴人以移民身份，但规定了每位入境者可以享受与移民同等的待遇，以及联邦政府每年补偿州和地方的费用，这让马里埃尔古巴人虽无移民之名但有移民之实。

《1980 年移民教育援助法修正案》标志着美国首次对古巴移民改变了以往毫无保留地欢迎和鼓励的政策，它剥夺了古巴人"逃离共产主义的移民"这种象征性身份，使其从"英雄"般移民降为"无可奈何"接受的移民。尤其是在"马里埃尔渡船"事件后的几年里，大批被古巴政府"淘汰"的人员的进入给美国的社会、经济、政治造成了严重冲击，他们成为美国社会不受欢迎的人。最终，美国以意识形态主导的对古巴移民政策发生了松动，1984 年美国政府与古巴就移民问题进行谈判，双方签订了移民协定。但在与古巴政府就移民问题进行合作的同时，美国政府也做出决定，1980 年入境的马里埃尔古巴人可以与 1980 年前入美的古巴人一样，享受《古巴适调法》规定的移民待遇。总之，在冷战结束之前，美国一直保持着古巴移民是"逃离共产主义的人"的政策思

---

① 在"马里埃尔渡船"事件发生不久前美国颁布了《1980 年移民法》，它规定美国今后不能无条件地接受来自共产党国家的移民，美国可以灵活地根据自己的需要来决定进入者。

想，只是从 80 年代开始美国对古巴的移民政策逐渐趋于理性化。

直到冷战后"筏民潮"的发生（1994 年 8~9 月），美国政府对古巴移民的态度开始出现重大转变，不仅不再授予登陆的古巴人移民身份，还派出海上警卫队阻止他们进入美国。这是因为冷战结束后古巴在美国的对外战略中地位下降，古巴已无力对美国构成任何威胁，且此次企图进入美国的移民都是城市贫民，他们的进入只会成为美国社会的负担。但克林顿政府基于现实利益做出的这种举措遭到古巴裔美国政治集团的大力反对，他们认为这是上台前曾许诺会加强对古巴经济制裁的克林顿对他们的"背信弃义"，最终在他们的压力下以及出于总统竞选的需要，1996 年克林顿政府对《古巴适调法》进行了修正，修正后的法案规定，从 1996 年开始所有古巴来的移民不管是合法的还是非法的，只要在美国居住满一年即有申请绿卡的资格。

总之，随着冷战结束，外部清晰可见敌人的消失，美国对外政策的制定开始日益受国内因素的影响，种族团体、国会以及其他的各种利益集团都试图对美国的对外政策施加影响，在美国对古巴的移民政策上具体表现出来的是古巴裔社团、美国国会与美国政府之间的分歧和斗争。虽然 2000 年"埃连事件"的最终解决是美国总统没有向古巴裔社团及国会妥协的结果，但只要古巴没有实现美国希望的开放和民主，美国就不可能完全放弃对古巴政府打"移民牌"，对冷战时期的古巴移民政策不会完全颠覆。

（二）制裁法案

虽然最初美国对古巴的制裁是为了保护美国在古巴的资产，但随着古巴与苏联的靠近和加入共产主义阵营，美国对古巴的制裁很快与美苏关系的发展以及整个国际形势的变化密切联系起来。

冷战期间，美国实施的对古巴进行制裁的法案有：1962 年实施的《1961 年对外援助法》，该法案的主要内容是禁止对共产主义国家提供援助，除非总统认为对国家利益十分重要；1963 年实施的《1917 年与敌国贸易法》，该法案规定了在战争时期或其他紧急状态下，总统有权宣布对其国家实施经济封锁；1969 颁布的《1969 年出口管理法》，该法案实行的是有选择的出口管制；1978 年实施的《1978 年对外援助和相关项目拨款法案》，其主要内容是禁止美国向古巴等违反人权的国家提供援助。根据以上法律条文的授权，美国政府对古巴做出的主要制裁是：没收古巴在美国的财产；禁止除人道主义以外的所有与古巴的贸易；停止对古巴的一切援助；源自美国的产品转口至古巴必须获得美国商务部的许可，包括美国的海外子公司，以及非美国公司参与的以美国商品与古巴进行的三角贸易；限制与古巴进行贸易的外国交通工具停靠美国港口；从古巴的进口必须获得美国财政部的许可。[①]

冷战期间，由于古巴与苏联的特殊关系，美国深知对古巴的制裁并不能让卡斯特罗政府下台，但长期制裁会为最终推翻卡斯特罗和遏制苏联创造必要条件。所以，美国主要是利用已达成共识的能够长期实行的制裁法案来对古巴进行制裁，并没有制定专门针对古巴制裁的具体法案，这样一方面能够减少与苏联发生正面冲突，另一方面可以加重古巴的困境及苏联的负担。

冷战结束后，美国的对古政策面临着两方面选择：一是随着苏联解体以及古巴驻扎海外军队撤回本国，美国应废止对古巴的长期经济封锁；二是如一些美国人所认为的，随着冷战的结束美国政府应该加强对古巴的经济封锁，以迫使古巴政府最终放弃共产主义政权。在小布什上台之前，这两种选择一直在美国总统和国会之间存在分歧和对立，尽管老布什总统和克林顿总统并不想在全球政治经

---

① 阮建平：《战后美国对外经济制裁》，武汉大学出版社，2009，第 128 页。

济格局巨变的背景下，在古巴的经济封锁问题上大做文章，但最终在国会以及游说国会的重要组织——古美国家基金会的压力下，分别颁布了加强对古巴封锁的《1992 年古巴民主法案》（"托里切利法案"）和《古巴自由与民主巩固法案》（《赫尔姆斯—伯顿法案》）。

（1）《1992 年古巴民主法案》（Cuba Democracy Act of 1992）

冷战结束后，苏联的解体使得古巴迫切需要寻找新的贸易关系，所以美国国会的一些议员尤其来自古巴裔美国人聚集区佛罗里达州的议员认为，古巴在失去原先苏联集团的贸易伙伴后很难挺过更为严厉的经济封锁，他们希望美国对古巴继续实施更为严厉的禁运政策，但多次被老布什政府否决，理由是"这会给美国和它盟友之间制造对外政策的难题，我们的盟友会认为，那是把美国的法律强加于它们的领土上"①。

1992 年初，美国国会再次对古巴问题给予关注，来自新泽西州的民主党众议员罗伯特·托里切利和来自佛罗里达州的民主党参议员鲍伯·格雷尔姆分别在"古美国家基金会"的推动下，在众参两院提出了《古巴民主法案》。该提案遵循两条轨迹：一是试图通过禁止美国海外公司与古巴做生意以及禁止在古巴停泊的船只进入美国，对古巴施加更大经济的压力；二是试图通过提供沟通和家属（古巴裔美国人）访问古巴的途径影响和接近古巴人民。这一提案同样被老布什予以反对。直到 1992 年 11 月的美国总统大选临近的时候，在"古美国家基金会"的影响下，民主党总统候选人克里顿表示如果当选就批准《古巴民主法案》，出于竞选的压力，老布什临时改变了对古巴政策，与国会合作确定了《1992 年古巴

---

① U. S. House of Committee on Foreign Affairs. Subcommittee on Europe and the Middle East and on the Western Hemisphere, Cuba in a Changing World: The United States-Soviet-Cuba Triangle, hearing, 101.

民主法案》，并签署使其成为一项法律。这项法案不仅禁止美国公司在第三国的子公司与古巴做生意，还禁止任何进入古巴港口的船只在 6 个月内进入美国港口，对任何向古巴提供经济援助和开展贸易的国家进行制裁。

最终克林顿当选总统，《1992 年古巴民主法案》的具体实施由克林顿政府进行。虽然当时克林顿政府中的一些官员私下认为，冷战已经结束，美国应该重估古巴政策，但由于竞选期间因允诺而得到了古美国家基金会的竞选经费，克林顿政府在上台后不得不多次表示支持对古巴实施禁运政策的立场。

（2）《赫尔姆斯—伯顿法案》

《1992 年古巴民主法案》的实行终止了美国海外公司与古巴每年价值 7.2 亿美元的交易，但这个商业损失只占当时古巴与其他非美国公司每年 50 亿美元商业贸易的一小部分，[①] 古巴大部分的对外经济活动是与美国的贸易伙伴进行的。美国终止海外公司与古巴进行贸易并没有对古巴的经济产生太大的影响，这意味着美国要想有效地制裁古巴只能通过实行更加强制性的措施即斩断自己贸易伙伴与古巴的商业往来。而且由于经济因素在美国对外政策中的逐渐上升，越来越多的美国国内商业团体反对实行《1992 年古巴民主法案》，如果任由以上形势的发展，美国对古巴的制裁很可能最终会被取消。

在这种形势下，受古美国家基金会影响的国会参议员外交委员会主席杰西·赫尔姆斯和罗伯特·托里切利的继任者共和党议员丹·伯顿在 1995 年 2 月提出了《古巴自由与民主巩固法案》（Cuba Liberty and Democracy Solidarity Act），其具体内容为：第一，强化既已存在的制裁，包括对国际金融机构、从第三国进口和经济

---

① 阮建平：《战后美国对外经济制裁》，武汉大学出版社，2009，第 131 页。

援助计划的限制，禁止第三国在美国购买古巴产品，或包含有古巴原料的制成品；反对国际金融机构向古巴提供贷款或接纳古巴加入；资助古巴国内的民主和人权组织。第二，取消总统放松对古巴禁运进行谈判的权力，除非古巴在卡斯特罗下台后18个月内由国际观察监督自由选举产生新的政府。释放所有的政治犯，允许政治党派活动，停止对美国电台和电视台的干扰等。第三，允许在古巴革命后财产被没收的美国公司或公民向联邦法院起诉利用这些财产从事经营的外国公司，该条款还包括资产被没收后成为美国公民的前古巴公民，即现在的古巴裔美国公民。第四，拒绝正式或以其他方式参与控制被没收财产的外国公民进入美国，包括他们的配偶和孩子，不给在古巴投资或贸易的外国公司经理、股东及其家属发放入美签证。①

对于这一法案，总统克林顿认为是没有必要的，因为已经有一个《1992年古巴民主法案》，且新法案的第三、第四条内容必会招致美国盟友的强烈反对。② 同时国务卿沃伦·克里斯托弗也强调，该议案不仅极不利于维护国际法，并且在面对一个正在发生迅速变化的古巴方面采取了不够灵活的方法。③ 所以，克林顿不仅反对这一法案，还在同年利用《1992年古巴民主法案》中有关与古巴接触的内容开始调整对古巴的政策，扩大美国与古巴公民之间的接触，包括开设新闻办事处，放松旅游限制，允许更多的非政府组织在古巴开展活动等。

① 104th Congress 1ˢᵗ Session. H. R. 927, September 27, 1995: 18 - 21, http://www.gpo. gov/fdsys/pkg/BILLS-104hr927pcs/pdf/BILLS-104hr927pcs. pdf.

② William J. Clinton, "Interview with Wolf Blitzer and Judy Woodruff on CNN," *Weekly Compilation of Presidential Documenter*, Vol. 31, No. 15, April 13, 1995: 624 –625.

③ Patrick J. Haney, Walt Vanderbush, "The Helms-Burton Act: Congress and Cuba Policy," Ralph G. Cater ed., *Contemporary Cases in U. S. Foreign Policy: From Terrorism to Trade*, Washington, D. C.: CQ Press, 2000: 279.

然而在此时期，在佛罗里达海峡发生了古巴击落美国飞机事件，这在美国的国会引起了强烈的反应。最终，克林顿在公开谴责了这一事件的同时不得不宣布打算与国会就《赫尔姆斯—伯顿法案》达成一致。1996 年 3 月 12 日，克林顿签署了该法案，在美国政府看来，是古巴政府的行为为《赫尔姆斯—伯顿法案》获得通过制造了机会。

显然，《赫尔姆斯—伯顿法案》和《1992 年古巴民主法案》两个法案的提出和实施很大程度上是美国国内政治斗争的结果，包括美国政府和国会之间的相互抗衡以及其成员所感受的竞选刺激，其目的是通过对跨国公司的管辖，最大限度地孤立封锁古巴，以压促变。但在经济全球化的条件下，这样的做法容易招致盟友的批评，尤其是《赫尔姆斯—伯顿法案》，欧盟、拉美和加拿大都表示强烈不满。虽然欧盟国家和加拿大也对古巴的政治体制和人权状况不满，但他们不希望对古巴采取简单的"大棒"政策，而是通过经济文化的往来逐步使古巴发生改变。他们认为，前一种政策不仅没效还会损害自己的经济利益，这一想法也是老布什和克林顿总统所认同的，但由于各种复杂的国外因素混杂在一起，这两项法案分别被两位总统签署。与此同时，《赫尔姆斯—伯顿法案》在美国国内也引起了激烈的争论。按照美国的法律规定，被没收时不是美国公民，不能获得由美国政府代为索偿的权利。但美国国会的议员们坚持认为，这样的权利应适用于所有美国公民，而不论其获得公民权的时间或方式。这与国际社会所接受的惯常做法相冲突，遭到了美国在古巴的财产没没收前已经是美国公民人的反对。

在签署《赫尔姆斯—伯顿法案》后，克林顿总统在国内外的压力下开始寻求对古政策的平衡，在该法案的实施上与盟国达成了妥协，并放宽了对古巴其他方面的政策。这些宽松政策使得美国对古巴的制裁大打折扣，加上古巴自身由于长期的封锁已经采取了一系列改革措施来缓解经济困难，所以，这两项制裁法案并没有取得制定者所预期的效果，古巴的经济仍在艰难中不断前行。

2001 年深受保守思想影响的小布什入主白宫后，比前两任政府更严格执行了对古巴的制裁法案。2004 年瑞士银行因向古巴等国提供美国美元新纸币被美联储罚款 1 亿美元，2008 年美国财政部分别对与古巴有着业务往来一家中国企业以及一家瑞士和美国的合资企业处以罚款。虽然这些制裁对古巴的一些外国投资产生了不利影响，但其边际影响不是很大，因为大多数的外国公司早已在这些制裁实施之前进入古巴，并占据了古巴的市场。尤其是自 2004 年以来，古巴近海油田的加快开发，已经吸引中国、印度、挪威、西班牙、加拿大、委内瑞拉和巴西等国家的众多企业前来投资开发。这使得越来越多的美国人认为，继续对古巴进行经济封锁将会让美国付出更昂贵的战略和经济代价。

四　反古的实践活动

除了依据已有的法案或确立新的针对古巴的法案反对古巴政府，美国还以其他各种公开和非公开的方式开展破坏古巴政权的活动，所有的这些反古活动，按内容可以分为：经济制裁、外交孤立、颠覆性宣传、恐怖暗杀以及其他一些隐蔽的准军事行动和破坏活动。

（一）经济制裁

经济制裁作为一种追求政治目标的经济工具，一直就是美国对古政策的重要内容，且随着不同时期美国对古政策目标的调整，其制裁古巴的手段也不断扩大。概括起来，从 1960 年 7 月至今美国对古巴经济制裁的主要手段有：贸易禁运，禁止美古之间的援助项目，禁止美国对其他国家或国际组织的援助和项目支持古巴，禁止进口古巴的蔗糖，禁止美国进出口银行在古巴的活动。[①] 这些制裁给古巴造成了巨大的经济损失，使其成为世界近代史上遭受封锁最长的国家。

美国最早考虑用经济制裁来对抗古巴是在古巴土地改革颁布一个月后，在美国国务院召开的关于讨论古巴局势的会议上，与会者就对古巴施加经济压力达成了共识。尽管当时美国驻古巴大使等少数人认为经济制裁只能加强卡斯特罗在国内的地位，促成古巴与苏联的接近，但美国政府仍将其视为削弱卡斯特罗政权的一个重要手段，开始考虑对古巴实施一些具体制裁：冻结古巴在美国的一切资产，禁止与古巴的一切贸易往来，要求美国私人公司对古巴实施自愿禁运行动等。[②] 在美国看来，古巴经济几乎所有方面都严重依赖美国，只要切断美国对古巴的供给，古巴就会出现饥荒和大失业，政府就会垮台。

1960 年 7 月美国开始对古巴实施制裁，大幅削减对古巴蔗糖的进口额。同年 10 月，美国开始对古巴实行经济封锁即贸易禁运：除了药品和食品外，禁止美国其他商品出口到古巴，并禁止把美国人拥有的船只出售、转让或出租给古巴的企业。1961 年 1 月，美国国务院宣布，除特别批准外，禁止美国公民前往古巴。同年 3 月，美国停止了一切从古巴的蔗糖进口。至此，美国彻底向古巴关闭了市场。同时美国还要求欧洲盟国、加拿大和一些拉美国家一道采取行动，减少对古巴的贸易，力图使美国单方面的封锁政策变成地区甚至是全球性的经济封锁行动。1960 年，美国不仅成功阻止

① 王松霞：《美国霸权与古巴革命——苏联解体以来的美古关系》，中国社会科学院博士学位论文，2003，第 43 页。
② Stephen G. Rabe, *Eisenhower and Latin America: The Foreign Policy of Anti-Communism*, Chapel Hill: The University of North Carolina Press, 1988, p.164.

了荷兰、法国等西欧国家的银行向古巴提供 100 万美元的贷款，而且还敦促北约盟国对美国的古巴政策提供政治上、经济上和道义上的支持。对美国的要求反应消极的国家，美国政府将警告它们，如果要取得美国的援助就必须以停止购买古巴的蔗糖为前提条件。① 无疑，美国的禁运和经济制裁给古巴造成了极大的损失，加剧了古巴的经济困难，古巴的贸易重心只能从美国转向苏联。

虽然 1961 年 8 月卡斯特罗政府提出愿意与美国就贸易和资产赔偿等问题进行会谈，并保证不与共产党国家结盟，但美国没有对此回应，并且扩大了对古巴的贸易禁运，以"降低古巴对西半球其他国家进行'侵略'、'颠覆'或其他危及美国和其他国家安全活动的能力"②。1962 年 2 月 3 日，肯尼迪颁布法令开始对古巴实施全面经济封锁，不但禁止一切从古巴出口或经过古巴的一切产品进入美国，也禁止美国向古巴出口任何产品。此后，美国政府相继出台一系列措施强化了对古巴的"经济战"：禁止向古巴进行汇兑，禁止任何在第三国加工生产的、含有古巴的原料或零部件的产品进入美国；单方面取消古巴的"最惠国"待遇；禁止美国港口向从事古巴贸易的共产党国家的船只提供油料和补给；禁止美国旅游者将产于古巴的产品带回美国；禁止古巴船只、飞机等获得储存在美国港口的石油；禁止在美国注册的船只向古巴运输美国禁运清单上的货物、美国军需品清单上的货物和原子能委员会清单上的物品等。③

① Morris H. Morley, *Imperial State and Revolution: The United States and Cuba, 1952 – 1986*, Cambridge: Cambridge University Press, 1987, p. 123.
② Lewis L. Could, "JFK and the Cuban Missile Crisis: Soviet Aid to Cuba, January-August 1962," *Documentary History of the John F. Kennedy Presidency*, Vol. 6, Washington, DC: Lexix Nexis, 2006, p. 49.
③ Donna Rich. Kaplowitz, *Anatomy of a Failed Embargo: U. S. Sanctions Against Cuba*, Boulder & London: Lynne Rienner Publishes, 1988, pp. 48 – 49.

总之，在 1959 年古巴革命胜利以后到 70 年代中期前，美国对古巴的制裁目的从最初保护自己在古巴的财产的报复，到通过遏制古巴的经济命脉削弱卡斯特罗政权，最后发展到试图将支撑整个古巴经济的全部重担压在苏联身上，都是出于与安全和军事对抗有关的现实主义考虑。直到 1974 年尼克松—福特政府时期，出于美国实力已经有所下降并与苏联关系有所缓和的考虑以及拉美国家的一致呼吁，美国开始准备松动对古巴的制裁。1975 年 8 月福特政府取消了对古巴的部分禁运。但到 20 世纪 70 年代晚期，随着卡特政府"人权外交"的提出，美国对外经济制裁的意识形态色彩越来越浓并且常与人权问题挂钩，对古巴经济制裁的手段更加多样化和具有进攻性，特别是在持强硬反共立场的里根政府上台后，美国又重新加强了对古巴的经济制裁，禁止美国人到古巴进行商业旅行。

1991 年苏联解体，外部主要敌人的消失不仅没有使美国对古巴的政策随之发生改变，反而由于受各种复杂的国内因素影响，美国对古巴的制裁措施越来越系统化、法律化，甚至形成了一套完整的经济封锁系统工程。冷战后美国对古巴的政策主要是受国会和古巴裔利益集团的影响，如老布什政府签署的"托里切利法案"、克林顿政府签署的《赫－伯法》、小布什政府提出的"援助自由古巴委员会"的报告。这些法案试图通过给古巴制造经济上的极端困难，以达到扼杀古巴"独裁政权"的政治目的。

美国对古巴进行残酷制裁给古巴造成了巨大的经济损失，使其成为"这个地球上唯一遭到封锁的国家"①。2008 年 10 月古巴驻华大使表示，美国的封锁已经成为古巴发展的主要障碍，近 50 年的

---

① 王松霞：《美国霸权与古巴革命——苏联解体以来的美古关系》，中国社会科学院博士学位论文，2003，第 44 页。

封锁给古巴造成了至少 930 亿美元的直接损失。除此之外，为了应对美国军事威胁和所支持的颠覆活动古巴政府耗费了 540 多亿美元。[①] 尽管如此，卡斯特罗政权不仅没有因为美国给其制造的极端经济困境而倒台，反而坚定了古巴人的信念即古巴的发展苦难是由美国造成的，而非卡斯特罗政权的存在，这帮助了卡斯特罗政权在"双重封锁"下实现平衡过渡。

与此同时，美国自身因为这些极端的措施经济利益和政治利益受到了严重损害。首先，随着全球化的加快，各国都将经济利益放在对外政策中的重要地位，而美国为制裁古巴而采取的跨国司法管辖，不仅侵犯了各国的主权和经济利益，也是逆全球化的做法，遭到国际社会的普遍反对。其次，美国的国际地位和形象因对古巴的制裁大大下降。虽然美国在制裁古巴问题上常常以人权为借口，但它违背了《联合国宪章》《美洲国家组织宪章》《日内瓦公约》等有关战争时期善意对待平民公约规定的人权基本准则。这使得古巴反对美国封锁的斗争赢得了国际社会广泛的同情和支持，美国反而在古巴问题上孤立了自己。从 1992 年一直到 2008 年卡斯特罗正式卸任前，在每年的联合国大会的"美国必须停止对古巴经济、贸易、金融封锁"这一提案的表决上，支持取消封锁的国家的票数呈上升趋势，不支持的国家占极少数，弃权的票数也在显著地减少。最后，美国国内反对制裁古巴的呼声日渐高涨，不仅美国的农业集团、商业集团对政府对古巴实行全面封锁的抱怨越来越大，普通民众反对制裁古巴的人也在不断增长。

在这种背景下，2009 年上台的奥巴马政府在上台后就表现出了适当放松古巴制裁的倾向。2009 年 3 月，美国参议院投票解除

---

① "古巴提交草案 要求美国结束近 50 年经济制裁"，《华商数字报》，2008 年 10 月 28 日，http：//news. hsw. cn/2008－10/28/content_ 10363843. htm。

了部分由布什政府设定的针对古巴及在美国的古巴裔人的限制，并允许在美国的古巴裔人每年返回古巴探亲和向古巴汇款。虽然这些解禁的范围不大，但它使美国商界广泛存在对未来解禁商机的预期，美国很多知名品牌产品如麦当劳、耐克、威士、星巴克等都已经在古巴登记注册。

（二）外交孤立

外交孤立同经济制裁一样是美国公开敌视古巴的主要手段且两者常是相互配合或结合在一起进行，对古巴的国际关系具有重要的影响。

冷战期间由于美国一直将拉美视为其全球战略的后院，所以在美国决策者眼中，卡斯特罗领导的古巴不仅是一个进行颠覆活动的基地，更是"苏联在西半球扶持起来的一个马克思主义国家，它针对贫困和压迫问题提出了一种极具革命性的解决方法"[①]。对于这样的挑战，美国不仅自身对古巴采取了敌视政策，还促使拉美国家共同公开拒斥古巴模式，防范拉美"第二个古巴"的出现。

1959 年古巴政治革命胜利后，由于卡斯特罗领导的古巴政府很快着手经济革命，这使本来就厌恶"民族主义""中立主义"政权的艾森豪威尔担心古巴革命会影响拉丁美洲各国，危及美国在拉美的霸权地位。于是美国开始考虑通过美洲国家组织对古巴加以限制和孤立。在 1959 年 8 月智利圣地亚哥召开的第 5 次美洲国家外长会议，艾森豪威尔政府公开指责古巴革命引起了加勒比地区的紧张局势，要求美洲国家组织成员加强合作来解决加勒比地区的紧张局势。虽然会议并没有采取实际的反古巴行动，但

---

① 〔美〕雷迅马：《作为意识形态的现代化：社会科学与美国对第三世界政策》，牛可译，中央编译出版社，2003，第 139 页。

古巴与拉美各国的关系因此受到了不利影响。在 1960 年 8 月哥斯达黎加圣何塞的第 7 次美洲国家外长会议上，美国通过施加经济压力和政治压力迫使大会通过了谴责古巴的《圣何塞宣言》。从此美洲国家组织成为美国孤立和制裁古巴的主要工具。1962 年 1 月，在乌拉圭埃斯特角举行的第 8 次美洲国家外长会议上，美国对与会国家施加了更大的压力，最终将古巴排除出美洲国家组织，在此之后，拉美的大多数国家纷纷与古巴断交。古巴导弹危机后，由于古巴"享有"了安置苏联导弹的恶誉，这使美国基本实现了古巴彻底被孤立的目的。1964 年 7 月 21～26 日，第 9 次美洲国家外长会议通过了"集体制裁"古巴的决议。至此，除了墨西哥，几乎所有的拉美国家都与古巴中断了外交关系。直到 60 年代末，古巴放弃在拉美支援革命运动，一些国家与古巴的关系才逐渐好转。

总之，从 20 世纪 60 年代到 70 年代初，通过政治和经济施压美国不仅成功地将古巴从美洲国家组织中驱除出去，还成功制止了"第二个古巴"的出现，最终达到了孤立古巴、稳固美国在这一地区霸权的目的。尽管在进入 70 年代后，与古巴复交的拉美国家在逐渐增多，但由于意识形态因素以及美古敌对关系的继续，古巴再也没有成为拉美地区组织中的一员。这对古巴外交和经济的发展形成了很大制约。

冷战结束后古巴失去了发展的战略依托，但美国依然没有放弃孤立古巴的政策。1992 年托里切利法案颁布前夕，为了彻底封锁古巴，防止其他国家与古巴发生贸易和投资联系，美国向欧洲和拉美国家的政府和大企业发出了外交信件，"建议"他们不要与古巴发生经贸联系，美国将继续对古巴进行封锁。这种外交威胁说明，美国不仅自身没有放弃对古巴的封锁，还试图以其政治影响力孤立古巴，从而继续使美国对古巴的封锁国际化。此外，美国还常借口古巴的民主问题、人权问题，竭力在国际范围内拼凑反古阵营，以达到政治上孤立古巴的目的。在 1999 年 11 月第 9 届伊比利亚美洲国家首脑会议召开期间（在古巴召开），美国国务卿奥尔布赖特向参加会议的首脑致信，要求他们敦促古巴进行政治改革和保护拉美和西方的人权。2001 年 4 月，在日内瓦召开的人权会议上，美国私下对一些非洲国家进行威胁、恫吓，迫使它们放弃或改变立场，对古巴的人权问题进行指责，以孤立和制裁古巴，最终大会以微弱的优势通过了对古巴人权的提案。

尽管如此，冷战后美国孤立古巴的政策并未取得胜利。所有拉美国家同古巴恢复了外交关系，美国的西方盟友在与古巴发展经贸关系的同时也逐渐和古巴开始了政治交往。2008 年 6 月，欧盟决定解除 2003 年以古巴逮捕 75 名"持不同政见者"为由的"外交封锁"，无条件恢复与古巴的对话。同年 10 月，欧盟发展与人道主义援助委员路易·米歇尔到访古巴，实现了欧盟与古巴关系的正常化，同时欧盟承诺尊重古巴的政治独立，不干涉古巴内政。不仅如此，冷战结束后放弃了在古巴军事基地的俄罗斯也在 2008 年表示准备恢复与古巴的军事合作关系，恢复在古巴的军事基地。这些无疑加大了美国调整对古政策的压力，即美国继续坚持对古巴强硬的政策，将不仅在古巴问题上日益孤立，在整个美洲的影响力也会持续下降。

（三）颠覆性宣传

颠覆性宣传是美国反对古巴政权的重要手段之一，属于美国对卡斯特罗政权所发动的一种心理战。美国学者乔恩·埃利斯顿把这种心理战分为三种类型："白色宣传"（white propaganda）、"灰色宣传"（grey propaganda）和"黑色宣传"（black propaganda）。其中"白色宣传"是指对特定目标听众进行公开的呼吁，属于公开的宣传，比如美国对古巴公开的电台宣传；"灰色宣传"是指避免确定来源的宣传活动，散布的都是宣传者所偏爱的信息，比如中央情报局收买古巴流亡者进行的信息传播；"黑色宣传"是指完全捏造消息及其的宣传，是最具欺骗性的一种宣传，常以宣传者的敌人的名义发出。[1] 这三种宣传是美国对卡斯特罗政府进行颠覆性活动的重要手段。

冷战时期颠覆性宣传被美国视为与苏联争夺世界霸权的最好武器之一。因此被美国视为"苏联在拉丁美洲的桥头堡"的古巴自然成为美国冷战时期进行颠覆性宣传的重点对象。1960 年艾森豪威尔总统下令由中情局控制的古巴流亡组织对古巴进行隐蔽的反政府宣传。随后，美国中央情报局在古巴西南面的天鹅群岛上设立了"天鹅电台"对古巴进行颠覆性宣传。为了使行动隐蔽，中情局将"天鹅电台"定为商业电台，由古巴流亡组织购买广播时段，由他们来进行广播。但"天鹅电台"的宣传活动并不成功：一是古巴流亡分子在宣传中透露太多他们对古巴政府的秘密破坏活动，无法与境内的古巴人产生共鸣；二是流亡者在广播宣传中注重表达个人的政治野心，为了产生轰动效果很多事实是编造的。所以"天鹅电台"产生的效果只是提升了古巴流亡者诽谤的声音，尤其在1961 年 4 月美国雇用古巴流亡者入侵古巴吉隆滩时，"天鹅电台"用暗语向雇佣军发布命令和煽动古巴人民、军人武装起义，无法获得古巴人的认同。除了电台广播，中央情报局同时还对古巴进行了其他隐蔽的宣传活动：协助古巴流亡分子出版反卡斯特罗刊物，联系和组织古巴国内有影响的人物去拉美其他国家进行游说，以聚集其他国家支持反卡斯特罗行动，让美国控制的拉美地区的报纸、广播等新闻媒体配合中央情报局进行一系列的反卡斯特罗的宣传。

---

[1] James E. Webb, "A Plan for National Psychological Warfare," United States National Security Council, NSC74, July 10, 1950, Presidential Directives, PD00200, DNSA.

1961 年底，美国官方机构美国新闻署所属的"美国之音"设立了专门进行反卡斯特罗政府宣传的"同古巴相约"节目。相比"天鹅电台"，"美国之音"的宣传攻势更强大，它不仅向古巴进行广播，还对整个拉美国家进行广播，并且是围绕着一些古巴存在的现实问题对古巴人进行反政府煽动。这在古巴国内造成了较大的影响，古巴的很多技术人员、医生以及其他专业人员都在其鼓动下，逃离了古巴，跑向"自由世界"美国。尤其在 1962 年古巴导弹危机期间，"美国之音"加强了对古巴的宣传攻势，通过 2 家美国政府的广播电视和 10 家商业电台从佛罗里达马拉松岛全天 24 小时向古巴全境进行颠覆性宣传。但在 1974 年至 1981 年福特总统和卡特总统执政时期，"美国之音"停止了针对古巴的"同古巴相约"的宣传节目。

古巴导弹危机过后，美国为避免古巴和苏联发生全面冲突，没有以官方广播的形式继续加强反古巴的颠覆性宣传，但也没有放弃反古宣传活动，甚至在某些时候是加大宣传力度。一方面，自 1962 年以来大批古巴人出逃到美国，且从 1962 年到 1972 年美国政府给予在美国的古巴移民和古巴企业以大量的财政支持，以彰显古巴人在美国的"自由"和"富裕"，这些结果本身就为美国的反古宣传提供了较有说服力的证据。另一方面，在大量古巴移民聚集的迈阿密地区，地方电台如"基比"电台、"拉古巴尼西马"电台以及由古巴流亡分子设立的"熙德电台""阿尔法 66 之声""自由电台""自由古巴电台"等非政府的电台加强了对古巴的颠覆性宣传。

直到 1981 年里根政府上台后，采纳了保守智囊团"圣菲委员会"的建议，由古巴流亡分子组织的古美基金会资助，筹划建立了专门进行反古巴政府宣传的"马蒂电台"（以古巴的民族英雄何塞·马蒂命名）。1985 年 5 月 20 日设在佛罗里达州的由美国新闻署领导的"马蒂电台"正式开播，这标志着美国政府向古巴发起"电波战"。对于美国这一公然挑衅，古巴政府进行了强烈的谴责，宣布终止 1984 年美古两国达成的移民协定，美古关系由此加速恶化。1990 年 4 月，古巴对"马蒂电台"干扰成功，此后在古巴境内很少再能听到"马蒂电台"的反古广播。

但美国政府并没有由此减弱对古巴政府的颠覆宣传，在东欧剧变后，为了"古巴人可以自由地看到世界是什么样子，而不是受卡斯特罗的限制"[①]，老布什政府于 1990 年 3 月开设了由"美国之音"主办和出资，受古巴流亡者极右组织大力支持的"马蒂电视台"。该电视台除了播放文艺节目外，还在新闻节目中大量报道与古巴政府立场不一致的内容，以煽动古巴民众的不满情绪。据1992 年古巴政府统计，美国的反古电台每周对古巴播报 500 小时。到 1995 年美国的一家杂志报道，在 1994 年佛罗里达州有 17 家反古电台，每天以 21 小时的播报，煽动古巴人反对古巴政府或离开古巴。[②] 不论是克林顿政府还是小布什政府都在古巴流亡分子的影响下，每年拨出巨款资助"马蒂电台"和"马蒂电视台"加强对古巴的颠覆性宣传。

除了通过电台、电视台进行反古宣传外，以立法为依托鼓励古巴国内不满政权和现状的人逃离古巴，也一直是美国对古巴进行颠覆性宣传的重要和有效的手段之一。因为在美国看来，成千上万的古巴人离开自己的祖国，跑向美国追求更有希望的生活，这可以充分向世人展示古巴政权的失败。所以，美国不仅欢迎他们也希望有更多的古巴人做出这样的选择。而只要美国政府坚持对古巴政府进行颠覆宣传的政策，不论以何种方式，美古两国间的政治气候就不

---

① 徐世澄：《冲撞：卡斯特罗与美国总统》，东方出版社，1999，第 96 页。

② 徐世澄：《卡斯特罗评传》，人民出版社，2008，第 265 页。

会改善。

（四）暗杀行动

自卡斯特罗登台以后，为了推翻其革命政府，美国不仅从政治、经济、军事和外交上对其施加高压，甚至还资助和策划了许多次针对卡斯特罗及其身边人员的暗杀，企图在肉体上消灭他。据2005年古巴内务部原情报部主任埃斯卡兰特根据美国中央情报局的解密档案和古巴情报部门出版的《秘密战：罪行大事记1959~2000年》一书披露，美国在此期间对卡斯特罗本人进行过638次暗杀行动，包括利用毒品、炸弹和化学物品的暗杀，其中164起暗杀阴谋付诸实施，并有好几次差点成功。[①] 根据卡斯特罗自己的说法是，从1959年古巴革命胜利以来，历届美国总统中，只有吉米·卡特和比尔·克林顿没有下过对他的暗杀命令。

美国所有对卡斯特罗的暗杀计划按形式主要可以分为三种：第一种是由美国中央情报局（CIA）直接组织实施的；第二种是由成立的所谓"独立行动小组"实施的，美国向这些活动组织提供全部的行动资金，但美国机构不直接介入；第三种是煽动，即由中情局搜罗潜在杀手，并给他们灌输某种仇恨意识，然后由他们寻找各种接近卡斯特罗的机会实施暗杀。

然而美国多年来对卡斯特罗的暗杀阴谋以及其他的不公正政策也引起了美国CIA一些内部人员的反感，甚至有人因同情古巴而转而成为"古巴间谍"。在"9·11"恐怖袭击发生后的第10天，美国联邦调查局就抓获了一名为古巴工作的女间谍，此人是负责向美军南方司令部的高级军官、联邦政府议员和工作人员汇报有关古

---

① 《卡翁退休仍然在抗美》，《东莞时报》，[2008 - 12 - 24]，http：//dgtime. timedg. com/ html/2008 - 12/24/content_ 234523. htm。

巴情报,并向美国政府最高决策层提供有关古巴问题各种分析的时任美国国防部军事情报局古巴情报科科长。她被捕后在法庭上进行自我辩护时说:"我认为我国政府对古巴政策是残酷的,不公平的,我觉得我有义务帮助这个岛国抵制我国政府将我们的价值观和政治制度强加给它","用提供机密情报来帮助古巴反抗来自美国的政治和经济的制裁行为也许是不正确的,但我只能说我认为我的作为只是针对极不公正的美国政策","我最大的希望是想看到美国与古巴能友好相处,我希望我的所作所为能触动我们的政府,放弃对古巴的敌意,以宽容、相互尊重和相互理解的态度与古巴政府合作"。[①]

除了实施以上几方面的反古、反卡斯特罗活动外,美国还对古巴实施了一些其他隐蔽的准军事行动和破坏活动,如1961年的吉隆滩登陆以及此后一些针对古巴民用设施、港口设施等的袭击行动。这些暴力活动一方面给古巴人民和社会造成了巨大的损失,激起古巴人对美国霸权行径的仇恨,从而更加支持或转向支持卡斯特罗以"反美"为口号的改革和运动。另一方面随着这些隐蔽活动的暴露,美国在拉美的国际形象大大受损,越来越多的拉美国家开始不愿跟随美国的反古政策,他们逐渐改善了与古巴的关系并展开了经贸往来,这为冷战后古巴重返拉美国际舞台做了重要准备。

---

① 杨明辉、周永瑞:《解码卡斯特罗》,中国工人出版社,2010,第219页。

第五章
影响古美关系的其他因素

在古美关系演变的过程中，除古巴、美国外的其他外在力量因素也发挥着重要作用。其中苏联是冷战时期影响古美关系发展的最重要外部因素，拉美区域力量是影响古美关系发展的重要地区因素，美籍古巴人社团是影响古美关系发展的重要民间因素。

一 苏联对古美关系的影响

苏联是影响卡斯特罗时代古美关系发展的一个重要因素，尤其在冷战时期，苏联一直充当着古美关系恶化的催化剂，美国对古政策很大部分都是依据古苏关系的发展而定。冷战结束后，虽然古巴已经不对美国构成战略威胁，但古巴发展的战略依托苏联的消失，反而刺激了美国国内反古力量和决心的增强，一直到卡斯特罗卸任美国都没有放弃对古巴的敌视政策。

（一）对古巴革命的支持

1959 年古巴革命胜利前古巴一直都是美国的势力范围，在各方面对美国存在较深依赖，尤其在巴蒂斯塔独裁政府时期，古巴与苏联断绝了外交关系（1952 年 4 月），这导致在 1959 年以前苏联对古巴没有多少接触和了解。即便在 1953 年古巴爆发了由卡斯特罗领导的反巴蒂斯塔政府的武装斗争，情况依然如此，苏联媒体在提及卡斯特罗领导的这场斗争时，都用"起义""反叛""游击战"等字眼。直到古巴革命即将胜利时才把它称为是"民族解放运动"，不论是行动上还是道义上，都未给过任何支持。[①] 就如卡斯特罗所说，"古巴革命（1959 年前的革命）是古巴人自己进行的，苏联人没有给过古巴革命一分钱、一支枪"；"1959 年 1 月，我一个苏联人都不认识，也不认识苏联领导人"。[②]

即便如此，苏联在这一时期并没有忽视它在拉丁美洲的长远政治目标，即颠覆拉美大陆使其转入"社会主义体系"。赫鲁晓夫在 1956 年苏共第 20 次代表大会上曾强调，中美和南美是苏联进行反殖和反帝这一关键性战斗的紧急地带。[③] 所以，在 1959 年古巴民主革命胜利后，苏联很快承认了古巴临时政府，只是由于两国之间没有进行正式的交往和联系，苏联对古巴新政府会奉行什么政治路线并不清楚，于是继续对古巴采取谨慎观望的态度。

直到 1959 年下半年开始，古美间的交恶日渐明显，苏联政府对卡斯特罗及古巴革命有了更清晰的看法。第一，古巴革命并非一次寻常的拉美政变，它是一场基础雄厚、得到民众广泛支持的社会革命，它体现出克服美帝国主义所制造困难的可能性。[④] 在苏联看来，社会主义与非社会主义国家之间的主要联系就是共同反对帝国主义的态度，这种态度在苏古间已经具备。第二，卡斯特罗领导的

---

① Samuel Farber, *The Origins of the Cuban Revolution Reconsidered*, Chapel Hill: The University of North Carolina Press, 2006, p. 144; George J. Boughton, "Soviet-Cuban Relations, 1956 – 1960", *Journal of Inter-American Studies and World Affairs*, 1974, 16 (4): 437 – 443.

② 〔古〕菲德尔·卡斯特罗、〔法〕伊格纳西奥·拉莫内：《卡斯特罗访谈传记：我的一生》，中国社会科学院拉丁美洲研究所译，中国社会科学出版社，2008，第 257 页。

③ 阿尔贝托·丹尼尔·法列罗：《苏联在拉丁美洲的战略》，载〔美〕J. 格雷戈里·奥斯瓦德、〔德〕安东尼·J. 斯特罗威尔：《苏联与拉丁美洲》，上海人民出版社，1974，第 55 页。

④ 罗伯特·K. 弗尔塔克：《古巴对苏联的意识形态和关于第三世界策略的影响》，载〔美〕J. 格雷戈里·奥斯瓦德、〔德〕安东尼·J. 斯特罗威尔：《苏联与拉丁美洲》，上海人民出版社，1974，第 135 页。

改革措施具有共产主义倾向，尽管他本人声称自己不是共产党，领导进行的是激进、具有人道主义色彩的民主革命。在认清这两方面后，苏联政府及时向古巴表示出了"友好"：高度赞扬卡斯特罗政府的土地改革措施，指出这一措施可以帮助古巴摆脱其半殖民地的经济体系和对外国市场的完全依赖。[①] 总之，苏联感兴趣的是，在古巴这样一个对美国有着特殊意义的地区，不仅进行了政治上的民族民主革命，还继而开展了具有"反美"意义的经济上的革命。这使苏联相信，古巴的民主斗争很可能将发展成一种引起社会经济基础发生变化的革命，从而与苏联擦出"火花"——共同反对帝国主义和资本主义，使苏联的势力扩展到美国的传统势力范围。所以，在密切观察古美关系发展的同时，苏联也试图寻找与古巴接近的机会。

1959 年 9 月赫鲁晓夫在访美期间，口头承诺短时间内苏联不会向古巴提供任何军事援助，但赫鲁晓夫在回国后立即改变了这一"决定"，允许华约国家向古巴出售武器。苏联的食言使美国感到愤怒，加重了美国对苏联对古巴进行势力渗透的担忧，同时也为苏联创造了日后与古巴进行接触的机会，成为苏联在恶化古美关系上埋下的第一粒种子。

1960 年 2 月，苏联副总理兼经贸部长米高扬应古巴政府的邀请对古巴进行访问，这是苏联高层领导人首次与卡斯特罗等古巴领导人的接触，它导致苏古关系发生重大变化。通过这次接触，苏联对古美关系有了更真实的了解：美国政府已经开始对古巴实行制裁，停止了向古巴购买蔗糖和提供石油产品，目前蔗糖和石油成为古巴最需要迫切解决的问题。如果苏联在这两个方面向古巴提供帮

---

① 参见 Edward Gonzales, "Castro's Revolution: Cuban Communist Appeals and the Soviet Response", *World Politics*, 1968, 21 (1): 39 – 68。

助，很可能对古巴未来的发展产生重大，甚至是决定性的影响。所以，这次访问在苏联和古巴看来，是一次极好进行政治和经济合作的机会。[1] 随后，古苏双方签订了一份具有明显援助古巴性质的贸易协定，这份协定被卡斯特罗称为古巴"所签订的最有利的协定之一"[2]。同时苏联也为自己能在美国的家门口找到"真正的革命者"感到兴奋，米高扬曾向美国政府官员这样解释，"你们美国人必须了理解古巴对我们老布尔什维克意味着什么，我们一生都期盼着出现一个没有红军的共产党国家，这恰恰在古巴实现了"[3]。经过这次合作后，苏联认为，卡斯特罗等古巴领导人的思想意识形态很快就会转变成马克思主义，为此，苏联应该进一步帮助古巴，同时保持思想上的警惕性，因为一旦美国估计到古巴转向了社会主义苏联，就会立刻将其扼杀掉。[4]

在 1960 年 5 月赫鲁晓夫同意卡斯特罗请求的武器援助后，古巴很快就宣布与苏联恢复外交关系。此后双边的政治关系和经济关系得到迅速发展。同年 7 月，在格瓦拉宣布古巴是"社会主义阵营"组成部分后，赫鲁晓夫谴责了美国对古巴的封锁和干涉，并警告美国"门罗主义"已经过时，最好埋葬它；如果美国对古巴采取侵略行径，苏联将帮助古巴人民捍卫其民族独立。尽管赫鲁晓夫这一言行冒着破坏"缓和"的危险，但从三个方面考虑，他认为这种"大胆"的付出是值得和应该的。首先，支持民族解放运动和各国人民的革命是苏联可利用的一面旗帜，它可以维护自己在

---

① Aleksandr Fursenko, Timothy Naftali, *Khrushchev's Cold War: The Inside Story of an American Adversary*, New York: W. W. Norton, 1997, pp. 296 – 297.

② 〔苏〕安·安·葛罗米柯、鲍·尼·波诺马廖夫：《苏联对外政策史（1945～1980）》，沈芜清等译，中国人民大学出版社，1989，第 382 页。

③ James A. Nathan, *Anatomy of the Cuban Missile Crisis*, Westport: Greenwood Press, 2000, p. 45.

④ 〔俄〕谢·赫鲁晓夫：《儿子眼中的赫鲁晓夫：导弹与危机》，郭家申等译，中央编译出版社，2006，第 406 页。

国际共产主义运动中的领导地位。"现在人民民主的和民族解放的以及社会主义的革命任务正在越来越汇合起来。社会发展的逻辑已经把所有这些革命首先导向反对一个主要敌人，即帝国主义和垄断资产阶级。"① 其次，将古巴作为向美国后院拉丁美洲渗透的通道。拉美一直都是美国的势力范围，但古巴革命政权的出现以及它同美国的矛盾，给苏联提供了历史难得的机遇，古巴需要苏联的支持来对抗美国，苏联也需要利用古巴扩大在拉美的影响。在赫鲁晓夫看来，"围绕古巴所发生的事件将在很多年内决定着世界革命进程的发展"，所以苏联必须竭尽全力保卫古巴的革命，使这里开始革命运动的新阶段。② 最后，把冷战的战场扩大到美国的传统势力范围，能够加强抗衡美国的力量。冷战自开始以来一直在苏联的地缘政治利益最为关注的地区进行，这使苏联一直处于一种防御的战略态势，如果能把冷战的战场延伸到拉丁美洲，对于改善苏联的战略地位将是极为有利的。

正是苏联对古巴表现出来的"坚决"支持，坚定了美国对于卡斯特罗已经完全"背叛"民主革命，对整个西半球构成共产主义威胁的判断。所以美国决策者加紧制订推翻卡斯特罗政府的各种计划，以支持和鼓励古巴人为一个自由的古巴而奋斗。与此同时，苏联和古巴的情报人员也获得了关于美国计划进攻古巴的各种信息。对此，苏联一方面展开宣传攻势，警告美国不要进攻古巴，甚至表示不惜用核武器保护古巴；另一方面也在努力避免通过与古巴签订正式的互助条约来对其进行保护。在赫鲁晓夫看来，与古巴

---

① 阿尔贝托·丹尼尔·法列罗尼：《苏联在拉丁美洲的战略》，载〔美〕J. 格雷戈里·奥斯瓦德、〔德〕安东尼·J. 斯特罗威尔：《苏联与拉丁美洲》，上海人民出版社，1974，第56页。

② 〔俄〕谢·赫鲁晓夫：《儿子眼中的赫鲁晓夫：导弹与危机》，郭家申等译，中央编译出版社，2006，第430页。

签订互助保护条约是无用且危险的，因为美国的海军力量远胜于苏联，而古巴距离佛罗里达仅 217 公里，一旦美国从海上登陆古巴，苏联将无能为力。所以，苏联对古巴在政治上的支持表现为通过加紧对古巴的军事援助来增强其自卫能力。就如劳尔·卡斯特罗在一篇关于吉隆滩战役古巴胜利的文章中强调的，"苏联的援助是一个决定性的因素"，"我们收到苏联的武器非常之快，而且正是在我们最最需要的时刻收到这些武器的"。①

最终 1961 年美国制造的吉隆滩登陆事件使苏联与古巴的关系进入实质性发展阶段，古巴正式成为以苏联为首的社会主义阵营中的一员。正是在美国的家门口出现了一个将民族主义和共产主义相结合，并积极寻求苏联军事援助的政权，使苏联有了可利用其"化解北约轰炸机和部署在土耳其、意大利境内美国导弹对苏联造成的威胁"的机会。②古巴也因此成为冷战中两个超级大国力量角逐的重要筹码。

（二）导弹的部署和后果

吉隆滩登陆事件后，赫鲁晓夫认定，这仅仅是个开头，美国无法容忍在其沿海有一个社会主义古巴，因为美国惧怕社会主义古巴成为一块将其他拉美国家吸引到社会主义阵营的磁石，所以苏联有义务尽一切可能来保护古巴，务必使其能作为一个社会主义国家而存在，并成为其他拉美国家的现实榜样。至于采取何种方式对古巴进行保护，苏联自然要把它放入苏联对抗美国的整体战略中来考虑。自赫鲁晓夫上台后，苏美两国的军备竞赛就进入新高度，虽然苏联首先成功地发射了洲际导弹和人造卫星，但始终未能扭转苏联

---

① 〔美〕詹姆斯·西伯奇：《苏联在加勒比海地区的海上力量》，复旦大学历史系拉丁美洲研究室译，上海人民出版社，1975，第 121~122 页。
② 赵学功：《十月风云：古巴导弹危机研究》，天津人民出版社，2009，第 87 页。

对美国的核劣势地位，而最让赫鲁晓夫恼火的是，离苏联很近的土耳其部署了直接威慑苏联的美国导弹。因而赫鲁晓夫认为，在古巴部署导弹既可以保卫古巴，还可以教训美国"有敌人的导弹对准你，会是什么感觉；我们不过是以其人之道还治其人之身"[①]。虽然这一企图是极大胆和冒险的，但"如果我们不首先采取实际措施来改善我们的军事态势，就不可能与美国人成功地商谈古巴问题或任何其他问题"[②]。因为只要苏联在古巴秘密安置导弹取得成功的话，美国就只能接受这一既定事实。这种结果不仅可以威慑美国使其不敢对苏联发动先发制人的打击，还有助于解决苏联所遇到的政治、军事问题，从而改变整个冷战环境。总之，赫鲁晓夫在古巴部署导弹的想法，主要目的是加强苏联同美国在全球对抗的能力，改变苏联和美国之间的战略平衡，为达成平等的谈判创造条件，即在柏林问题、限制军备竞赛问题上苏联有更多的资本与美国讨价还价。

关于如何部署导弹，赫鲁晓夫的想法是：在古巴这一特殊地区苏联的力量是不占优势的，行动必须在极秘密的情况下进行，至少要保持在1962年11月6日美国国会选举之前不被发现，到那时古巴将成为世界政治的焦点，美国想采取什么办法反对也为时已晚，因为美国在土耳其、意大利等国家部署导弹，苏联也未敢轻易对此采取行动，届时苏联将与美国进行对等谈判。在赫鲁晓夫看来，部署导弹是遏制美国的一种手段，它有助于恢复苏联和美国的力量平衡，并且不会导致直接的军事冲突，"因为讲求实际的美国人未必敢于轻率冒险"[③]。

---

① 〔苏〕尼基塔·谢·赫鲁晓夫：《赫鲁晓夫回忆录》，张岱云等译，东方出版社，1988，第698页。

② Richard Ned Lebow, Janice Gross Stein, *We All Lost the Cold War*, Princeton：Cornell University Press, 1987, p. 88.

③ 赵学功：《十月风云：古巴导弹危机研究》，天津人民出版社，2009，第107页。

　　不管赫鲁晓夫作出的计划和判断是否合理，这一大胆的尝试能否实施最终要取决于古巴，如果古巴当时不接受苏联的提议也不会有古巴导弹危机。但在苏联提出这一建议后，刚刚加入社会主义阵营，并靠苏联培植军事力量的古巴出于战略上的考虑，即通过加强社会主义阵营在国际力量对比中的地位使美国的行动自由受到约束，基本上接受了苏联的部署导弹计划。只是卡斯特罗希望，苏联和古巴签订一项合法的协议，然后古巴正式公布同意苏联在古巴建立导弹基地，这样不仅可以对美国的入侵产生威慑作用，还可以在联合国和国际舆论面前加强古巴的道义地位，古巴作为一个主权国家，有权获得必要的武器。日后肯尼迪的一些顾问也承认，如果苏联公开地在古巴部署导弹，美国将更难反对，因为这一先例是美国确立的，美国在英国、意大利、土耳其等国都部署了自己的导弹。

　　但苏联的行动只是把导弹部署在古巴，武器的使用和管理完全掌握在苏联向古巴派出的4万多军事人员和专家的手中。赫鲁晓夫的儿子谢尔盖·赫鲁晓夫在1989年莫斯科古巴导弹危机研讨会上，对于苏联的这一安排予以解释："我父亲决不允许核弹头装在导弹上，那会使一个疯子很容易开启一场战争"，在古巴的那些导弹从未实际瞄准华盛顿和纽约这样的大城市和工业中心。① 这份揭露充分说明，当时赫鲁晓夫更多的是把古巴当做一个与美国较量的基地，他要把主动权牢牢掌控在自己手里，根据事态的发展需要自由处理，而让古巴承担着巨大的风险且没有多大发言权。

　　赫鲁晓夫部署导弹的计划除了对美国和古巴具有很大的欺骗性外，其决策本身也是建立在各种错误的估计上，具有很大程度上的随意性、投机性和盲目性。赫鲁晓夫认为，这些导弹基地在可供使

---

① Bruce J. Allyn, James G. Blight, David A. Welch, "Essence of Revision: Moscow, Havana, and the Cuban Missile Crisis", *International Security*, Winter 1989/90, 14 (3): 154.

用之前不会被美国人发现，即使导弹被发现，美国人也不会冒险进行报复，只能接受现实而没有别的选择，即使美国人有所作为，苏联人也对付得了，能控制住危险。但他的这些估计后来证明都是错误的：在苏联未安置好导弹前美国就发现了古巴的导弹；美国在海上采取了封锁行动，并对苏联提出了威胁；局面逐渐走向失控，世界徘徊在核战争的边缘。面对这些，赫鲁晓夫不得不最先"退却"，向美国发出和解的信号，无论如何，他都没有打算为古巴同美国打一场战争。最终，古巴导弹危机以美苏达成"撤销美国在土耳其的导弹基地换取苏联撤除古巴导弹基地"的秘密协定，以及美国间接的不入侵古巴的保证而结束，而这样的协议和保证是在古巴领导人毫不知情的情况下取得的。

虽然古巴导弹危机的结束深深地影响了古巴与苏联的关系，但在此之后，古巴与美国的关系由于苏美关系的缓和而进入一个相对缓和的时期，如果没有苏美"大缓和"的出现，美国对古巴革命的干涉可能力度更强、规模更大。古巴导弹危机后，苏联不仅认识到，在可能引起核战争的情况下，"维持一个没有苏联导弹的古巴要比古巴被美国占领更符合苏联的利益"；① 更清楚了社会主义的扩张不一定就和苏联安全的增长联系在一起。基于这两方面的认识，在导弹危机后，苏联在拉丁美洲的政策更体现为实践短期目标，如煽动拉美各国的政府抵制美国的经济影响和反对美国的具体政策，而较少体现为帮助各国建立"民族民主"或"社会主义"政权这种最终目标的实践，以防止他们效仿古巴的例子。②

---

① Mark Kramer, "The Lessons of the Cuban Missile Crisis for Warsaw Pact Nuclear Operation", *Cold War International History Project Bulletin*, Spring 1995（5）：110.

② 沃尔夫冈·W. 贝尔纳：《古巴在苏联的拉丁美洲战略中的地位》，载〔美〕J. 格雷戈里·奥斯瓦德、〔德〕安东尼·J. 斯特罗威尔：《苏联与拉丁美洲》，上海人民出版社，1974，第124页。

与此同时，导弹危机也让古巴清楚了苏联人是靠不住的，"从莫斯科忙着与华盛顿进行对话的那一时刻起，古巴应该在世界舞台上加强与美国的对抗"，尤其是加大对拉美地区革命的支援，使古巴"不处在两大阵营之间的等距离处"，而是处在一个"完全不同平面的属于自己的中心"。① 自然，古巴试图通过支持世界范围的"反帝国主义"以迫使"美帝国主义"承担的义务范围扩大、变得更易于攻击的做法，招致了苏联的不满：一是它破坏了苏联"重新回到的与美国和平共处"的战略，使苏联冒有与美国进行军事对抗的风险；二是它向苏联这一国际共产主义运动的权威提出了挑战，它意味着"这个半球（西半球）上唯一的社会主义政权，自行僭取了决定哪些当地组织可被接纳为地区性革命运动分遣队的权力"。② 具有讽刺性的是，尽管苏联在 20 世纪 50 年代后试图通过扩大第三世界的"反帝阵营"来攻击美国，促进"世界力量的对比"朝着有利于苏联的方向转化（正是在这种战略下苏联对古巴革命给予及时支持），但当古巴实施这种战略时，它却不能以赞同的眼光来看待。最终，由于没有苏联的支持以及美国为遏制拉美地区的革命实施了"约翰逊主义"，古巴在拉美地区的"输出革命"艰难地维持了几年后以失败而告终。

在古巴导弹危机过后，苏联和美国心理上都想走向"和平共处"，并在行动上努力去减少冲突的机会。而作为社会主义阵营中一员的古巴以"输出革命"的方式间接地对抗美国，走独立于苏联之外的政治路线，显然不符合苏联的冷战利益。最终在各项因素

---

① 〔意〕安格鲁·特兰托：《卡斯特罗和古巴》，杨晓霞译，生活·读书·新知三联书店，2006，第 58 页。

② 凯文·德夫琳：《卡斯特罗者向共产主义挑战》，载〔美〕J. 格雷戈里·奥斯瓦德、〔德〕安东尼·J. 斯特罗威尔：《苏联与拉丁美洲》，上海人民出版社，1974，第 227 页。

的综合作用下，即苏联的不支持、援助的减少、古巴国内经济计划的失败、格瓦拉之死、拉美各国革命势力的"不配合"，古巴放弃了其向拉美"输出革命"的战略，重新投入苏联的怀抱——获取苏联的援助、听从苏联的意见。古美双边关系也由此进入一个"稳定的"、可预期的缓和阶段。

（三）对古巴的"卫星化"

苏联对古巴的"卫星化"于 20 世纪 60 年代末 70 年代初开始。尽管此前美国已经把古巴视为苏联的"卫星国"，但实际上苏联对古巴还处在一个"考察期"即一个遭美国如此打压的政府是否能够坚持下来，能否真正成为拉美的一个榜样而发展下去，苏联人对古巴努力进行"救助"就是期望得到肯定的答案。显然，经过吉隆滩登陆事件和导弹危机，苏联人得到了肯定的答案：卡斯特罗政权安然无恙，它经受住了"考验"。于是，在导弹危机后古苏关系经历一段冷淡期后，尤其是在 1968 年的捷克斯洛伐克事件古巴选择支持苏联后，古巴逐渐被纳入苏联发展体系。1972 年古巴正式被纳入与华沙条约组织在经济上的对等物——经济互助会（"经互会"），这使古巴很多时候在政治和军事行动上不得不对苏联亦步亦趋，古巴成为苏联"非华沙条约组织成员"实际上的"卫星国"。对此，在 20 世纪 60 年代中期以后，美国继续保持甚至加强了对古巴的封锁和孤立，既然苏联愿意绑住古巴，并为此承担大量的义务，那么就让他付出高昂的代价，"也许在将来某一时刻会令莫斯科就此罢手"①。

尽管导弹危机过后，古巴与苏联的关系的确产生了一道鸿沟，但无论如何，苏联还是让古巴取得了这样的成果：一个共产党政权

---

① 张凡：《古巴－美国关系 50 年四题》，《拉丁美洲研究》2009 年第 2 期，第 34 页。

在古巴保持下去了，美国不仅承认了这一事实，而且也承认苏联和古巴的关系。所以，在某种程度上看，就如赫鲁晓夫所认为的，只要世界没有被毁灭，"那么和卡斯特罗的关系还可以搞好"①。导弹危机过后，赫鲁晓夫为了改善与古巴的关系，对卡斯特罗发出了访问邀请。卡斯特罗也深知除了意识形态因素外，古巴要摆脱生存、发展的困境离不开苏联的帮助，并且他也想实地去考察苏联的实力，为古巴经济的发展寻找出路。于是1963年4月底至6月初，卡斯特罗应邀对苏联进行长达40天的访问。在这次访问中，苏联向古巴承诺以后每年将以市场最高价格收购古巴蔗糖，并且提供了1500台拖拉机和3500台收割机，② 此外，两国领导人还发表了一份强调扩大两国间各方面合作包括保卫古巴的长篇公报。鉴于美国政府在导弹危机后始终没有作出不入侵古巴的明确、公开的承诺，公报强调了，"如果美国总统承担的不入侵古巴的义务被违反而古巴遭到进攻的话，那么，苏联将履行自己对兄弟的古巴人民的国际义务，并用它所有的一切手段给予古巴人民必要的援助与保卫古巴共和国的自由和独立。"③ 在支付了这样的"补偿支票"后，苏联拴住了古巴。在随后1963～1964年的中苏争论中，古巴"坚定"地站在了苏联一方，作为对"苏联即便冒着同美国作战的危险，也坚决地承担起保卫古巴的义务"的报答。

古巴在与苏联关系缓和的同时也在考虑如何做到既争取苏联的保护和援助，又不放弃古巴自己的路线。卡斯特罗的策略是，口头上同意苏联的"和平共处"政策，但把拉美视为例外，古巴绝不

---

① 〔俄〕谢·赫鲁晓夫：《儿子眼中的赫鲁晓夫：导弹与危机》，郭家申等译，中央编译出版社，2006，第658页。

② 程映虹：《菲德尔·卡斯特罗：20世纪最后的革命家》，外文出版社，1999，第177页。

③ 〔苏〕罗伊·麦德维杰夫：《赫鲁晓夫》，王德树等译，天津人民出版社，1986，第215页。

放弃在拉美发动武装斗争尤其是反帝斗争的机会。直到 20 世纪 60 年代末，随着古巴在拉美"输出革命"的失败以及古巴自身工业化实践的失败，卡斯特罗终于承认了这样的事实：古巴还是过去的古巴，古巴的客观条件没有发生任何的变化，古巴命运应该是和经济的复兴联系在一起的，否则将被恶劣的外部环境所扼杀。因此，卡斯特罗把古巴发展的重点重新定位在"发展与苏联特殊友好"的基础之上。毕竟只有苏联能在美国的强压下，为捍卫古巴领土和发展古巴经济提供有效的支持。于是从 20 世纪 60 年代末 70 年代初开始，苏联对古巴政权的命运承担了更大的义务。

第一，经济援助。

"古巴是一个缺少许多重要资源而发展程度又低的岛国"，长期以来都一直保持着以蔗糖为中心的单一经济结构，这使"它一贯要在经济上依赖另一个国家"。[①] 在 1959 年古巴革命胜利以前，古巴在经济上依附美国，由此政治、外交也受制于美国。在 1959 年古巴革命胜利后，随着古美关系的恶化，苏联对古巴的经济援助逐渐增加，到 1962 年 2 月古美经济关系彻底断绝后，苏联完全取代了美国，在成为古巴蔗糖最大买主的同时，也全面垄断了古巴的出口市场。这使得主要靠出口贸易发展国民经济的古巴在经济上成为了苏联的依附国。

对于苏联来说，取得古巴这样一个本身是单一制经济结构、依赖出口经济发展，且离苏联如此遥远的附属国，无疑要付出很高的代价。尤其是导弹危机后，美国不大可能再向古巴发动直接的入侵，于是试图通过经济封锁和经济制裁来削弱卡斯特罗政权，同时把支撑古巴经济的全部重担压在苏联身上，这使苏联深刻地认识

---

① 〔美〕卡梅洛·梅萨 - 拉戈：《七十年代的古巴》，丁中译，商务印书馆，1980，第 199 页。

到，要想维持住社会主义古巴，就必须加大对古巴的经济押注，且
这种押注不应是把对古巴的援助看做与美国对抗的权宜之计，而应
该是被纳入维持苏美均势的长久考虑之中。所以，古巴导弹危机后
苏联加大了对古巴的经济援助。

　　从20世纪60年代到80年代末，苏联对古巴的经济援助主要
有三种：提供信贷以弥补双边贸易出现的逆差；提供直接用于经济
建设的发展贷款；对苏联从古巴进口的蔗糖、镍和向古巴出口的石
油等进行价格补贴（见表5.1）。根据美国学者的估算，这些援助
约占古巴国民生产总值的20%。[①] 虽然这些援助有1/3是需要偿还
的，但长期严重的贸易赤字已经使古巴欠下苏联巨额外债，古巴只

表 5.1　1960～1990 年苏联对古巴的经济援助

单位：百万美元

	年份	1960～1970	1971～1975	1976～1980	1981～1985	1986～1990	总计
古巴需偿还苏联的贷款	贸易逆差贷款	2083	1649	1115	4046	8205	17098
	发展贷款	344	749	1872	2266	3400	8631
	小计	2427	2398	2987	6312	11605	25029
	价格补贴	1131	1143	11228	15760	10128	39390
	总计	3558	3541	14215	22072	21733	65119
所占比重%	贷款（债务）	68.2	67.8	21.0	28.6	53.4	39.5
	补贴（捐赠）	31.8	32.2	79.0	71.4	46.6	60.5
增长率%	贷款（债务）	…	97	24	111	83	…
	补贴（捐赠）	…	101	882	40	−36	…

　　资料来源：Carmelo Mesa-Lago. Efectos economicos en Cuba del derrumbe del socialismo en la Union Sovietica y Europa Oriental. Revista Estudios Internacionales, julioseptiembre 1993（103）：362；Jose Luis Rodriguez. Las Relacines Economicas entre Cuba y la Antigua URSS. La Habana, CIEM, 1992：12. 转引自徐世澄《古巴》，社会科学文献出版社，2003，第160页。

---

　　① 李春辉：《拉丁美洲史稿》［下卷（三）］，商务印书馆，1993，第309页。

能以政治上的追随和依附来"回报"苏联。特别在 1972 年古巴加入苏东集团的"经互会"后，越来越丧失外交的自主性，不由自主地成为苏联同美国抗衡以争夺世界霸权的工具。① 无疑，古巴这种由经济依附而导致在内政、外交上对苏联的全面依附，加重了美国以冷战思维对古巴的审视和判断。这种恶果在冷战结束后深刻地体现出来，古巴在双重封锁下步履维艰。

第二，军事援助。

尽管在导弹危机爆发前和结束后，苏联向古巴作出过"一旦美国入侵古巴，苏联都会前来进行救助"的保证，但苏联始终都没有同意与古巴订立像苏联同东欧共产党国家签订的正式双边防务条约，不论卡斯特罗如何对其施压。这是因为苏联不想因与古巴缔结防务条约而与美国产生激烈的对抗，而且不作出这样的防务保证，可以防止卡斯特罗去做出可能引起美国报复的活动。所以导弹危机后，为了不让古巴领导人对苏联保卫古巴的意愿和能力产生怀疑，苏联主动且大多是无偿地向古巴提供了大量军事援助。

1967 年 9 月，苏、古两国签订《和平利用原子能合作协定》，规定苏联向古巴赠送原子反应堆，此后苏联继续向古巴无偿提供军事物资。1969 年苏联重新装备了古巴武装部队。1970 年 4 月，苏联远程侦察机、轰炸机首次被运往古巴。1969～1975 年，苏联提供给古巴的军事武器设备累计总价值在 20 亿至 30 亿美元之间，并且这些武装使得古巴的军队成为拉美地区最强大和配备最精良的军队之一。② 进入 80 年代苏联对古巴的各项军事援助仍在不断增加。1981 年，苏联对古巴的军事援助达到 50 亿美元，到 80 年代中期，

---

① 古巴对"经互会"的贡献很有限，把古巴纳入"经互会"实际上是苏东国家援助古巴的一种方式。

② 〔美〕利昂·古雷、莫里斯·罗森堡：《苏联对拉丁美洲的渗透》，上海译文出版社，1979，第 49～50 页。

苏联在古巴驻有一个 2800 人的战斗旅、2800 名军事顾问和 7000
人左右的非军事顾问。此外，苏联还给古巴修建了许多现代化军事
基地和设施，包括空、海军基地，核潜艇基地，弹药基地，武器基
地，坦克总维修基地，指挥通讯中心和无线电监测站等。[①] 值得强
调的是，古巴在 70 年代至 80 年代后期向非洲等地区提供的武器援
助和军事顾问，都是来自或凭借苏联对自己的军事援助资源。冷战
时期苏联的军事援助是古巴在经济发展困难的情况下，仍能具有强
大国际能量即向外输出革命的根本原因。直到 20 世纪 80 年代末东
欧剧变后，苏联停止了对古巴的一切军事援助。

　　苏联对古巴的军事援助主要是出于两个方面的原因：一是给古
巴提供一支基本威慑力量，以抵抗美国的直接侵略；二是让卡斯特
罗证明接受苏联的援助有利于提高古巴的国际地位。苏联的援助使
古巴在 20 世纪 70 年代成为拉美军事强国，同时古巴为了保持这样
的荣誉和地位，很多时候在对外政策上不得不屈从于苏联的目标和
立场。让苏联尤为满意的是，在进入 70 年代后，由于古巴放弃了
在拉美大规模策动革命的政策，很多拉美国家都与古巴恢复了外交
关系，从而结束了古巴在西半球外交孤立的局面。这在苏联看来意
味着，美国提出的任何敌视古巴的行动都可能导致美国同拉丁美洲
的一些国家发生对抗，从而会让美国在拉美的行动自由受到约束。
于是，在苏联的支持和鼓励下，在 20 世纪 70 年代古巴多次成为国
际共产主义阵线的开会地点，并在不结盟运动中积极发挥作用：纠
正很多国家领导人的"两个帝国主义（美、苏）"的"错误认
识"，把苏联列为第三世界国家的真正朋友。

　　总之，苏联的军事援助不仅是要保护离它边界 9000 公里而离
美国只有 217 公里的社会主义古巴，还希望通过古巴能用其"把民

---

① 　徐世澄：《古巴》，社会科学文献出版社，2003，第 219 页。

族主义同社会主义和反帝运动等量齐观"的"感染力"在第三世界尤其是拉美地区，激发出更多的反美情绪，以壮大社会主义阵营。所以，尽管古美关系在 20 世纪 70 年代几度出现了明显缓和的迹象，但美国一直都强调，只有在古巴解除与苏联的军事联系的条件下，才会考虑解除对古巴的封锁和与古巴复交。对此，卡斯特罗的答复是："我们永远不会断绝我们同苏联的政治联系，或者甚至断绝他们所谓的军事联系。恰恰相反！就我们来说，我们总是准备着加强我们同苏联的军事联系的。"[1]

上世纪 80 年代劳尔·卡斯特罗曾直言不讳说过，"如果没有苏联的大量援助，古巴'将几乎一片废墟'"。[2] 但这些数量巨大的援助并非是苏联单方面付出的"空白支票"，恰恰相反，它是由苏联说了算且需要回报的支出。后来劳尔·卡斯特罗接受外国记者采访时做出这样的表示："我们过去从苏联无偿地得到的武器装备是对我们国家的援助，对此我们是永远感激的。但是必须指出的是，在社会主义和资本主义两种制度对抗的情况下，苏联和古巴的军事关系对苏联是有利的，这才是公平的评价。所以这种关系是互惠互利的。当存在两个超级大国、两个世界和持久对抗时，应该考虑到这个小岛的战略价值"，"如果我们说给予苏联的援助和我们所经历的风险能够用物质来衡量的话，那么对苏联来说，应该是他们欠古巴的，而不是古巴欠他们的"。[3] 正是苏联与古巴的这种互利援助关系，美国把古巴看成是"苏联的卫星国"，甚至很多时候指责古巴在世界舞台上"扮演着希望扩大自己影响范围的苏联代理人

---

① 〔美〕利昂·古雷、莫里斯·罗森堡：《苏联对拉丁美洲的渗透》，上海译文出版社，1979，第 51 页。

② 毛祥麟：《古巴对苏联的经济依附》，《世界知识》1982 年第 1 期，第 20 页。

③ 古巴共和国革命武装力量部国防信息中心，《劳尔·卡斯特罗接见〈墨西哥太阳报〉记者采访时的谈话》，载毛相麟：《古巴社会主义研究》，社会科学文献出版社，2005，第 252 页。

角色"①，尽管有些时候事实并非如此，但在冷战期间苏联对古巴的援助加重了冷战时期美国对古巴的制裁和封锁。

到 20 世纪 80 年代中期，由于苏联自身实力的衰弱，大大削减了对古巴的援助，尤其是在戈尔巴乔夫实行"新思维"改革以后。而这时美国不仅不再指责古巴为"苏联的卫星国"，甚至相反，希望古巴能继续成为"苏联的卫星国"，以此加重苏联的负担。1991年底苏联解体，古巴也由此失去了所有的援助，这使得一直面临着美国封锁的古巴的经济雪上加霜，连续出现大幅度的负增长。对此，美国政府判定古巴也即将步苏联政权的后尘，故加强了对古巴的经济制裁。但苏联解体后古巴政权不仅没有崩溃，反而实现平稳过渡，还在国际舞台上扩展了自己的生存空间，与此同时，如何抗衡美国的封锁成为冷战结束后影响古巴内外政策关键因素。

根据以上对苏联影响古美关系发展的因素的分析，可以将冷战时期的古苏关系的发展分为三个阶段。

第一阶段为 1959 年至 1962 年古巴导弹危机结束。在这一阶段，苏联对古美关系的介入加剧了古美间的紧张对抗，并把这种紧张推到了顶点——爆发古巴导弹危机，整个世界都处于毁灭的边缘。在这一阶段有两点需要明确：一是"苏联只是在美国采取了种种试图推翻古巴政府的政策（措施）之后才赶来救助卡斯特罗的"②。二是由于苏联的介入，古巴的命运从此被划定在美、苏两国权力竞争平衡的框架之内。

第二阶段为 1962 年古巴导弹危机结束至 20 世纪 60 年代末。在这一阶段，由于苏联对古巴导弹危机的最后处理，卡斯特罗等领导

---

① 〔意〕安格鲁·特兰托：《卡斯特罗和古巴》，杨晓霞译，生活·读书·新知三联书店，2006，第 99 页。

② Thomas G. Paterson, "The Defense-of-Cuba Theme and the Missile Crisis", *Diplomatic History*, April 1990, 14 (2)：252.

人认识到苏联决不会为了古巴而使自己的安全面临危险，于是将古巴对外战略进行了调整。一方面，古巴放弃了之前不惜一切代价甚至可以与美国进行直接军事交锋来抗击美国的想法，开始强调以"避免与美国正面交锋"的方式与其进行间接对抗；另一方面，古巴开始在广大的第三世界尤其是拉美地区寻求盟友，以扩大反美空间。在这两个方面中，前者与苏联追求的"与美国和平共处"的战略是一致的，而后者则很可能使苏联被拖入战争，所以古巴后一方面的行动没有得到苏联的支持。正是苏联这样的作用，使古美关系进入了较之前相对缓和的对抗阶段，双方基本上排除了进行战争的可能性，但同时由于古巴在拉美地区的游击战略使得美国加紧与拉美其他国家联合对古巴进行制裁和孤立，所以，在古巴导弹危机后的60年代古美关系并没有出现好转的迹象，甚至在某些方面对抗进一步加强。

第三阶段为20世纪70年代初至冷战结束前。在这一阶段，古巴拉美游击战略的失败和国内的经济困难已经让卡斯特罗认识到，像古巴这样离美国如此之近的小小岛国，（在两极对立中）在被一个超级大国围困的情况下，不去依赖另外一个超级大国是不可能维持长久的，于是古巴重新恢复了依赖苏联的发展战略。而对于苏联来说，在与美国缓和的战略下，把古巴作为一个同苏联集团拴在一起的共产党国家，既可以减少古巴对美国的挑衅性，也可以减少美国对古巴的危险性，这是最安稳的赌注。于是1972年苏联正式将古巴纳入苏联集团的经济一体化组织，从而使古巴的命运和苏联更紧密地连接在一起。由于苏联对古巴经济的重要作用，所以在这一阶段古巴不得不与苏联的目标部分地保持一致，这使古美间的关系因此进入一个"稳定的"即可预期的缓和阶段；但同时古巴在政治、外交行动上对苏联的亦步亦趋，也给美国在国际舞台上进行反古宣传和联合拉美各国集体制裁古巴提供了借口。

不难看出，以上三个阶段与冷战时期古美关系的发展阶段是相吻合的，这说明苏联是影响冷战时期古美关系发展的最主要因素。
正是因为冷战时期古巴同苏联的关系，使得小小的古巴成为对美国
构成战略威胁的"敌国"，并在拉美地区乃至整个世界舞台都产生
了几乎与其自身不相称的巨大影响。冷战后，苏联的消失是古美关
系能够走向缓和的首要条件，与此同时美国的国内政治因素取代苏
联的影响成为冷战后美国对古巴政策的主导因素。

二 拉美区域力量对古美关系的影响

拉美区域力量通常是古美关系中被忽视或者被弱化的因素，但
恰恰也是在古美关系研究中不可缺少的一项内容，它对古美关系的
历史和未来都发生着重要作用。

（一）冷战时期美洲国家组织的反古活动

美洲国家组织是 1890 年 4 月 14 由美国和西班牙美洲地区的国
家组成的美洲区域性国际组织，最初名称为美洲共和国国际联盟，
职责是为各成员国之间互相提供生产、贸易、关税、法律、经济统
计情报。[①] 二战后，美国为了巩固其在西半球的霸主地位，要求拉
美国家在强化经济和军事防御方面与美国合作，从而把拉美国家的
经济和军事拉入同苏联进行全球"冷战"的轨道。在 1948 年第 9
次美洲国家会议上，美国专门强调了美洲国家合作对付极权主义威
胁的必要性，并将美洲共和国国际联盟改为美洲国家组织，该组织
的领导成员主要是美国人。从二战结束到 20 世纪 60 年代末，面临
美国在全球范围内独一无二的经济和军事霸权实力，很多拉美国家

---

① 张家唐:《拉丁美洲简史》，人民出版社，2009，第 191 页。

的对外政策只能"在东西方冲突中不加掩饰地站在美国一边"①。在这种背景下，美洲国家组织成为美国从事反古巴活动的重要工具。进入 20 世纪 70 年代后，随着拉美地区的经济发展和民族民主运动的高涨以及美国自身实力的衰弱，美洲国家组织中的大多数拉美成员摆脱或减少对美国依赖的要求日渐强烈，加上 60 年代末古巴放弃了在拉美地区具有"威胁性"的激进主义外交政策，这使得美国利用美洲国家组织从事制裁古巴的活动很难再获得认同。

美国最早企图利用美洲国家组织对古巴进行限制和孤立是在古巴民主革命胜利半年后。由于菲德尔·卡斯特罗在古巴民主革命期间曾经流亡海外，后来依靠其他拉美国家反政府民主势力的支持才返回古巴继续革命，所以在卡斯特罗掌权后，他也试图以同样的方式去帮助拉美一些国家的革命流亡者重返自己的祖国，继续革命。为此，美国多次以"反对革命输出"为由，要求美洲国家组织成员加强合作，即通过拉丁美洲"多边集体行动"来孤立和制裁古巴，遏制古巴革命对拉美其他国家的影响，使自己制裁古巴的行动合法化。但在 1960 年下半年以前，美国的这种努力都收效甚微，其原因是卡斯特罗反帝、反独裁的英雄形象在拉美已深入人心，且卡斯特罗出身于中产阶级，所以其支持他国革命的做法，被拉美的大多数民主国家看作是激进左派追求民族独立的一种革命情绪。他们只是对古巴提出了温和的批评，而没有采取任何实质的反对行动。

直到 1960 年下半年情况发生了变化。1960 年 7 月美洲国家组织在华盛顿举行理事会，会议决定同年 8 月在第七次美洲国家外长会议上讨论古巴问题。在会议召开前夕，美国宣布将对拉丁美洲国家提供 6 亿美元援助，但援助将只提供给那些愿意同美国合作、以实现美国在西半球政策目标的政府，对于那些不太愿意与美国展开

---

① 安建国：《战后拉美国际关系的发展》，《拉丁美洲研究》1987 年第 3 期，第 19 页。

反古合作的政府，美国威胁将鼓动疯狂反对共产主义和对共产主义"不手软"的军人搞政变。在会议召开期间，美国加大了对与会国家的施压，要求会议强烈谴责共产党国家对西半球事务的干涉，呼吁美洲国家组织成员国对所谓的"来自美洲大陆以外的干涉"进行有效的抵抗。最终，这次会议公开谴责了苏联，明确提出，反对"大陆外强国对美洲共和国事务的干涉或干涉威胁"，"任何国家接受这种干预都将威胁美洲的团结和安全"；间接批评了古巴，强调美洲国家体系与任何专制主义不相容，美洲国家组织所有成员都必须重申对泛美体系的信任和遵循美洲国家组织宪章条款的义务。[①]而与美洲国家组织作出抵制古巴态度不同的是，在会议期间，整个拉丁美洲爆发了大规模支持古巴的游行活动，就如艾森豪威尔所说，"卡斯特罗在许多国家群众心目中是一个英雄"[②]。这表明，尽管美洲国家组织的拉美成员在孤立古巴问题上暂时对美国有所妥协，但拉美还不具备建立反对古巴的统一战线的条件。

在古巴看来，美洲国家组织作出的这一决议是对古巴极不友好的表现：美国一直在打压和制裁古巴，苏联是当下唯一愿意并能够从实际上帮助古巴顶住美洲损害古巴主权压力的国家，但其他拉美国家却因此"攻击我们"，"甚至打算毁灭我们"，这意味着古巴与拉丁美洲改良主义力量互相支持的道路已经堵死，古巴只能依靠苏联的友谊和援助，来反对美国的侵略威胁；古巴要做到的是，"不管有没有你们（拉美国家），古巴将取得胜利"[③]。在第七次美洲国家外长会议结束后，古巴在加大与苏联经济、政治和军事联系的同时，扩大了与美国相互的指责和攻击，古美两国断绝外交关系只是

---

① 赵学功：《十月风云：古巴导弹危机研究》，天津人民出版社，2009，第 17 页。

② 〔美〕德怀特·艾森豪威尔：《缔造和平》（二），静海译，生活·读书·新知三联书店，1977，第 592 页。

③ 赵学功：《十月风云：古巴导弹危机研究》，天津人民出版社，2009，第 7 页。

时间问题。

而在美国看来，美洲国家组织在第 7 次美洲国家外长会议作出的决定是支持美国反古行动的开始，它为美国对古巴采取行动提供了条件。虽然这次会议没有达成集体制裁古巴的任何规定，可它也并不禁止各国政府在不得已的时候采取"单方面的行动"，这为美国对古巴采取进一步的行动，为美国制订军事进攻古巴的计划提供了机会。总之，尽管在古巴没有宣称走社会主义道路之前，美国要求对古巴采取强硬的政策始终未得到拉美大多数国家的支持和认同，但由拉美各国加入的"美洲国家组织"仍在一定程度上充当了美国打击古巴的工具。

1961 年 4 月卡斯特罗宣布古巴革命为社会主义革命，古巴成为共产主义事业在拉美的代言人，这使拉美国家在反古态度上发生较大变化。1962 年 1 月第八次美洲国家外长会议召开，会议上由与美国关系密切的哥伦比亚政府提出了审议"古巴与国际共产主义结盟"的问题。美国为了说服与会国家将信奉共产主义的古巴逐出"美洲国家体系"，彻底在拉美地区孤立古巴，在两方面下足了功夫：一方面对民主政府的国家强调美国的立场不是谴责古巴的社会主义制度，而是谴责敌视美国国家体系的大陆国家利用古巴；另一方面对独裁政权的国家给以资金上的援助，以换取其对古巴问题的支持。最终，美洲国家组织作出了将古巴逐出"美洲国家体系"的决议。不难看出，美洲国家组织集体作出这一决议，除美国的压力外，更多的还是由于自己存在对古巴批判的态度，这种批评的关键并不是古巴选择了社会主义制度这一事实，而是"古巴为了反对美国霸权而将另一霸权苏联的势力引入进来"的这一做法，这在长期属于美国传统势力范围、共产主义口碑较差的拉美地区是不能接受的。此后，拉美国家纷纷与古巴断绝外交关系，到 1964 年上半年，尚未同古巴断交的国家只剩墨西哥、玻利维亚、智利和乌拉圭四国。

1964 年 7 月第九次美洲国家组织的会议在华盛顿召开，由于此前古巴已享有"安放苏联导弹"的恶誉以及被其他国家控告向本国的"反叛"力量提供武器支持，很多拉美国家的政府都将卡斯特罗政权视为对本国的威胁。最终这次会议在古巴问题上以 14 票赞成、4 票反对、1 票弃权的结果通过了对古巴断绝外交、领事和经济关系的决议，此后除墨西哥外其他的拉美国家都和古巴断交。对此，古巴指责美洲国家组织是美国的"殖民地部"：美洲国家组织无权"审判和惩罚"古巴，美国和那些拉美独裁寡头政府才是造成拉美地区不安全的罪魁祸首；如果美洲国家组织不停止这样的行动，"古巴人将认为拥有同那些干涉我国内部事务的国家一样的权利，尽一切可能来支援这些国家的革命行动"。[①]

在这次会议后古巴加大了对拉美地区"输出革命"的武装活动。美国对此的反应是，加大对拉美国家内政的干涉和对反共右翼力量的支持，以防止"第二个古巴"在拉美地区的出现。美国的这种政策倾向使得拉美政局在古巴导弹危机后至 70 年代初发生了逆转，众多国家先后发生军事政变，重新建立了右翼独裁政权，即便在 1967 年古巴停止了对拉美武装"输出革命"的活动，这种逆时代潮流发展的现象仍旧持续。正是这种逆世界历史潮流发展的趋势，使得很多拉美国家的意识由最初的惧怕"国际共产主义威胁，依靠美国保护"最终转变为拉美国家的利益"更接近发展中国家，而不是美国"。[②] 所以在古巴放弃在拉美大规模策动革命的政策后，很多拉美国家逐渐恢复了与古巴的外交关系。

1975 年 7 月美洲国家组织在哥斯达黎加举行会议上，美洲国

---

① 〔古〕何塞·坎东·纳瓦罗：《古巴历史——枷锁与星辰的挑战》，王玫译，当代世界出版社，1999，第 235 页。

② 安建国：《战后拉美国际关系的发展》，《拉丁美洲研究》1987 年第 3 期，第 21 页。

家组织的拉美成员国为了鼓励卡斯特罗 "放弃在拉美搞输出武装革命" 的这一转变，决定取消对古巴的集体制裁。在这种形势下，美国对古巴实行 "集体制裁" 的举措已经失去任何意义。考虑到在进入 70 年代后美国霸权面临的挑战日益增加，而古巴也把主要精力投向了国内，所以，在这次会议上美国也同意了取消对古巴的集体经济制裁，各国可以自行决定是否和古巴发展经贸关系。

总的来说，从 1959 年尤其是古巴选择社会主义道路后一直到 20 世纪 60 年代末 70 年代初，美洲国家组织在大部分时间里充当着美国制裁古巴的工具，虽然美洲国家组织的拉美成员在很长的一段时间里口头上强调不干涉原则，但在关键时刻还是迫于美国的压力在实际行动上自觉或不自觉地附和了美国，与其联合采取了 "反古" 行动。这些行动不仅加剧了古美之间的对抗，还让古巴逐渐 "脱离" 了拉美大家庭，日益依赖于苏联。直到进入 20 世纪 70 年代，随着美国霸权实力的衰落，拉美自身的民主化进程日渐加快，各国的军事政权都纷纷 "还政于民"，而古巴的对外政策也已不再具有挑战性，这使得美洲国家组织的拉美成员与美国日渐离心，对古巴的政策日益独立自主。与此同时，古巴也主动做出改善与拉美国家关系的姿态，如对一些国家更加进步的军事政权表示赞扬，对遭遇灾害的国家及时给予了援助。更重要的是，古巴在融入社会主义阵营的同时并没有放弃 "回归拉美大家庭" 的打算，甚至是把后者作为更长远发展的打算，就如卡斯特罗在 1972 年参加经互会的讲话中强调的 "由于古巴的发展历史和地理位置的关系，古巴属于拉丁美洲的一员，我们从未放弃过，并且将永远不放弃这些联系"①。这为古巴未来的发展预留了更多的空间，为日后古巴

---

① 〔美〕利昂·古雷、莫里斯·罗森堡：《苏联对拉丁美洲的渗透》，上海译文出版社，1979，第 85 页。

打破美国的封锁和孤立创造了条件。

（二）冷战后左派力量的兴起

20 世纪 80 年代末 90 年代初，原社会主义阵营中东欧社会主义政权接连崩塌，这不禁让美国预言，拉美后院中唯一的社会主义国家古巴也将很快步东欧和苏联的后尘，政权垮台。然而拉美"后院"的发展现实是，不仅古巴政权没有倒台，在 90 年代后期最强势的左翼运动还在拉丁美洲其他地区广泛发生，他们中的激进力量在本国所起的作用和卡斯特罗当年上台时较为相似，即唤起本国民众对美国（华盛顿共识）的憎恨和不信任，指责"北方巨人"是造成拉美各国经济脆弱的源头。一些国际媒体甚至认为，"西半球出现了一个卡斯特罗、查韦斯和莫拉莱斯为核心的'反美核心'"（后两者分别为委内瑞拉总统和玻利维亚总统——作者注）。[①]尽管这是西方媒体的一种夸大，实际上除了委内瑞拉和古巴外，其他拉美左翼政府并没有把反美作为主要政策取向，但左翼力量的兴起还是使美国在拉美地区遭遇了前所未有的挑战，它加大了拉美地区普遍对社会主义古巴的理解、同情和支持，使得美国在古巴问题上越来越孤立，从而使古巴的生存空间在日益扩大，这为美国调整对古巴的政策施加了压力。

（1）在一些问题上同古巴立场的趋同

在 20 世纪 90 年代以前，尽管拉美左翼力量对于古巴的发展命运富有同情和理解，但对古巴的"专制主义政权"和"激进的反美主义"并不认同。直到 90 年代中期以后随着新自由主义在拉美的全面登场，拉美经济变得更加脆弱和具有依赖性，这让拉美人对于资本主义市场力量的幻想大规模地破灭，各种左翼力量开始崛

---

① 江时学：《论拉美左派东山再起》，《国际问题研究》2007 年第 3 期，第 41 页。

起，他们呼吁拉美的发展要摆脱美国的控制。这种独立发展的诉求使他们对于古巴（本质上与其有相同诉求）的态度发生了变化。

如美国经济学家劳伦斯·萨默斯所指出，当今的全球化规则有利于两个对立面：一个是有资本的国家即制定全球化规则的发达国家，如美国、西欧和日本；另一个是拥有廉价、受过良好教育的劳动力大军，且技术条件发展适当，具有硬件设施的国家，如中国、印度。其他夹在中间层面的社会，没有太多的资本，也没有劳动技能，很难看到有明显的经济发展，这样他们就会转向左翼来寻求解决方案。① 像作为美国新自由主义经济模式试验田的拉美地区，"华盛顿共识"的伤害触目惊心：不可思议的贫富差距，天文数字的外债滚存，大起大落的物价指数，波动的货币可以一夜消失。在如此的全球化中，他们的挫败感、被剥削感是和对美国霸权主义的反感一同上升的，于是，从上世纪90年代末至今，各种"反美""脱美""进行独立自主改造"的左翼思想和活动在拉美方兴未艾。但由于拉美长期受美国政治、经济、文化的深刻影响，所以在左翼力量兴起的同时，这一地区也出现了一种现实主义思想，即"美国的力量是不可战胜的，与其对立的行为是没有希望的"。针对这种思潮，拉美左派力量提出"要将现在不可能的转变为将来可能的，意即创造、组织和发展新的社会力量来改造社会"，并主张进行"维护本国资源（石油、水、天然气、电力等）的斗争"，"反对全球化，反对战争，反对美国的霸权主义，反对世界银行、IMF和WTO等国际金融机构对拉美的控制"等。② 左派力量的这些观点与卡斯特罗反对"美国霸权"和"新自由资本主义全球化"观点有较多相似。卡斯特罗认为，今天的全球化是新自由主义全球

---

① 〔美〕利昂·P. 巴拉达特：《意识形态起源和影响》（第10版），张慧芝等译，世界图书出版公司，2010，第227页。
② 李阳：《拉美左翼力量崛起评析》，《拉丁美洲研究》2005年第5期，第37页。

化，即由西方少数发达国家主导、受市场野性力量支配的全球化，美国是这场全球化的基础；在这场新自由主义全球化中，"资本流向世界，利润流向西方；西方是经济全球化的最大赢家，第三世界却在可悲地扮演着输家的角色"①。为此，卡斯特罗号召拉美国家行动起来，"击败新自由主义，因为如果我们不击败新自由主义，……作为独立的国家我们就会消失匿迹，我们就会成为比第三世界以往任何时候都更殖民地的殖民地"②。

一方面，卡斯特罗反对"美国霸权"和"新自由资本主义全球化"观点与拉美左派趋同；另一方面，拉美各国传统资本主义政党的腐败让拉美左派认识到西方代议制选举出的政府未必是好政府。基于这两个方面，从上世纪90年代末起，一直被拉美国家视为"专制、大搞共产主义"的古巴激进政府获得了拉美左翼力量以及民众越来越多的理解和支持。尤其在拉美左派领导人当政的国家，他们不仅提倡与古巴发展良好的关系，还在古美对抗中对古巴进行支持，谴责美国，这使得古巴的外部生存空间进一步扩大。同时，拉美左派力量执政的国家与古巴的友好、相互支持的关系，也会在一定程度上激励古巴进一步地进行政治上民主改革和经济上的对外开放。自劳尔·卡斯特罗执政以来，古巴在这些方面都有了不错的改善和发展，尽管短期内古巴的内政外政不会发生太大的改变，但古巴将继续走在政治、经济改革的道路上，这一点已成定局。这也是近些年来美国对古巴的态度明显缓和的重要原因之一。

---

① 〔古〕菲德尔·卡斯特罗：《全球化与现代资本主义》，社会科学文献出版社，2000，第56页；刘金源、潘美娟：《从新自由主义全球化到社会主义全球化》，《拉丁美洲研究》2005年第4期，第64~65页。

② 〔古〕菲德尔·卡斯特罗：《全球化与现代资本主义》，社会科学文献出版社，2000，第170页。

（2）同古巴合作的加强

拉美左翼力量在拉美政治舞台乃至世界舞台产生重要作用主要是通过两个途径：一是通过成为执政党来实施自己的政治理念，二是通过开展具有世界性的活动推动国际左派运动的发展。相应地，他们对古巴政府的支持与合作主要体现在：一方面是左派政党执政的国家与古巴在经贸、医疗、教育、能源、农业等方面展开积极的合作。其中具有明显"抗美"目的的合作是 2004 年成立的"美洲玻利瓦尔国家替代计划"的战略联盟，该联盟旨在建立一个类似欧盟的组织，实现拉美、加勒比地区国家经贸合作一体化，对美国主导下的"美洲自由贸易协定"联盟进行抵抗。另一方面拉美左翼力量创办了两个具有世界性的重要论坛——圣保罗论坛和世界社会论坛，古巴是这两个论坛的重要的参加者和主办者。迄今为止，召开规模最大的一次圣保罗论坛是在 2001 年古巴哈瓦那召开的第 10 次会议，来自世界 86 个国家的 138 个政党和组织的 3000 名代表或观察员参加了这次会议。在古巴的主持下，这次会议将圣保罗论坛定性为"左派、反帝、反对新自由主义、反对一切殖民主义和新殖民主义、团结互助和参与制定'替代方案'的空间"，其战略目标是替代新自由主义。[①] 另一个强调拉美要团结、独立、抛开美国资本主义外衣的论坛是世界社会论坛，它创办于 2001 年，中心口号是"另一个世界是可能的"，其在拉美国家的目标是，创办一个让贫穷大众感到亲切和温暖的社会主义新世界。这两个论坛都具有强烈的"反霸权""反新自由主义""脱美"色彩。

随着拉美左派"反美"影响力的不断扩大，美国越来越感到不安，不得不对拉美的政策进行调整，生怕拉美国家"抱团取暖"的现象更加明显。这种政策的调整在奥巴马上台后表现得尤为明

---

① 卫建林：《西方全球化中的拉丁美洲：一个调查报告》，红旗出版社，2004，第135页。

显，奥巴马政府对拉美国家采取了对话与合作的态度，甚至表示愿意与反美意识强烈的委内瑞拉、玻利维亚和厄瓜多尔总统相互握手并举行会晤，而这三国的总统都将卡斯特罗视为拉美左派的"伟大旗手""导师"。总之，冷战结束后拉美左派力量是影响古美关系的重要地区力量。若加强对古巴的各种敌视和制裁，美国只能是孤立了自己，并加剧了拉美尤其是左派的激进反美情绪，所以美国不敢"轻易犯错"，毕竟其在拉美的政策目标是维护在自己"后院"的霸权，确保自己的政治、经济、军事利益。

虽然自 90 年代晚期以来，拉美的左翼力量在拉美政治舞台上发挥的作用越来越让人刮目相看，但总的来说，拉美的政治格局依然是多元化的发展趋势，左派力量也并没有占据主导地位，而且无法断言，在拉美这一经常呈"钟摆式"发展的地区，未来某些国家又会朝钟摆的哪一边去摇摆。但可以肯定的是，在多元化的拉美政治格局中，拉美国家的共产党和一些左派政治力量已不再被视为破坏政局稳定的"罪魁祸首"，包括古巴的共产党政府也不再是"坏政权"，他们都是拉美政治舞台上的一个正常的角色。这种局面的形成是拉美走向稳定、加强团结合作的重要一步，同时它也对古美关系的改善敞开了一道"大门"：使古巴真正回归到拉美大家庭，加强了与拉美国家的团结与合作，从而促使美国最终放弃封锁和孤立。

三 古巴裔美国人社团对古美关系的影响

古巴裔美国人社团是影响古美关系发展的重要的非政府因素。他们是在卡斯特罗上台后与美国关系恶化的背景下由来到美国的古巴政治移民逐渐发展起来的，并随着自身力量的发展日益对美国政府的对古巴政策产生重要的影响。这种对美国政府的重要影响主要体现在：一是他们具有为美国公职竞选人提供巨额政治捐款的强大经济实力，他们的政治关注点是美国对古巴的政策而非其他政治方面；二是由于古巴裔族群在美国分布高度集中，几乎一半以上集中在东南部各州，在"赢者通吃"选举制度的美国这种人口格局对古巴裔美国人参政非常有利。

美国的古巴裔族群是由四个阶段的古巴移民组成，即卡斯特罗政府时期的第一代古巴移民、第二代古巴移民、第三和第四代古巴移民。其中第一代古巴移民是 1959 年至 1965 年逃离古巴进入美国的，大约有 50 万人，他们主要是巴蒂斯塔政权的政府官员、企业家等达官贵人及其家眷，以及一些害怕受到新政府激进改革冲击的知识分子和社会精英。他们中只有 6% 的人是因为失去工作或收入的保障而来到美国，大多数人是作为"政治移民"来到美国。[①] 第二代是 1965 年至 1973 年古美实行"自由通航"时期来到美国的移民，由于这一时期古巴宣布允许在美国有亲属的人自由出境，且美国宣布古巴以"政治移民"身份申请来到美国的人都会得到支持和援助，于是很多不满古巴实行苏联发展模式且在美国有亲戚的古巴人选择以"政治移民"的特殊身份来到美国。第三代和第四代古巴移民分别是 20 世纪 80 年代和冷战结束后进入美国的，这两个时期主要由于古巴经济持续恶化，使得大批处于贫困状态的古巴人逃到了美国。也就是说，在四代古巴移民中，第三代和第四代基本上是"经济移民"，他们大多数人是非政治诉求的移民者，他们来自古巴社会底层，文化程度较低，缺乏专业技术；而第一代和第二代主要是"政治移民"，文化程度较高，较为富裕，他们当中不乏各方面的专业技术人才，他们不仅能够在美国激烈的经济竞争中获

---

① Thomas D. Boswell, James R. Curtis, *The Cuban-American Experience: Culture, Images, and Perspectives*, Totowa, NJ: Rowman & Allanheld Publishers, 1983, p. 43.

得一席之地，还能通过社团活动影响美国政府的对古政策，且他们的社团多数是为了反对卡斯特罗政权或促进古巴向"民主"过渡而建立的活动组织。所以，由第一代和第二代古巴移民建立的社团力量是影响古美关系发展的重要民间力量。

（一）社团政治派别

美国由古巴裔移民建立或领导的反古组织很多，它们存在的共同点是希望古巴政权发生变化。按照它们所反映出来的政治倾向大体可分为三种。

第一种是代表第一代古巴移民强硬保守派观点的右翼组织。由于这类组织的成员在逃离古巴前大多是社会的中上层，受过良好的教育，有专业技能，且逃离美国时携带了巨额的财富，所以被美国社会誉为"黄金移民"。他们对于祖国古巴的情怀是，希望能够在不久卡斯特罗政权结束时回到古巴，并不希望在美国开始新生活。在这种情感的激励下，他们"坚决反对与古巴政权进行任何接触和变通，尽一切努力影响美国对古巴的政策"，主张强化对古巴的政治孤立和经济封锁，促使卡斯特罗政权倒台。[①] 这一派最有影响力的组织是成立于里根上台当年的"古巴裔美国人民主基金会"（以下简称"古美基金会"），其在迈阿密和华盛顿都设有办事处，基金会的成员或是事业成功、财力雄厚的商人，或是受教育程度较高，熟悉政治游戏规则的政客。由于该组织的人力和财力十分强大，易接近美国上层人士开展游说活动，并且其反共观点能够与美国政府的意识形态产生共鸣，因此自成立以来就成为影响美国政府对古巴政策力量最大的组织。它以"使美国公众了解古巴政局，

---

① 马萨：《美国的古巴移民社会》，《拉美研究》1994 年第 3 期，第 38 页。

同时向古巴人民宣传民主、自由的价值观"为宗旨，[①] 以游说美国国会议员、行政官员实施对古巴制裁为活动内容，在过去的几十年里取得了显著的成效。典型的例子就是进行反古宣传的马蒂电台和马蒂电视台设立。

第二种是代表温和自由派观点的组织。这类组织的成员多是在1965年以后来到美国，这一时期美国向所有在美国有亲属的古巴人敞开了大门而不仅仅是个别政治流亡者，而且他们到美国后很快获得了《古巴适调法》所赋予的美国公民身份，这使得他们能较快地融入美国社会，和大多数的美国少数族裔一样发展的是族裔政治，其核心是既把自己看成是古巴人同时也是一名美国人。所以这一时期来到美国的古巴移民其意识形态色彩相对第一代移民要弱，虽然他们与保守派同样是通过对美国政府和社会各界施加影响和压力来推进古巴的民主选举和自由市场，但他们反卡斯特罗政权的态度相对温和，"倾向于通过外交途径和平解决古巴问题，反对诉诸武力和经济制裁"，认为强硬保守派的复仇政策会"导致古巴国内形势恶化，发生内战、屠杀和外国干涉"。[②] 他们主要从事的是推动美国政府同古巴政府进行对话，发展美古互利关系的政治和社会活动。属于这一类的组织有：社会民主协调中心、古巴基督教民主党、古巴人权委员会、古巴社会民主党、古美联盟等。尽管长期以来，"古美基金会"是古巴裔移民影响美国对古巴政策走向的最重要的力量，但是由于温和自由派的古巴组织与古巴国内政府反对派的立场相似，且相互有着密切联系，所以他们的活动更符合美国的"民主""人权"的宣传。当冷战结束后，古巴不再对美国的安全构成战略威胁，属于温和自由派的古巴组织日渐受到美国政府的支

---

① 熊志勇主编《美国政治与外交决策》，北京大学出版，2007，第232页。
② 顾婷婷：《1959年以来美国古巴移民研究》，华东师范大学2008年硕士学位论文，第39页；马萨：《美国的古巴移民社会》，《拉美研究》1994年第3期，第38页。

持，尤其是在 1997 年"古巴裔美国人民主基金会"的创始人逝世后，强硬派对美国政府政治游说的影响力持续减弱，自由派组织对政府的影响在日渐增大。

除了以上两种具有影响力的政治派别，同时不可忽视的是，由第三代和第四代移民组建的社团的政治呼声也越来越大。自上世纪 80 年代以来，很多出于经济原因以合法或非法途径来到美国的古巴人，他们也在以各种方式向美国政府传达他们的政治呼声。由于这些人多数是在古巴的经济环境中难以维持生计或对未来绝望的人，他们对美国长期制裁、封锁古巴的政策给古巴人民生活造成的痛苦有切身体会，因此不完全认同以上两个政治派别的反古立场。他们对于母国的关注主要是改善尚留在古巴的同胞的境遇，他们强烈呼吁美国取消对古巴的禁运，减少对古巴的压力，且他们的呼声也使得温和派的很多人受到影响。20 世纪 90 年代以来，美国出现了反对对古巴禁运的新一代人。1999 年 7 月，约 300 名古巴裔移民在华盛顿举行要求取消对古巴制裁的集会，集会的领导者迈阿密的古巴民主委员会执行干事埃莱娜表示："这是一个时代的结束。我们不仅希望开放古巴，而且希望开放迈阿密。我们理解父辈那一代的挫折，但是，又换了一代人，50 岁以下的人的看法不同了。"[①]与此同时，上世纪 90 年代以来古巴外部环境已大大改善，国际社会反对美国制裁古巴的呼声越来越高，美国孤立古巴未果，反而自陷孤立。这些都将促进美国对古政策进行调整。

（二）社团反古途径

古巴裔美国人社团影响美国政府对古政策的途径主要是：选民的选票、利益集团的政治捐款及政治游说。而在 20 世纪 70 年代以

---

① 郭宪纲：《美国对古巴制裁已为强弩之末》，《国际问题研究》2000 年第 4 期，第39 页。

前，作为政治流亡者的古巴第一代移民并没有参政意识，他们只是寄希望于美国能够推翻卡斯特罗政权以及在美国的支持下对古巴实施一系列的阴谋破坏活动。直到古巴导弹危机结束后，古巴社会主义政权得到加强，美国也默认了古巴政权的存在，他们逐渐认识到，"即使是最激烈的军事方式也不可能改变古巴现状，要想让古巴发生真正意义上的变革必须借助美国的政治力量，在美国政治体制内部做工作"①。此后，1966 年《古巴适调法》的出台为古巴移民进入美国政治领域施加影响力提供了必要条件，经过一段时间调整和适应，来到美国的古巴第一代和第二代移民开始有了参政议政的热情，毕竟他们的经济力量能够让其左右当地的政治选举。进入 20 世纪 70 年代后，美国民主党和共和党都开始注重古巴裔移民集中地区的选票。

在整个 70 年代，古巴裔选民对共和党的保守政治经济政策不抱有好感，较多支持的是民主党。直到 1980 年强硬保守派代表里根上台，其极右的反共观点与古巴裔选民产生了共鸣，并且此后每届的共和党总统候选人都会让自己的政策讨好古巴裔选民，于是从 80 年代开始古巴裔选民大多数支持的是共和党。与这种政治选择相适应的是，自里根政府以来只要是共和党执政，美国对古巴的政策就会相对强硬，美古关系相对紧张。比如，1985 年和 1990 年在常为美国大选提供巨额政治捐款的"古巴裔美国人民主基金会"的要求下，里根总统和老布什总统分别批准了建立反古宣传的马蒂电台和马蒂电视台，这两项行动被卡斯特罗称为是对古巴的"电波侵略"和"电视侵略"，由此恶化了古美关系。

尽管古巴裔选民的政治倾向使其与保守的共和党的关系更为密

---

① 顾婷婷：《1959 年以来美国古巴移民研究》，华东师范大学 2008 年硕士学位论文，第 39 ~ 40 页。

切，但这并不意味着他们缺乏对民主党的影响力，他们的选票和政治游说对民主党也同样具重要的影响力，尤其每逢总统大选或者议会选举，民主党的候选人都会努力争取获得古巴裔选民的认同。1992 年美国大选前，在民主党总统候选人克林顿和共和党候选人老布什在佛罗里达州的选票票数难分胜负的紧要关头，古巴裔强硬保守派领袖马斯·卡诺萨力促国会对一直受争议的对古巴实行更加严格禁运的《古巴民主法案》（"托里切利法案"）予以通过。老布什总统由于考虑到这一法案会惹恼美国的贸易伙伴，对此法案持明确反对态度，而克林顿考虑到选票的需要，先一步对这一法案给予首肯，当天克林顿便得到古巴裔美国人资助的 27.5 万美元的竞选经费。[1] 在这种形势下，老布什不得不改变原先的对古态度，签署了该法案。马斯·卡诺萨也因此被当时的《纽约时报》称为"华盛顿最有效的政治掮客"[2]。同样，1996 年旨在进一步加强封锁古巴的《赫尔姆斯—伯顿法案》出台也有着类似经历，此前已经作出和古巴政府缓和姿态的克林顿，意识到此法案的通过会给自己与盟国之间造成麻烦，然而为了连任、保住古巴裔选民人数众多州的票，最后还是签署了这一法案。强硬保守派这些"欲置古巴于死地"的做法无疑恶化了古美关系，给古美关系的发展蒙上了深深的阴影。

但在 1997 年以后，随着保守派领袖"古巴裔美国人民主基金会"的创始人卡诺萨的去世，古巴裔美国人的政治游说影响力进入了衰弱和转型时期。卡诺萨的儿子继承父位成为该基金会的新领导人，他主张采取温和的反古行动，促进古巴向民主与资本主义的

---

① Patrick J. Haney & Walt Vanderbush, "The Helms-Bourton Act: Congress and Cuba Policy," Ralph G. Catrter, ed., *Comtemporary Cases in U. S. Foregin Policy: Form Terrorism to Trade*, Washington, D. C.: CQ Press, 2000: 276.

② 熊志勇主编《美国政治与外交决策》，北京大学出版社，2007，第 231 页。

和平转型，这一政治倾向使该基金会内部发生了分裂。该组织中的多名强硬派成员退出，成立了一个新的组织——古巴自由委员会，继续游说美国政府对古巴奉行强硬政策，但其政治实力和经济实力都无法与"古巴裔美国人民主基金会"相比。

虽然，古巴裔反古集团中强硬派的影响力的衰落给未来古美关系的缓和提供了有利的条件，但也必须承认，古巴裔美国人反母国游说活动仍会长期存在，其对古美关系的消极影响也不会短期内消失。"埃连事件"的影响就是一个证明。由于2000年是美国下一届总统选票走向极受关注的敏感时期，迈阿密的古巴裔美国人企图利用这一时机，让小埃连以"政治移民"身份留在迈阿密，尽管美国移民法规中一个重要的原则是"家庭团聚"。最终面临古巴裔选民绝大多数反对将埃连送回古巴的态度，当时的民主党副总统戈尔出于竞选需要（主要是为了获得在美国人口排第四位的佛罗里达州的重要选票），转变了自己之前的态度，宣布支持给予埃连永久居留权的法案。美国迟迟不肯将埃连交还给古巴，引起了古美之间的一场外交斗争。最后在美国大多数民众"让埃连回到自己父亲身边"的高呼下，即将任职到期的克林顿下令强制执行"让埃连回到父亲身边"的决定。政府的这种做法在古巴右翼选民看来是对他们的背叛，结果共和党小布什拿下了佛罗里达州关键性的选票，以微弱的票数优势当选为第43届美国总统。作为回报，小布什上台后对古巴实行了比克林顿时期更强硬的政策。就如《美国日报》上的一篇评论所言，虽然冷战后古巴对美国的安全已经不构成什么真正威胁，但由于古巴裔美国人社团对卡斯特罗政权的关注，使得谈论如何把卡斯特罗赶下台仍然是共和党对外政策的试金石。①

---

① 李晓岗：《冷战后美国对古巴的敌视政策》，《拉丁美洲研究》2001年第2期，第45页。

结　论

卡斯特罗执政时期古美关系的发展经历了三个阶段：第一阶段为卡斯特罗上台到古巴导弹危机结束，这一阶段古美关系的发展由最初的经济冲突升级到军事冲突，双边关系的发展主要受古巴国内因素和美国全球战略的制约。第二阶段为古巴导弹危机过后至冷战结束，这一阶段是冷战时期古美对抗相对缓和的阶段，古、美两国都避免发生正面的严峻对抗，双边关系发展主要受美、苏的全球战略制约。第三阶段为冷战结束至卡斯特罗卸任，这一阶段苏联的消失使得古巴不再是美国的战略威胁，古美关系朝着"潜在缓和"的方向继续进行着对抗，且这种对抗主要受美国全球战略和国内因素的制约。

古巴作为古美对抗中的弱势一方与美国的关系主要体现为民族利益和外交政策兼顾的一种对抗关系。这种对抗源于卡斯特罗上台后进行国有化改革引起的古美间利益冲突，此后古巴选择了在冷战的环境下借助苏联的力量对抗美国，致使古美对抗迅速升级，双边关系也因此被纳入两极对抗的轨道。在古美近半个世纪的对抗中，卡斯特罗的政治思想，以及其政府在移民政策、经济反封锁政策和外交政策上的总体抉择深刻地影响了古美关系的进程。同时这些因素也随着冷战时期美苏关系的变化以及冷战后国际形势的变化而发生演变。

美国作为美古对抗强势的一方与古巴的关系主要体现为国内利益和全球战略兼顾的一种对抗关系。卡斯特罗上台初期正值美国推行全面遏制战略的阶段，由于古巴的激进民主革命既破坏了美国的经济利益，也不符合美国遏制苏联全球扩张的战略，美国对古巴采取了极端的遏制政策。当古巴被推向苏联后，古巴成为美国战略上的敌国，美国随即对其采取了经济制裁、外交孤立、暗杀行动等多种针对古巴卡斯特罗政权的行动。总之，美国的全球战略、总统的政治理念、政府制定的反古法案和进行的反古实践活动是一直以来影响美古关系发展的重要因素。

在近半个世纪的对抗中，古美双方损失与收益并存。但作为弱势一方的小国古巴付出的代价是巨大的。

首先，造成古巴人才大量流失。在 20 世纪 80 年代之前古巴约有 1/6 的人口作为政治移民输入美国，他们大多数是古巴社会的中间力量和精英分子。一方面，他们的流出造成了古巴经济发展的资本和技术孱弱，加重了古巴经济的脆弱性和对苏联深度依赖关系。另一方面，他们作为政治移民进入美国增强了美国国内的反古力量。古巴导弹危机前，古巴政治流亡者对于古美关系的不断激化起到了重要作用；古巴导弹危机后，古美关系的相对缓和使一些顽固的古巴政治流亡分子感到绝望，他们采取了恐怖主义行动来表达自己的不满，在一定程度上破坏了古美关系的缓和发展。冷战后，由于美国的外交政策日益受国内政治影响，在古巴裔的强硬反古势力的压力下，美国出台了对古巴进行更加残酷经济封锁的法案。总之，尽管最初反对卡斯特罗政权人的大量离开起到了稳定卡斯特罗政权的作用，但从古巴社会长期来看，其作用弊远大于利。

其次，地缘政治威胁延缓了古巴改革的进程。古美间的敌对使古巴在经济上不得不"抛弃"与自己有着天然腹地联系的美国和拉美大陆地区，依赖于来自遥远的苏东国家的进口和援助，而这种不对称依赖关系恰恰是卡斯特罗上台之前古美间长期关系的特征。这种依赖关系的转变不仅没有使古巴走上独立的现代化道路，反而使其在封锁的条件下，经济持续贫困，这促使卡斯特罗政权选择以继续"深化革命"的方式求生存，经济上进入以"严格的国家控制"和"道德鼓励"为特征的发展模式，随之而来的是古巴对世界自由市场经济领头羊美国及其他西方国家的敌视及自身的贫困持续化。

最后，封锁成为苦难的罪魁祸首。古美间对抗的直接后果是美国对古巴实行经济封锁，从1960年开始实行至今的封锁使古巴成为世界近代史以来遭受封锁时间最长、损失最重的国家。长期的经济封锁砍去了古巴经济发展的左膀右臂，封锁所造成的苦难也成为古巴实行计划经济、生产力落后、低效、政府限制自由的理据，而这些极不符合美国向世界输出的民主和自由市场理念，只有解除了经济封锁——古巴生存发展的最大障碍，古美关系才会真正走上正常的轨道。

尽管在近半个世纪艰难的古美对抗中，古巴付出了巨大的代价，但卡斯特罗政权没有因此倒台。冷战后古巴人民虽然由于生活的苦难会产生抱怨，但他们中的绝大多数仍支持卡斯特罗及其接班人的政权。这种支持或忠诚一方面归因于人们对1959年以前古巴历史的痛苦记忆以及对民族的集体尊严和国家主权的确认——在1959年古巴民主革命胜利以前古巴人没有主权国家的观念。另一方面，归因于在资本主义经济出现全球性危机的今天，古巴人在卫生、教育和生物科技等领域取得非凡成就和实现社会公平的欣慰——它向受自由市场和金融官僚体制侵蚀的拉美展示了另一种发展模式的可能。而以上这些既是卡斯特罗所带来的，也是美国一直打压古巴所产生的结果。

对于美国而言，尽管在与古巴的对抗中也付出了不少代价尤其是经济上，且卡斯特罗政府也没有因此倒台，但其打压政策总体来说还是取得了战略上的胜利。

首先，冷战时期美国对古巴的封锁加重了苏联的负担。一是使苏联不愿在拉美地区再长期承担额外负担（古巴导弹危机后），从而减少了古巴革命在拉美扩大的可能性，有利于美国"后院"的稳定。

二是使古巴从最初的诱人的盟友逐渐变成苏联日益沉重的包袱，到20世纪80年代中期苏联实力明显走向衰弱后，美国不仅不再指责古巴为苏联的卫星国，相反希望古巴继续这种依赖，从而在经济上拖垮苏联。最终苏联的崩溃消除了古巴对美国的战略威胁。

其次，冷战后美国继续实行对古巴封锁的政策，虽然没有使卡斯特罗政权倒台，且造成了美国自身在古巴问题上的孤立，但增加了古巴国内的经济和政治困难，这些困难使古巴国内要求改革、民主自由的呼声日益增大，为古巴政权改变其政策创造了条件。这符合目前美国政府和大多数民众的愿望，即希望古巴发生和平有效的渐进改革，以及由此带来两国关系的改善。其原因是：（1）冷战结束后的古巴已经不对美国构成战略威胁，且美国认为在古巴共产主义社会的外壳中存在一个分离破壳而出的脆弱的市民社会。（2）古巴与美国特殊的地理联系，使美国不得不关注古巴的和平与稳定。（3）尽管古巴依然是个"非民主"国家，但美国也认为其在一党制下的经济开放和在政治体制上作出的一些改革是走向"民主"的良好开端。（4）拉美地区形势的变化促使美国态度发生转变，自上世纪90年代以来拉美左翼政治力量兴起以及左翼政权的增多，使得左翼政权甚至社会主义政权都被视为拉美多元化政治舞台的正常角色。

尽管有着上述愿望和考虑，但美国政府在冷战后继续对卡斯特罗政府采取敌视政策，其主要原因如下。第一，受国会和右翼反古政治势力的影响。冷战后国会在美国外交决策中的地位大大提升，且其政策往往代表地方利益，从政治拨款和选民角度出发，把对外政策作为国内政治的延伸，美国最大反古集团古美基金会自成立以来就一直对美国国会有着重要影响力。此外，每到大选期间，为了争取反古力量最集中的佛罗里达州的选票，总统也常常会颁布对古强硬的政策。这些是冷战后美国继续出台反古法案的主因。第二，从美国的全球战略角度来讲，在古巴不放弃"独裁"政治的情况下，美国放弃对古巴的封锁并不现实。根据美国与古巴特殊的地理关系以及美国是世界上最强大经济体的事实，若美古间贸易实现正常化，无疑美国将成为古巴最大的贸易国，这会为以出口为导向的古巴经济带来巨大利益，而"帮助"一个与自己意识形态对立且"距迈阿密90海里"的"独裁"国家发展，这既违背美国作为民主世界"引领者"的意愿，也不符合美国的安全战略目标。

今天对于经历半个世纪重重困难的古巴来说，已经对与美国冲突的存在产生了某种适应性，就如卡斯特罗所说："它不使我高兴，也不使我忧伤：我处之泰然。对我们来说，恢复关系不是要拼命渴求的东西。关系正常化不取决于我们。"在古巴看来，双边关系的正常化取决于美国，解除对古巴的封锁这是古美关系能够走上正常化的前提条件。而在美国看来，古巴只有实现向民主政治的过渡，美国才能完全解除对古巴的封锁和制裁，即双边关系的正常化取决于古巴的"努力"。这是卡斯特罗在任时期古美双边关系无法正常化的根结所在。

在奥巴马上台后，随着古美双方面临的国内、国外条件的变化，双方都以一定的实际行动表示出了进一步改善关系的诚意。虽然意识形态问题、历史遗留问题和美国国内右翼政治集团的影响依然会对双方关系的发展产生一定的影响，但继续对古巴实行制裁政策已经越来越没有意义，它影响美国在拉美和国际舞台的声誉以及美国切身的经济利益尤其是在2008年经济危机后。最终2014年12月古美关系迈出了关键性的一步，美国宣布在当前的国际条件下，制裁古巴已经过时，美国将与古巴恢复正常关系。尽管古美复交的进程正在加速，但两国关系正常化仍将是一个复杂而艰难的过程。因为对于古巴来说，全面取消制裁和封锁是双边关系正常化的先决条件，而由于上述因素的存在，全面取消制裁对于美国来说是难以在短期内做到，所以，古美关系正常化还有一段路要走。

参考文献

一 原始文献

（一）中文部分

1. 〔古〕菲德尔·卡斯特罗、〔法〕伊格纳西奥·拉莫内：《卡斯特罗访谈传记：我的一生》，中国社会科学院拉丁美洲研究所译，中国社会科学出版社，2008。

2. 〔古〕菲德尔·卡斯特罗：《在古巴共产党第一、二、三次全国代表大会上的中心报告》，人民出版社，1990。

3. 〔古〕菲德尔·卡斯特罗：《历史将宣判我无罪》，世界知识出版社，2003。

4. 〔古〕菲德尔·卡斯特罗：《卡斯特罗言论集》（第一册），人民出版社，1963。

5. 〔古〕菲德尔·卡斯特罗：《卡斯特罗言论集》（第二册），人民出版社，1963。

6. 〔古〕菲德尔·卡斯特罗：《全球化与现代资本主义》，王玫等译，社会科学文献出版社，2000。

7. 〔古〕埃内斯托·切·格瓦拉：《古巴革命战争回忆录》，上海人民出版社，1979。

8. 〔古〕萨洛蒙·苏希·萨尔法蒂编《卡斯特罗语录》，宋晓平等译，社会科学文献出版社，2010。

9. 〔美〕德怀特·艾森豪威尔：《艾森豪威尔回忆录——白宫

岁月》（下），静海译，生活·读书·新知三联书店，1977。

10. 〔苏〕尼基塔·谢·赫鲁晓夫：《赫鲁晓夫回忆录》，张岱云等译，东方出版社，1988。

11. 〔苏〕尼基塔·谢·赫鲁晓夫：《最后的遗言：赫鲁晓夫回忆录续集》，上海国际问题研究所，上海市政协编译组译，东方出版社，1988。

12. 〔苏〕《列宁选集》，第2卷，人民出版社，1972。

13. 杨辉主编《美国国家安全战略文件选编》（2005～2008年），军事译文出版社，2009。

（二）外文部分

1. Lewis L. Gould, *Documentary History of the John F. Kennedy Presidency*, Vol. 6, Washington, D. C.: LexisNexis, 2005.

2. Department of States, *FRUS, 1961 – 1963*, Vol. XI, Cuban Missile Crisis and Aftermath, Washing, D. C.: United States Government Printing Office, 1997.

3. Department of States, *FRUS, 1958 – 1960*, Vol. VI, Cuba, Washing, D. C.: United States Government Printing Office, 1991.

4. Department of States, *FRUS, 1950*, Vol. I, National Security Affairs; Foreign Economic Policy, Washing, D. C.: United States Government Printing Office, 1977.

5. Ernest R. May, Philip D. Zelikow, *The Presidential Recordings*: *John F. Kennedy*, Vol. 3, New York: W. W. Norton & Company, 2001.

6. Fidel Castro, Michael Taber, *Fidel Castro Speeches*, Vol. 2 1960 – 1982, New York: Pathfinder Press, 1983.

7. Public Papers of the Presidents of the United States: Jimmy Carter, 1980, Vol. 3, Washington, D. C.: Government Printing

Office，1981．

8. President Johnson's Statement of May 2，1965，Department of State Bulletin，May 17，1965．

9. William J. Clinton, Interview with Wolf Blitzer and Judy Woodruff on CNN. Weekly Compilation of Presidential Documenter. Vol. 31，No. 15，April 13，1995．

10. Carroll J. Doherty，Planes'Downing Forces Clinton to Compromise on Sanctions，Congressional Quarterly Weekly Report. March 2，1996．

11. United States National Security Council，NSC74，July 10，1950，Presidential Directives，PD00200，DNSA．

12. U. S. House of Committee on Foreign Affairs，Cuba in a Changing World：The United States-Soviet-Cuba Triangle，Subcommittee on Europe and the Middle East and on the Western Hemisphere，101st Cogress，1st session，April 30 and July 11 and 31，1991．

二　著作类

（一）中文部分

1. 程映虹：《菲德尔·卡斯特罗：20 世纪最后的革命家》，外文出版社，1999。

2. 复旦大学拉丁美洲研究室：《拉丁美洲经济》，上海人民出版社，1986。

3. 韩琦：《世界现代化历程》（拉美卷），江苏人民出版社，2010。

4. 洪国起、王晓德：《冲突与合作——美国与拉丁美洲关系的历史考察》，山西高校出版社，1994。

5.〔美〕江峡：《小布什传》，长江文艺出版社，2009。

6. 李晓岗：《移民政策与美国外交》，世界知识出版社，2004。

7. 李晓岗：《"9·11"后美国的单边主义与世界》，天津人民出版社，2007。

8. 李春辉：《拉丁美洲史稿》（上卷），商务印书馆，1983。

9. 李春辉：《拉丁美洲史稿》［下卷（三）］，商务印书馆，1993。

10. 李春辉：《拉丁美洲史稿》（下册），商务印书馆，2001。

11. 梁宏：《变革中的越南朝鲜古巴》，海天出版社，2010。

12. 刘金质：《冷战史》（上），世界知识出版社，2003。

13. 罗荣渠：《美洲史论》，商务印书馆，2009。

14. 毛相麟：《古巴社会主义研究》，社会科学文献出版社，2005。

15. 潘锐：《冷战后的美国外交政策：从老布什到小布什》，时事出版社，2004。

16. 钱根禄、范建中、陶卫平：《当代国外社会主义瞭望》，南京大学出版社，1987。

17. 钱皓：《美国西裔移民——古巴、墨西哥移民历程及双重认同》，社会科学文献出版社，2002。

18. 索飒：《丰饶的苦难：拉丁美洲笔记》，广西师范大学出版社，2003。

19. 陶竦：《完美的人：切·格瓦拉传》，海南出版社，2002。

20. 卫建林：《西方全球化中的拉丁美洲：一个调查报告》，红旗出版社，2004。

21. 熊志勇：《美国政治与外交决策》，北京大学出版社，2007。

22. 徐世澄：《冲撞——卡斯特罗与美国总统》，东方出版社，1999。

23. 徐世澄：《帝国霸权与拉丁美洲——战后美国对拉美的干

涉》，世界知识出版社，2002。

24. 徐世澄：《列国志：古巴》，社会科学文献出版社，2003。

25. 徐世澄：《美国和拉丁美洲关系史》，社会科学文献出版社，2007。

26. 徐世澄：《卡斯特罗评传》，人民出版社，2008。

27. 杨明辉、周永瑞：《解码卡斯特罗》，工人出版社，2010。

28. 阮建平：《战后美国对外经济制裁》，武汉大学出版社，2009。

29. 张小明：《冷战及其遗产》，上海人民出版社，1998。

30. 张家唐：《拉丁美洲简史》，人民出版社，2009。

31. 张翠荣：《拉丁美洲革命现场》，法律出版社，2000。

32. 赵学功：《当代美国外交》，社会科学文献出版社，2001。

33. 赵学功：《十月风云：古巴导弹危机研究》，天津人民出版社，2009。

34. 资中筠：《战后美国外交史——从杜鲁门到里根》（上），世界知识出版社，1993。

35. 资中筠：《战后美国外交史——从杜鲁门到里根》（下），世界知识出版社，1994。

36. 张景哲：《古巴》，中国青年出版社，1962。

（二）译著部分

1. 〔美〕艾克敏：《布什总统的信仰历程》，王青山等译，中国社会科学出版社，2004。

2. 〔古〕安东尼奥·努涅斯·希门尼斯：《美帝国主义对拉丁美洲的侵略》，梅登科译，世界知识出版社，1962。

3. 〔苏〕安·安·葛罗米柯、鲍·尼·波诺马廖夫：《苏联对外政策史（1945～1980）》，沈芜清等译，中国人民大学出版社，1989。

4.〔意〕安格鲁·特兰托：《卡斯特罗和古巴》，杨晓霞译，生活·读书·新知三联书店，2006。

5.〔英〕D. C. 瓦特编《国际事务概览（1962年）》，上海市政协编译工作委员会译，上海人民出版社，1983。

6.〔委〕D. 博爱斯内尔：《拉丁美洲国家关系简史》，殷恒民译，商务印书馆，1990。

7.〔美〕戴维·霍罗威茨：《美国冷战时期的外交政策：从雅尔塔到越南》，上海市"五·七"干校六连翻译组译，上海人民出版社，1974。

8.〔美〕德怀特·艾森豪威尔：《缔造和平》（二），静海译，生活·读书·新知三联书店，1977。

9.〔美〕菲·方纳：《古巴史和古巴与美国的关系》〔第一卷（1492～1845）〕，徐光楠等译，生活·读书·新知三联书店，1964。

10.〔古〕菲德尔·卡斯特罗：《切·格瓦拉：卡斯特罗的回忆》，邹凡凡译，译林出版社，2009。

11.〔美〕富兰·利兹：《卡斯特罗》，李玉良等译，青岛出版社，2008。

12.〔美〕赫德里克·史密斯：《里根和里根总统》，潘东文等译，商务印书馆，1982。

13.〔古〕何塞·坎东·纳瓦罗：《古巴历史——枷锁与星辰的挑战》，王玫译，当代世界出版社，1999。

14.〔美〕J. 格雷戈里·奥斯瓦德、〔德〕安东尼·J. 斯特罗威尔：《苏联与拉丁美洲》，上海人民出版社，1974。

15.〔美〕卡梅洛·梅萨－拉戈：《七十年代的古巴》，丁中译，商务印书馆，1980。

16.〔巴〕克劳迪娅·福利娅蒂:《卡斯特罗传》,翁怡兰译,世界知识出版社,2003。

17.〔英〕莱斯利·贝瑟尔:《剑桥拉丁美洲史》（第5卷）,中国社会科学院拉丁美洲研究所组译,社会科学文献出版社,1992。

18.〔美〕雷迅马:《作为意识形态的现代化:社会科学与美国对第三世界政策》,牛可译,中央编译出版社,2003。

19.〔玻〕雷希纳尔多·乌斯塔里斯·阿尔塞:《切·格瓦拉》,刘长申译,中国青年出版社,2010。

20.〔美〕利昂·古雷、莫里斯·罗森堡:《苏联对拉丁美洲的渗透》,上海译文出版社,1979。

21.〔美〕利昂·P.巴拉达特:《意识形态起源和影响》（第10版）,张慧芝等译,世界图书出版公司,2010。

22.〔美〕理查德·尼克松:《六次危机》,黄兴等译,商务印书馆,1999。

23.〔美〕罗伯特·李:《卡斯特罗传》,长江文艺出版社,1998。

24.〔苏〕罗伊·麦德维杰夫:《赫鲁晓夫》,王德树等译,天津人民出版社,1986。

25.〔英〕J.H.帕里、P.M.舍洛克:《西印度群岛简史》,天津人民出版社,1976。

26.〔美〕托马斯·G.帕特:《美国外交政策》（下）,李庆鱼译,中国社会科学出版社,1989。

27.〔美〕威廉·内斯特:《国际关系:21世纪的政治与经济》,姚远等译,北京大学出版社,2005。

28.〔美〕西奥多·德雷珀:《卡斯特罗主义理论和实践》,北京编译社译,世界知识出版社资料室,1966。

29.〔美〕小阿瑟·施莱辛格:《一千天:约翰·菲·肯尼迪在白宫》,仲宜译,生活·读书·新知三联书店,1981。

30.〔俄〕谢·赫鲁晓夫:《儿子眼中的赫鲁晓夫:导弹与危机》,郭家申等译,中央编译出版社,2006。

31.〔英〕休·托马斯:《卡斯特罗和古巴》,斯禾译,上海人民出版社,1975。

32.〔美〕詹姆斯·西伯奇:《苏联在加勒比海地区的海上力量》,复旦大学历史系拉丁美洲研究室译,上海人民出版社,1975。

（三）外文部分

1. Aleksandr Fursenko, Timothy Naftali, *One Hell of a Gamble*: *Khrushchev, Castro, and Kennedy, 1958 – 1964*, New York: W. W. Norton, 1997.

2. Aleksandr Fursenko, Timothy Naftali, *Khrushchev's Cold War*: *The Inside Story of an American Adversary*, New York: W. W. Norton, 1997.

3. Alex R. Hybell, *How Leaders Reason*: *US Intervention in the Caribbean Basin and Latin America*, Oxford, UK; Cambridge, Mass. , USA: B. Blackwell, 1990.

4. Bruce J. Allyn, James G. Blight, David A. Welch, *Back to the Brink*: *Proceedings of the Moscow Conference on the Cuban Missile Crisis, January 27 – 28, 1989*, Lanham: University Press of America, 1992.

5. Carlos Lechuga, *Cuba and the Missile Crisis*, Melbourne & New York: Ocean Press, 2001.

6. Cecil V. , Jr. Crabb, *The Doctrines of American Foreign Policy*: *Their Meaning, Role and Future*, Baton Rouge: Louisiana State Universi-

ty Press，1982.

7. Charles W. Kegley， *The Long Postwar Peace*：*Contending Explanations and Projections*，New York：HarperCollins Publishers，1991.

8. Christopher Mitchell, ed. ， *Western Hemisphere Immigration and United States Foreign Policy*，University Park，Pennsylvania：Pennsylvania State University Press，1992.

9. Daniel James，*Cuba*：*the First Soviet Satellite in the Americas*，New York：Avon Book Division，Hearst Corp. ，1961.

10. David W. Haines，ed. ，*Refugees in the United States*：*A Reference Handbook*，Westport：Greenwood Press，1985.

11. Dario V. Moreno，*U. S. Policy in Central America*：*The Endless Debate*，Florida：University Press of Florida，1990.

12. Dino A. Brugioni，*Eyeball to Eyeball*：*The Inside Story of the Cuban Missile Crisis*，New York：Random House，1991.

13. Donna Rich. Kaplowitz，*Anatomy of a Failed Embargo*：*U. S. Sanctions Against Cuba*，Boulder & London：Lynne Rienner Publishes，1988.

14. Ernest H. Preeg，*Feeling Good or Doing Good with Sanction*：*Unilateral Economic Sanctions and the U. S. National Interest*，Washington：Center for Strategic and International Studies，1999.

15. Guillermo J. Grenier，Lisandro Pérez，Nancy Foner，*The Legacy of Exile*：*Cubans in the United States*，Boston：Allyn and Bacon，2003.

16. James G. Blight，Bruce J. Allyn，David A. Welch，*Cuba on the Brink*：*Castro，the Missile Crisis，and the Soviet Collapse*，New York：Pantheon Books，1993.

17. James G. Blight，David A. Welch，*On the Brink*：*Americans and*

Soviets Reexamine the Cuban Missile Crisis, New York: Hill & Wang, 1989.

18. Joseph S. Tulchin, Lilian Bobea ed. , *Changes in Cuban Society since the Nineties*, Washington, D. C. : Woodrow Wilson International Center for Scholars, 2005.

19. James A. Nathan, *Anatomy of the Cuban Missile Crisis*, Westport: Greenwood Press, 2000.

20. John Prados, *President's Secret Wars: CIA and Pentagon Covert Operations Since World War II* , New York: William Morrow & Company Inc, 1989.

21. Lee Lockwood, *Castro's Cuba, Cuba's Fidel*, New York: Macmillan, 1967.

22. Lester H. Brune, *The Cuba-Caribbean Missile Crisis of October 1962*, Claremont: Regina Books, 1966.

23. Louis A. Pérez Jr. , *Cuba and United States: Ties of Singular Intimacy*, New York: University of Georgia Press, 1990.

24. Louis A. Pérez Jr. , *Cuba: Between Reform and Revolution*, New York: Oxford University Press, 1988.

25. Lloyd J. Mecham, *A Survey of United States-Latin American History*, New York: Houghton Mifflin, 1970.

26. Maurice Zeitlin, Robert Scheer, *Cuba: Tragedy in Our Hemisphere*, New York: Grove Press, Inc. , 1963.

27. Mark J. White, *The Cuba Missile Crisis*, London: The Macmillan Press, 1996.

28. Mark J. White, *Kennedy: The New Frontier Revisited*, New York: New York University Press, 1988.

29. Maria Cristina Garcia, *Havana USA: Cuban Exiles and Cuban*

Americans in South Florida, 1959 – 1994, Berkeley: University of California Press, 1996.

30. Mauricio A. Font, A *Changing Cuba in a Changing World*, New York: Bildner Center for Western Hemisphere Studies. 2008.

31. Miguel Gonzales-Pando, *The Cuban Americans*, Westport, Connecticut: Greenwood Press, 1998.

32. Morris H. Morley, *Imperial State and Revolution: The United States and Cuba*, 1952 – 1986, Cambridge: Cambridge University Press, 1987.

33. Pope G. Atkins, *Latin America in the International Political System*, New York: Free Press, 1977.

34. Philip W. Bonsal, *Cuba, Castro and the United States*, Pittstburgh: University of Pittstburgh Press, 1971.

35. Ralph G. Cater ed. , *Contemporary Cases in U. S. Foreign Policy: From Terrorism to Trade*, Washington, D. C. : CQ Press, 2000.

36. Raymond L. Garthoff, *Reflections on the Cuban Missile Crisis*, Washington, D. C. : Brookings Institution, 1989.

37. Richard H. Collin, *Theodore Roosevelt's Caribbean: The Panama Canal, the Monroe Doctrine, and the Latin American Context*, Baton Rouge: Louisiana State University Press, 1999.

38. Richard J. Walton, *Cold War and Counterrevolution: The Foreign Policy of John F. Kennedy*, Baltimore: Penguin Books, 1972.

39. Richard Ned Lebow, Janice Gross Stein, *We All Lost the Cold War*, Princeton: Cornell University Press, 1987.

40. Robert Weisbrot, *Maximum Danger: Kennedy, the Missile Crisis, and the Crisis of American Confidence*, Chicago: Ivan R. Dee, 2001.

41. Samuel Farber, *The Origins of the Cuban Revolution Reconsidered*,

Chapel Hill: The University of North Carolina Press, 2006.

42. Sheldon B. Liss, *Fidel*!: *Castro's Political and Social Thought*, Boulder, San Francisco, Oxford: Westview Press, 1994.

43. Stephen G. Rabe, *Eisenhower and Latin America*: *The Foreign Policy of Anti-Communism*, Chapel Hill: The University of North Carolina Press, 1988.

44. Tad Szulc, Karl E. Meyer, *Cuban Invasion*: *The Chronicle of a Disaster*, New York: Ballantine; Browning of Pages edition, 1962.

45. Thomas G. Paterson, *Kennedy's Quest for Victory*: *American Foreign Policy*, 1961 – 1963, New York: Oxford University Press, 1989.

46. Thomas D. Boswell, James R. Curtis, *The Cuban-American Experience*: *Culture, Images, and Perspectives*, Totowa, NJ: Rowman & Allanheld Publishers, 1983.

47. Walter W. Rostow, *The Diffusion of Power*: *An Essay in Recent History*, New York: Macmillan, 1972.

三 期刊、学位论文、报纸

(一) 中文部分

1. 安建国:《战后拉美国际关系的发展》,《拉丁美洲研究》1987 年第 3 期。

2. 成林:《"坚冰"何时打破——卡特访古与古美关系》,《当代世界》2002 年第 7 期。

3. 韩洪文:《论古巴革命胜利初期的古美关系》,《历史教学问题》1999 年第 4 期。

4. 郭宪纲:《美国对古巴制裁已为强弩之末》,《国际问题研究》2000 年第 4 期。

5. 江心学:《从"熟果理论"到赫尔姆斯 – 伯顿法——谈美国

对古巴外交政策的演变》，《解放军外国语学院学报》1996 年第 6 期。

6. 江时学：《论拉美左派东山再起》，《国际问题研究》2007 年第 3 期。

7. 刘金源、潘美娟：《从新自由主义全球化到社会主义全球化》，《拉丁美洲研究》2005 年第 4 期。

8. 马萨：《美国的古巴移民社会》，《拉美研究》1994 年第 3 期。

9. 毛相麟：《古巴对苏联的经济依附》，《世界知识》1982 年第 1 期。

10. 李晓岗：《冷战后美国对古巴的敌视政策》，《拉丁美洲研究》2001 年第 2 期。

11. 李阳：《拉美左翼力量崛起评析》，《拉丁美洲研究》2005 年第 5 期。

12. 宋晓平：《布什政府对古巴政策的走向》，《拉丁美洲研究》2001 年第 8 期。

13. 张凡：《古巴－美国关系 50 年四题》，《拉丁美洲研究》2009 年第 2 期。

14. 张登文：《苏东剧变后古巴对外政策的调整与思考》，《中国特色社会主义研究》2010 年第 4 期。

15. 《路透社奥连特省奥尔金 4 日电》，《参考消息》1959 年 1 月 6 日。

16. 顾婷婷：《1959 年以来美国古巴移民研究》，华东师范大学 2008 年硕士学位论文。

17. 王松霞：《美国霸权与古巴革命》，中国社会科学院 2003 年博士学位论文。

18. 王伟：《美国对古巴遏制政策的起源》，东北师范大学 2004 年博士学位论文。

（二）外文部分

1. Bruce J. Allyn, James G. Blight, David A. Welch, "Essence of Revision: Moscow, Havana, and the Cuban Missile Crisis", *International Security*, Winter 1989/90, 14 （3）.

2. Edward Gonzales, "Castro's Revolution: Cuban Communist Appeals and the Soviet Response", *World Politics*, 1968, 21 （1）.

3. George J. Boughton, "Soviet-Cuban Relations, 1956 – 1960", *Journal of Inter-American Studies and World Affairs*, 1974, 16 （4）.

4. Kent Beek, "Necessary Lie, Hidden Truths: Cuba in the 1960 Campaign", *Diplomatic History*, Winter. 1984, 8 （1）.

5. Mark Kramer, "The Lessons of the Cuban Missile Crisis for Warsaw Pact Nuclear Operation", *Cold War International History Project Bulletin*, Spring 1995 （5）.

6. Roy F. Nichols, William Shaler, *New England Apostle of Rational Liberty*, *New England Quarterly*, Vol. 9, Mar. , 1936 （1）.

7. Thomas G. Paterson, "The Defense-of-Cuba Theme and the Missile Crisis", *Diplomatic History*, April 1990, 14 （2）.

四　电子文献

（一）中文部分

1. 古巴提交草案 要求美国结束近50年经济制裁，华商数字报，［2008 – 10 – 28］，http: //news. hsw. cn/2008 – 10/28/content_ 10363843. htm。

2. 卡翁退休仍然在抗美，东莞时报，［2008 – 12 – 24］，http: //dgtime. timedg. com/html/2008 – 12/24/content_ 234523. htm。

（二）外文部分

1. The White House. President Johnson's Statement of May 2, 1965, Department of State Bulletin, May 17, 1965, http：//archive. org/ stream/ depart—mentofstat5265unit#page/n3/mode/2up.

2. The White House, Procedures Established for Movement of Cuban Refugees to United States, Department of State Bulletin, November 29, 1965, http：//archive. org/stream/departmentofstat 5365 unit#page/850/mode/2up.

3. Cuban Democracy Act of 1992, http：//www. state. gov/www/ regions/wha/ cuba/democ_ act_ 1992. html.

4. CubanLiberty and Democratic Solidarity（LIBERTAD）Act of 1996, http：//thomas. loc. gov/cgi-bin/bdquery/z? d104：HR00927： TOM：/bss/d104quert. htm.

5. The White House. A National Security Strategy for a New Century, December 1999, http：//clinton4. nara. gov/media/pdf/nssr - 1299. pdf.

6. U. S. Department of States. Patterns of Global Terrorism 2001, May 2002, http：//www. state. gov/documents/organization/ 10319. pdf.

7. Colin L. Powell, Commission for Assistance to a Free Cuba Report to the President May 2004, Report to the President May 2004, http：//pdf. usaid. gov/pdf_ docs/PCAAB192. pdf.

8. Mark P. Sullivan, Cuba：Issues for the 110th Congress. U. S. , CRS Report for Congress, Updated August 21, 2007, http：//fpc. state. gov/documents/ organization/ 94107. pdf.

9. National Security Decision. Directive Number 32：U. S. National Security Strategy, May 20, 1982, http：//www. fas. org/irp/offdocs/

nsdd/nsdd－32. pdf.

10. Refugee Relief Act of 1953, Section 4, U. S. Statues at Large (1953), http: //www-rohan. sdsu. edu/dept/polsciwb/brianl/docs/1953RefugeeReliefAct. pdf.

11. Public Papers of the Presidents of theUnited States, Lyndon B. Johnson, 1965, Vol. 2. 1966, http: //quod. lib. umich. edu/p/ppotpus/4730960. 1965. 002/511? rgn = full + text; view = image.

12. 104th Congress 1st Session. H. R. 927, September 27, 1995, http: //www. gpo. gov/fdsys/pkg/BILLS-104hr 927pcs/pdf/BILLS-104hr927pcs. pdf.

13. The White House. A National Security Strategy for a New Century, December 1999, http: //clinton4. nara. gov/media/pdf/nssr-1299. pdf.

14. Richard N. Hass. Forest About Fidel, News Wee-kly, 2009 － 03 － 07, http: //www. thedailybeast. com/newsweek/2009/03/06/forget-about-fidel. html.

15. U. S. Would Help Cuba Shift to Democracy Once Castro is Gone a Report Outlines the Administration's Intentions. The Cost is Estimated at $ 4 Billion to $ 8 Billion, ［1997－01－28］, http: //articles. philly. com/1997 － 01 － 28 /news/ 25560006 _ 1 _ cuban-people-hlms-burton-act-democratic-transition.

附　录

古美关系大事记（1959～2008）

1959 年

1 月 8 日　菲德尔·卡斯特罗等革命者胜利进入哈瓦那，推举大法官曼努埃尔·乌鲁蒂亚出任革命政府总统，何塞·米罗·卡多纳律师出任总理，菲德尔·卡斯特罗任革命武装力量总司令。

2 月 16 日　菲德尔·卡斯特罗任革命政府总理。

5 月 17 日　卡斯特罗政府颁布土改法。

12 月 11 日 艾森豪威尔总统批准中央情报局一项针对古巴的行动计划，其目标是"在一年之内推翻卡斯特罗，建立一个亲美领导机构代替他"，还包括"发动地下电台攻势"，对古巴电台和电视台实施干扰，支持"亲美反对派集团"，由他们"以武力方式在古巴建立一个控制区"，暗杀卡斯特罗等。

1960 年

2 月 苏联副总理阿纳斯塔斯·米高扬访问古巴，苏联向古巴提供 1 亿美元贷款，并签署购糖和出售石油等贸易协定。

7 月 6 日　美国总统艾森豪威尔签署法律，停止购买古巴蔗糖。

8 月 6 日，菲德尔·卡斯特罗宣布对美国石油冶炼厂、糖厂、电力公司和电话公司实行国有化。

12月6日，艾森豪威尔总统下令完全停止进口古巴蔗糖。

1961 年

1月3日　美国断绝与古巴的外交关系，关闭驻古巴大使馆。

4月16日　菲德尔·卡斯特罗宣布古巴革命为社会主义性质。

4月17日　由中央情报局训练和武装的1400多名古巴反革命分子在吉隆滩和长滩登陆。在不到72小时内被击溃，1200人被俘。

1962 年

1月22日　在美国的要求下，美洲国家组织开除古巴。

2月3日　肯尼迪总统命令对古巴实行全面的经济、贸易和金融封锁。

3月14日　肯尼迪政府批准一项旨在帮助古巴推翻共产主义政权的"獴计划"。

10月22日~11月20日　古巴导弹危机。

1963 年

4月27日~6月3日　菲德尔·卡斯特罗首次访问苏联。

11月22日　美国肯尼迪总统在得克萨斯的达拉斯市遭受暗杀。肯尼迪当时正在探讨与古巴接近的可能性。

1965 年

10月　古巴发生第一次移民危机。卡马里奥卡港被开辟为专用港口，为那些希望离开古巴的人迁移美国提供条件。

1966 年

11月2日　美国国会通过古巴适调法，该法律规定为那些通过非法途径进入美国的古巴人提供特殊便利。它造成了古巴非法移民的泛滥，致使无数古巴人丧生大海。该法律至今仍在执行。

1967 年

10月9日　格瓦拉在战斗中被玻利维亚军队逮捕后惨遭杀害。

这标志着古巴在拉美"大陆革命"计划的失败。

1972 年

7 月　古巴加入经互会，即社会主义国家的共同市场。

1975 年

11 月　古巴向安哥拉运送几千名志愿军战士，以阻止南非和扎伊尔军队入侵安哥拉。

1977 年

9 月 1 日　美国与古巴相互在对方首都设立外交机构（"照管利益办事处"）。

1980 年

4 月　爆发第二次移民危机。

1984 年

12 月　古巴和美国签署第一个移民协定。

1991 年

5 月 25 日　在安哥拉签署和平协定后，最后一批古巴军队撤离。

12 月　苏联解体，苏古经贸关系结束。在此后的 3 年中，古巴经济下降了 35%。

1992 年

1 月 1 日　古巴开始"特殊时期"的第一年。世界上很多人预测古巴革命必将倒台。

1994 年

8 月 11 日　由于美国未系统地履行两国签署的移民协定，菲德尔·卡斯特罗宣布将不阻止希望出走的古巴人离开本国。几千名"筏民人"下海，力图去美国。

9 月 9 日　两国签署了新的移民协定。美国允诺每年发放的签证不少于两万个，向古巴遣返所有在海上被拦截的人，以便排队等候离境。

1996 年

3 月 5 日　美国国会投票通过《赫尔姆斯—伯顿法案》，进一步强化对古巴的经济封锁，威胁惩罚所有向古巴投资的外国公司和使用被古巴实施国有化的美国人财产的外国公司。

3 月 12 日　克林顿总统签署《赫尔姆斯—伯顿法案》。

1998 年

1 月 21～25 日　教皇约翰·保罗二世访问古巴，对美国实施的经济封锁提出批评。

2000 年

9 月　菲德尔·卡斯特罗在纽约联合国总部参加千年首脑会议，与美国克林顿总统进行短暂会晤，这是 50 年来美国的一位总统首次直接与卡斯特罗谈话。

2001 年

9 月 11 日　美国纽约世贸大厦和华盛顿五角大楼被恐怖袭击，菲德尔·卡斯特罗强烈谴责这一行动，并表示向美国当局提供地勤帮助，同时宣布永不停止反对恐怖主义的战争。

2002 年

5 月 12～17 日　美国前总统吉米·卡特访问古巴。

5 月 21 日　乔治·布什总统把古巴纳入"支持恐怖主义的国家"名单。

2003 年

3 月，70 多名古巴反革命头目被捕，受到审讯并被判刑。古巴政府指控他们是美国照管利益办事处的雇佣。

5 月 13 日　华盛顿驱逐 14 名古巴外交官。

9 月 16 日　古巴外交部长费利佩·佩雷斯·罗克揭露说，美国实施的经济封锁，迄今为止给古巴造成高达 720 亿美元的经济损失。

10月　由于飓风造成严重损失，美国政府批准，在严格限制下，向古巴出售食品和农产品。

10月10日　乔治·布什总统在佛罗里达承诺加强对古巴施压，宣布成立"声援自由古巴委员会"，旨在"准备岛国的民主过渡"。

2004 年

4月29日　美国国务院的一份报告指责古巴"与国际恐怖主义保持联系"。

2005 年

1月3日　古巴与欧盟8个国家重新进行官方接触，它们是德国、奥地利、法国、希腊、意大利、葡萄牙、荷兰和瑞士。

9月3日　"拉特丽娜"飓风在美国新奥尔良和路易斯安那州登陆，对当地居民造成灾难，菲德尔·卡斯特罗表示向美国提供帮助，派遣1100名紧急救援专业医生。

11月8日　联合国连续第14次谴责美国对古巴的封锁，182个国家对该提案投了赞成票，仅4个国家投反对票——美国、以色列、马绍尔和帕劳。

2008 年

2月19日　卡斯特罗宣布"不寻求也不接受"再次担任国务委员会主席和革命武装部队总司令两个职务，卡斯特罗正式引退。

图书在版编目（CIP）数据

卡斯特罗政府时期古美关系研究：1959～2008/周
璐瑶著.—北京：社会科学文献出版社，2015.12
ISBN 978－7－5097－7885－2

Ⅰ.①卡… Ⅱ.①周… Ⅲ.①国际关系史－研究－古
巴、美国－1959～2008 Ⅳ.①D875.19 ②D871.29

中国版本图书馆 CIP 数据核字（2015）第 308516 号

卡斯特罗政府时期古美关系研究（1959—2008）

著　　者 / 周璐瑶

出 版 人 / 谢寿光
项目统筹 / 刘　娟
责任编辑 / 刘　娟

出　　版 / 社会科学文献出版社·当代世界出版分社（010）59367004
　　　　　　地址：北京市北三环中路甲 29 号院华龙大厦　邮编：100029
　　　　　　网址：www.ssap.com.cn
发　　行 / 市场营销中心（010）59367081　59367090
　　　　　　读者服务中心（010）59367028
印　　装 / 北京季蜂印刷有限公司

规　　格 / 开　本：787mm×1092mm　1/16
　　　　　　印　张：15　字　数：195 千字
版　　次 / 2015 年 12 月第 1 版　2015 年 12 月第 1 次印刷
书　　号 / ISBN 978－7－5097－7885－2
定　　价 / 59.00 元